JN320529

サービス接遇検定
受験ガイド
1級

公益財団法人　実務技能検定協会

まえがき

　「サービス」とは、「相手に満足を提供する」ということです。相手が快適であると感じるような世話とか、相手が感じがいいと思うような言葉遣いで接するとかのことです。

　この、相手に満足を提供する行動を「接遇」といいます。これをビジネスの場の実務として表現すると、「サービス接遇実務」ということになります。

　今日、あらゆる場面で競争が繰り広げられています。競争は勝とうとして行われます。例えば、同じ物でも安く売るというサービスで、競争に勝つこともあります。しかし今日、価格のサービスだけでお客さまに満足してもらい、競争に勝つことは難しくなっています。

　そこで、競争に勝つためのその他の条件は何かということで、サービスと接遇が問い直され、新たな価値観によって注目されるようになりました。

　何かをしてもらう、あるいは物を買うとき、人は快適なサービスと接遇で応対してくれる方へ行きますから、サービス接遇は、「形はないが金銭的価値のある行為」ということになります。

　金銭的価値のあるサービス接遇が、行為としてはっきり分かる業務をサービス業といいますが、では、それ以外の業務のサービス接遇はどのようになっているのでしょうか。

　会社の仕事、病院の仕事、官公庁の仕事など、どれを取ってもサービス業のようなサービスの形はありませんが、どの仕事も相手に満足してもらうために行われています。ということは、ビジネスにはすべてサービス接遇の要素があり、そのサービス接遇に相手は満足しているということです。

　この本は、＜サービス接遇実務検定＞受験・合格対策用ですが、この本でビジネスの場でのサービス接遇というものの、具体的な考え方、行動の仕方、口の利き方などが分かります。この本で学び、サービス接遇実務能力者として活躍されることを期待いたします。

本書の使い方

　『サービス接遇検定受験ガイド1級』（以下『ガイド1』）は，「サービス接遇実務審査基準」（P.12）に基づいて編集されたテキストで，「記述編」と「面接編」の二部構成になっています。
　そしてこの『ガイド1』は，『サービス接遇検定受験ガイド3級』（以下『ガイド3』）『同2級』（以下『ガイド2』）『同準1級』（以下『ガイド準1』）を基本に置きながら，実践編として解説しているものです。

　　　＊サービス接遇検定試験は，この審査基準に従って出題されています。

　なお，『ガイド1』の本文には，「『ガイド3』と『ガイド2』『ガイド準1』から，その内容を再確認してください」などと書き表わしている箇所があります（「確認事項」など）。これは，サービス接遇実務の基本と応用の確認（復習）は重要であるとの編集方針から設定したもので，基礎と応用が十分に身に付いている場合はその限りではありません。本書を中心に学習を進めてもよいでしょう。

　　　＊「ガイド準1」では，お辞儀の仕方などの基本動作を図解しています。従って，基本動作等に自信がない場合は，同書を手元に置いて学習していくのがよいでしょう。これが1級面接対策を確実なものにします。
　　　＊なお，本書と記述試験対策として『サービス接遇検定実問題集1-2級』を，そして面接試験対策として『サービス接遇検定準1級／1級面接合格マニュアル改訂版（DVD）』（別売）を併用すれば，より効果的に学習を進めることができるでしょう。

　また随所にコラムを設け，面接に関連した内容や「伝説のコンシェルジュ」の話などを紹介しています。改めて，サービススタッフならではのヒューマンな対応，サービスマインドを学んでください。

　　　＊コラムに引用した事例の書籍も，機会があれば，ぜひ手にとってお読みください。サービス接遇のベストな実務教養書です。

　それでは，第Ⅰ章「サービススタッフの資質」から，具体的に学習していきましょう。サービス接遇実務のプロを目指して。

目次

まえがき …………………………………………………003
サービス接遇実務検定の受け方 …………………………009

I サービススタッフの資質

(1) 必要とされる要件
① 明るさと誠実さを,備えている ……………………014
② 適切な判断と表現ができる …………………………022
③ 身だしなみを心得ている ……………………………030

(2) 従業要件
① 良識を持ち,素直な態度がとれる …………………036
② 適切な行動と協調性のある行動を,とることができる …042
③ 清潔感について,理解できる ………………………049
④ 忍耐力のある行動を,とることができる …………054

II 専門知識

(1) サービス知識
① サービスの意義について,深い理解がある ………060
② サービスの機能を理解し,十分発揮できる能力がある …069
③ サービスの種類を活用できる ………………………077

(2) 従業知識
① 商業活動,経済活動について,深い理解がある …………088
② 商業用語,経済用語について,深い理解がある …………095

Ⅲ 一般知識

(1) 社会常識
　　① 社会常識を，十分活用できる …………………………104
　　② 時事問題を，十分理解している ………………………111

Ⅳ 対人技能

(1) 人間関係
　　① 人間関係の対処について，発揮できる能力がある ………120

(2) 接遇知識
　　① 顧客心理を理解し，十分能力を発揮することができる …130
　　② 一般的なマナーを，十分発揮できる …………………141
　　③ 接遇者としてのマナーを，十分発揮することができる …149

(3) 話し方
　　① 接遇用語を知っている …………………………………158
　　② 接遇者としての高度な話し方ができる ………………164
　　③ 提示，説明，説得ができる ……………………………173

(4) 服装
　　① 接遇者としての適切な服装ができる …………………180

CONTENTS

Ⅴ 実務技能

(1) 問題処理
① 問題処理について，効率よく対処できる …………………186

(2) 環境整備
① 環境整備について，十分対処できる ……………………196

(3) 金品管理
① 金品の管理について，十分能力を発揮できる ……………204

(4) 金品搬送
① 送金，運搬について，能力を発揮できる ………………212

(5) 社交業務
① 社交儀礼の業務について，
　深く理解し処理できる能力がある …………………………218

CONTENTS

VI 面接

（1）面接試験の概要
　① 面接試験の特長 ……………………………………………224
　② 面接試験の課題 ……………………………………………226
　③ 審査の基準 …………………………………………………226

（2）面接試験の実際
　① 面接試験の進行手順 ………………………………………228
　② 面接室のレイアウト ………………………………………229

（3）面接室に入る
　① 入室前の心得 ………………………………………………230
　② 入室時の振る舞い …………………………………………231

（4）テレセールス
　① 課題1「テレセールス」（A）に取り組む ………………236
　② 第一声 ………………………………………………………238
　③ お客さま応対1 ……………………………………………242
　④ お客さま応対2 ……………………………………………244
　⑤ お客さま応対3 ……………………………………………246
　⑥ お客さま応対4 ……………………………………………248
　⑦ 課題1「テレセールス」（A）の終了 ……………………250
　⑧ 課題1「テレセールス」（B）に取り組む ………………251

（5）セールストーク
　① 課題2「セールストーク」（A）に取り組む ……………252
　② お客さまを迎える …………………………………………254
　③ お客さま応対1 ……………………………………………256
　④ お客さま応対2 ……………………………………………259
　⑤ お客さま応対3 ……………………………………………262
　⑥ 課題2「セールストーク」（A）の終了 …………………265
　⑦ 課題2「セールストーク」（B）に取り組む ……………267
　⑧ 退室 …………………………………………………………268
　⑨ 総仕上げ ……………………………………………………268

サービス接遇実務検定の受け方

1 サービス接遇実務検定試験の概要

①サービス接遇実務検定試験の範囲

試験の範囲は次の5領域です。
- Ⅰ　サービススタッフの資質
- Ⅱ　専門知識
- Ⅲ　一般知識
- Ⅳ　対人技能
- Ⅴ　実務技能

級位には3級，2級，準1級，1級があり，それぞれの級位によって，必要とされる技能の段階に違いがあります。詳しくは「審査基準」をご覧ください。

②筆記試験において期待される知識・技能の程度

■3級の程度…サービス接遇実務について初歩的な理解を持ち，基本的なサービスを行うのに必要な知識，技能を持っている。

■2級の程度…サービス接遇実務について理解を持ち，一般的なサービスを行うのに必要な知識，技能を持っている。

■1級の程度…サービス接遇実務について十分な理解，および高度な知識，技能を持ち，専門的なサービス能力が発揮できる。

＊準1級は，面接試験のみ実施

③試験の方法

3級，2級は筆記試験のみ，準1級は面接試験のみ実施。
1級は筆記試験合格者のみ面接試験があります。

④受験資格

誰でも受験することができます。学歴・年齢その他の制限は，一切ありません。

⑤試験実施日

年2回実施します。

⑥検定についてのお問い合わせ

試験の実施日，会場，検定料，合格通知，合格証の発行などについては，「検定案内」をご覧ください。その他，不明の点は，下記へお尋ねください。

> 公益財団法人　実務技能検定協会　サービス接遇検定部
> 〒169-0075　東京都新宿区高田馬場一丁目4番15号
> 電話（03）3200-6675

2 サービス接遇実務審査基準

サービス接遇実務の審査基準は以下の通りに定められています。

3 級

程度	領　　域		内　　　　　容
サービス接遇実務について初歩的な理解を持ち、基本的なサービスを行うのに必要な知識、技能を持っている。	Ⅰ サービススタッフの資質	(1) 必要とされる要件	① 明るさと誠実さを，備えている。 ② 適切な判断と表現を，心得ている。 ③ 身だしなみを心得ている。
		(2) 従業要件	① 良識を持ち，素直な態度がとれる。 ② 適切な行動と協調性が期待できる。 ③ 清潔感について，理解できる。 ④ 忍耐力のある行動が期待できる。
	Ⅱ 専門知識	(1) サービス知識	① サービスの意義を，一応，理解できる。 ② サービスの機能を，一応，理解できる。 ③ サービスの種類を知っている。
		(2) 従業知識	① 商業用語，経済用語が理解できる。
	Ⅲ 一般知識	(1) 社会常識	① 社会常識が理解できる。 ② 時事問題を，一応，理解している。
	Ⅳ 対人技能	(1) 人間関係	① 一般的に，人間関係が理解できる。
		(2) 接遇知識	① 対人心理が理解できる。 ② 一般的なマナーを心得ている。 ③ 接遇者としてのマナーを心得ている。
		(3) 話し方	① 接遇用語を知っている。 ② 接遇者としての基本的な話し方が理解できる。 ③ 提示，説明の仕方が理解できる。
		(4) 服装	① 接遇者としての適切な服装が理解できる。
	Ⅴ 実務技能	(1) 問題処理	① 問題処理について，理解できる。
		(2) 環境整備	① 環境整備について，理解できる。
		(3) 金品管理	① 金品の管理について，理解できる。
		(4) 社交業務	① 社交儀礼の業務について，理解できる。

2 級

程度	領域		内容
サービス接遇実務について理解を持ち、一般的なサービスを行うのに必要な知識、技能を持っている。	Ⅰ サービススタッフの資質	(1) 必要とされる要件	① 明るさと誠実さを、備えている。 ② 適切な判断と表現ができる。 ③ 身だしなみを心得ている。
		(2) 従業要件	① 良識を持ち、素直な態度がとれる。 ② 適切な行動と協調性のある行動を、とることができる。 ③ 清潔感について、理解できる。 ④ 忍耐力のある行動を、とることができる。
	Ⅱ 専門知識	(1) サービス知識	① サービスの意義を理解できる。 ② サービスの機能を理解できる。 ③ サービスの種類を理解できる。
		(2) 従業知識	① 商業活動、経済活動が理解できる。 ② 商業用語、経済用語が理解できる。
	Ⅲ 一般知識	(1) 社会常識	① 社会常識がある。 ② 時事問題を理解している。
	Ⅳ 対人技能	(1) 人間関係	① 人間関係の対処について、理解がある。
		(2) 接遇知識	① 顧客心理を理解し、能力を発揮することができる。 ② 一般的なマナーを発揮できる。 ③ 接遇者としてのマナーを、発揮することができる。
		(3) 話し方	① 接遇用語を知っている。 ② 接遇者としての話し方ができる。 ③ 提示、説明ができる。
		(4) 服装	① 接遇者としての適切な服装ができる。
	Ⅴ 実務技能	(1) 問題処理	① 問題処理について、対処できる。
		(2) 環境整備	① 環境整備について、対処できる。
		(3) 金品管理	① 金品の管理について、能力を発揮できる。
		(4) 金品搬送	① 送金、運搬について、理解できる。
		(5) 社交業務	① 社交儀礼の業務について理解し、処理できる能力がある。

準1級

2級試験合格者を対象に、サービス接遇担当者としての口頭表現について面接による簡単な審査を行う。

1級

程度	領域		内容
サービス接遇実務について十分な理解、および高度な知識、技能を持ち、専門的なサービス能力が発揮できる。	Ⅰ サービススタッフの資質	(1) 必要とされる要件	① 明るさと誠実さを、備えている。 ② 適切な判断と表現ができる。 ③ 身だしなみを心得ている。
		(2) 従業要件	① 良識を持ち、素直な態度がとれる。 ② 適切な行動と協調性のある行動を、とることができる。 ③ 清潔感について、理解できる。 ④ 忍耐力のある行動を、とることができる。
	Ⅱ 専門知識	(1) サービス知識	① サービスの意義について、深い理解がある。 ② サービスの機能を理解し、十分発揮できる能力がある。 ③ サービスの種類を活用できる。
		(2) 従業知識	① 商業活動、経済活動について、深い理解がある。 ② 商業用語、経済用語について、深い理解がある。
	Ⅲ 一般知識	(1) 社会常識	① 社会常識を、十分活用できる。 ② 時事問題を、十分理解している。
	Ⅳ 対人技能	(1) 人間関係	① 人間関係の対処について、発揮できる能力がある。
		(2) 接遇知識	① 顧客心理を理解し、十分能力を発揮することができる。 ② 一般的なマナーを、十分発揮できる。 ③ 接遇者としてのマナーを、十分発揮することができる。
		(3) 話し方	① 接遇用語を知っている。 ② 接遇者としての高度な話し方ができる。 ③ 提示、説明、説得ができる。
		(4) 服装	① 接遇者としての適切な服装ができる。
	Ⅴ 実務技能	(1) 問題処理	① 問題処理について、効率よく対処できる。
		(2) 環境整備	① 環境整備について、十分対処できる。
		(3) 金品管理	① 金品の管理について、十分能力を発揮できる。
		(4) 金品搬送	① 送金、運搬について、能力を発揮できる。
		(5) 社交業務	① 社交儀礼の業務について、深く理解し処理できる能力がある。
(備考) 　　サービス接遇担当者としての口頭表現について面接による審査を付加する。			

Ⓒ 公益財団法人 実務技能検定協会

Ⅰ
サービススタッフの資質

1 必要とされる要件
2 従業要件

1 必要とされる要件

① 明るさと誠実さを，備えている。
② 適切な判断と表現ができる。
③ 身だしなみを心得ている。

1 明るさと誠実さを，備えている

「明るさと誠実さ」とは何か。「感じのよいお客さま応対」ができるための第一条件です。そして，1級では，ケース別による感じのよい応対の仕方とその心の在り方が記述形式で問われます。それを，次の病院事例から見てみましょう。

事例研究①　明るさと誠実さを，備えている　　　　　　　　case study

病院勤務の秋山悠子は新人スタッフの指導で，「病院のスタッフにとって大切なことは，患者さまをいたわることができること」と言ったところ，具体的にはどのようにするのかという質問を受けた。このような場合秋山は，「患者さまをいたわるということ」をどのように説明すればよいか。箇条書きで三つ答えなさい。

事例解説　　　　　　　　　　　　　　　　　　　　　　　instructions

考え方のポイント

①「いたわり」の意味を考える

ここで問われているのは，患者さまへの**いたわりのある応対の仕方**です。そこで，まず「いたわりの意味」を手掛かりにして考えていきましょう。いたわるとはどのようなことをいうのか，というわけです。

言うまでもないことですが，患者さまは皆，病気のことなどを心配して不安な気持ちでいます。そんな患者さまに対し，病気が早く回復することを願う気持ちで，**思いやった言葉を掛ける**とか，**動作の手助けをする**などのこと，それがここでのいたわりの意味になるでしょう。また，患者さまの**痛みや不自由を理解し，慰めの言葉を掛ける**こともいたわり

の一つでしょう。
②「いたわり」の意味から，具体的な事例を考える
　「いたわること」の意味から，**思いやった言葉**や**慰めの言葉**を掛ける，また，**動作の手助け**をするなどのキーワードが挙がりました。そこで，次はこのキーワードに基づいて具体的な応対の事例を考えていきます。例えば，動作の手助けという言葉から，「車椅子から降りようとしている患者さまに，『まだ痛みますか。ゆっくりでいいですよ。どうぞ私の手につかまってくださいね』などと言って手助けをしてあげる」などをイメージしていきます。いかがでしょうか。
③**考え方をまとめる**
　以上のことをまとめると，①最初に「いたわること」の意味を導入部（イントロダクション）として書く②そして，「いたわること」の意味を受けて，具体的な応対事例を二つ挙げる。この二段階構成になります。「いたわりとは，こういうものである。その具体的な事例がこれとこれになる」（基本文型）というわけです。

　では，ここで「患者さまをいたわるということ」について，箇条書きで書き表してみてください。

いたわりのある対応

①患者さまは病気のつらさや不安を抱えているのだから，そのことを思いやった言葉を掛けるとか，手助けをすること。
②患者さまが症状を訴えているときは，症状に同情した表情でその話に対応した態度や相づちを打つこと。
③診察が終わって退室するときは，荷物があれば出口まで持っていって「お大事になさってくださいね」などと言ってあげること。

　いかがでしょうか。
　①の導入部では「**患者さまの痛みや不自由さを理解し，慰めの言葉を掛けること（身を案じた言い方）**」でもよいでしょう。慰めは，その心の波立ちを静めることができるからです。
　いずれにせよ，解答する際は，患者さまのことを第一に考えた応対の仕方を具体的に挙げていけばよいでしょう。「**不安な気持ちでいる患者さま**

に何か言うときは，元気を引き出すような，語り掛ける言い方をする」などもそうでしょうし，「『いかがなさいましたか』と，不安な心に応じるように，しっかりした中にも優しい言い方で尋ねる」や「再診者であれば『その後いかがですか』と，病気の経過に気配りをした言い方で尋ねる」などもそうでしょう。そして，これがいたわりのある応対です。

> ＊①の導入部を書かずに，具体的事例だけを列挙しても構わない。また，記述の仕方もポイントを押さえて書けばそれで十分（文章力は問わない）。
> ＊記述する際は，病院らしい場面設定をする。「患者さま」や「診察」「いかがなさいましたか」「お大事に」などがそうである。これが適切に表現できると，1級としてベストな解答になる。

要点整理　the main point

■明るさと誠実さを，備えている

　病気やけがなどで，不安な気持ちでいる患者さまに，何が一番の特効薬になるでしょうか。その患者さまの置かれている立場（心理状態）を十分に理解し，**「早くよくなってくださいね」**という気持ちで，**誠実に対応する**ことです。この**誠実な心**が柔和な表情をつくり，親しみのある態度となって，**感じのよい応対**に表れてきます。**患者さまのことを，いつでも気遣い，親身になってお世話をする**というわけです。そして，このきめ細かな配慮は，患者さまに安心感と信頼感を与え，また，明るさや元気を取り戻してもらうことにもつながっていくでしょう。出題の意図もここにあります。**思いやる心**です。

　そういえば，上前淳一郎さんは『読むクスリ』（文藝春秋）の中で，こんなエピソードを紹介しています。

　関西福祉科学大学の社会福祉学部長、清水彰さんが、しばらく前ある大学病院の入院患者に、
「あなたはどの看護婦さんが好きですか」
とアンケート調査をした。
　対象にした看護婦さんは十数人だった。
「結果は、看護婦さんの技能の高さも、知識の豊富さにも、経験年数にも、美人かどうかにも関係ありませんでした」

人気ランキングのトップを占めたのは
「よく笑う看護婦さんでした」

（上前淳一郎著『読むクスリ』文藝春秋）

　明るさこそが，患者さまの心を和ませる，そして，**その柔和な表情に看護師さんの気さくな人柄が伝わる**，そんな事例でした。

　ちなみに，患者さまが何でも相談できて安心して頼れると感じられる応対にはどのようなものがあるでしょうか。
　「気軽に話し掛けられる雰囲気がある**（柔和な表情）**」。
　「態度，振る舞い，話し方などはてきぱきしているが，せかせかした感じがない**（信頼感）**」。
　いかがでしょうか。このような応対ができれば，不安な気持ちも少しは和らぐのではないでしょうか。そして，これが患者さまの立場に立った**誠実な応対の仕方**です。

■ 出題の視点

　検定問題では，事例研究①のほか，一般接遇場面での「愛想」「愛嬌」「気安さ」「親しみやすさ」などをキーワードにして，ケース別に出題されています。
　ここでは，その一つ「愛想」を取り上げ検討してみましょう。**「愛想のある態度（雰囲気）」**とは，愛嬌や親しみ，気安さなどが一つになって表れてくる感じのよさでもあるからです。例えば，親しみのある応対とは，気軽にあいさつをしたり声を掛けたりしてお客さまに気安さを感じてもらい，何でも頼めそうな**雰囲気**で応対ができることです。**気さくさ**です。そして，これが**愛想のある応対**であり，**感じのよい応対**というわけです。
　出題の視点も愛想のある応対の仕方にありますから，ここでは愛嬌や気安さ，親しみやすさなども視野に入れて解答（記述）していけばよいでしょう。
　では，これに基づいて，次の事例を検討してみてください。

愛想のある応対

> 案内の仕方がそっけないと言われた。どのようにすればよいか（銀行のケース）。

●考え方のポイント

　そっけない案内とは，愛想のない案内ということ。また，愛想とは，お客さまに感じがいいと思ってもらえるようなことを，したり言ったりすること。ここから，案内係としての愛想のある案内の仕方（温かく親切で，お客さまに関心を持った応対）をイメージしていく。

●愛想のある案内の仕方

◆いつも柔和な表情を意識していて，お客さまの顔を見たら，声を掛けないまでも笑顔でうなずくなどする（「『おはようございます。いらっしゃいませ』と言って，明るく出迎える」などもよい。このとき，よく来てくれたということを，雰囲気で感じられるような言い方で）。

◆行内に不案内な感じのお客さまには声を掛ける。

◆尋ねて用件が分かったら，窓口に一緒に行って担当者に引き継ぐ。

◆周囲に気を配っていて，立っているお客さまは座れるようにする，雨の日は傘の始末を手伝う。

◆帰るお客さまには，「ありがとうございました。お気を付けてお帰りくださいませ」と言って出口を案内する。

●ケース別による対処の仕方

　病院や銀行の他にもホテルや販売店，レストランなど，数多くのケースから出題されているが，記述する際の基本は前述した通り。ただし，ホテルにはホテルの，販売店には販売店ならではの場面設定が必要。例えば，ホテルの場合は，ロビーやフロントなど，あらかじめ場面設定をし，これに見合った具体的な応対を考えていけばよい。以下はその一例。

◆フロントでは，いつでも明るくにこやかな表情，きびきびした動作，はきはきした口調を心掛ける。

◆館内に不案内な感じのお客さまには声を掛け，そのお客さまが『カフェバーAに行きたいのだが』と言ったら，その場所まで案内する。

　　　＊場合によっては「お客さまによい印象を持ってもらうための心掛けにはどのようなものがあるか」などという設問も出てくる。そのときは，愛想のある応対（明るく振る舞うこと）だけでなく，態度や身だしなみ，話し方なども考慮に入れ検討していけばよい。よい印象とは，一部分で

はなく，全体的に感じる雰囲気のことだからである。
では，どう記述していけばよいか。例えば，訪問販売の営業担当者やデパート外商部の担当者のケース。

◆服装は，何よりも清潔感が感じられることが必要（華美にならないようにし，清潔な感じになるように心掛ける）。
◆話し方，言葉遣いはお客さまに合わせないといけないが，お客さまを立てる丁寧さ（謙虚な態度）を崩してはいけない（言葉遣いや話し方はお客さまに合わせることも必要だが，丁寧さを失わないようにすること）。
◆明るく振る舞い，時間を取ってくれたことへ感謝の気持ちを表すこと（明るく振る舞うことが基本だが，お客さまの性格を見て，そのお客さまに合った対応を心掛け，多弁などに注意すること）。

確認事項

①『サービス接遇検定受験ガイド3級』（以下『ガイド3』）の「明るさと誠実さを，備えている」（P.12～P.16）から，その基本を確認してください。この趣旨に基づいて，1級では出題されています。そして，これは**全領域の根幹となる重要なテーマであり，感じのよいお客さま応対ができるようになるための基盤**でもあります。

②『同2級』（以下『ガイド2』）の「出題の視点」（P.13～P.15）から，病院の事例を確認してください。前掲の「事例研究①」の解答例がここにもあります。**「共感の態度を示す」**など，病院のスタッフとして，重要なマインドが示されています。

③『ガイド2』の「出題の視点」（P.13～P.15）から，販売店とホテルの事例を確認してください。解答の手掛かりとなる「愛想のある応対」事例の基本を紹介しています。

④『サービス接遇検定受験ガイド準1級』（以下『ガイド準1』）のコラム（P.15～P.16）から，愛想と愛嬌の意味を再確認してください。解答する際，イメージが湧きやすくなります。

⑤**誠実さは，お客さまを立てた謙虚な態度**にも表れます。そして，この控えめで，慎み深い態度が，感じのよい印象となってお客さまの心に残ります。その一例を，本項の「訪問販売の営業担当者」と「デパート外商部の担当者」の事例から再確認しておいてください。

⑥サービス接遇従事者にとって**「気さくさ」**は重要なマインドです。フランクで打ち解けやすい，気取りがないので親しみやすい（相談しやすい）からです。そして，これが備わっていれば，お客さまの立場に立った**誠**

1 ■ 必要とされる要件　19

実な応対の仕方ができるというわけです。改めて，本項の事例や下のコラムから，その意味することを確認しておいてください。**求められるのは，気さくな人柄**です。

> ### Column
>
> ## いたわるということ
>
> **病室に希望のキャンドルを灯す看護師さん**
> 　『こころの段差にスロープを』の著者，松兼功さんは四肢機能に障害を持つライターです。その松兼さんが看護師さんについて，こんなことを語っていました。
>
> 　3週間の入院生活が終わる日の朝、Oさんは最後の検温をしながら、「元気になったのは嬉しいけれど、松兼さんがいなくなると寂しくなるわ」
> 「ほんとだね。いろいろ大変だったけど、Oさんたちのおかげで楽しい入院生活だったから……」
> 　退院の喜びのかたわらで、私もふいに声のトーンを落とした。「もうこれで看護婦さんたちとも会えなくなるのか」と思うと、何だか急に胸がキュンとなったのだ。
> 　もちろん自分から望んでまた病気になったり、入院しようと思ったりするわけもない。でも、病は健康と表裏一体の状態である。いつ何どき、その時が訪れるかも知れない。そうなっても、できる限り自分らしく、楽しい毎日を過ごしたいと思う。彼女たちナースは、そんな病身の私にとって豊かさや、やすらぎを生み出してくれるいちばんの味方なのだ。
> 　ナースステーションの出入口でお世話になったお礼を告げると、Oさんはこちらに歩み寄って、「少しでも具合が悪くなったら、我慢しないでまた510病棟へ来てくださいね。いつでもお待ちしています」
> 　と、小さく微笑んだ。あたたかく、力強い別れのタッチコール。瞬間、彼女たちとの3週間が蘇り、今度はちょっぴり目頭が熱くなった。
>
> 　退院が間近になった11月初めの午後、ナースステーションで年末、

年始の勤務スケジュールを決めるくじ引きがあった。その結果に一喜一憂して、子供のように大きな声を出す看護婦さんたちが、無性にいとしかった。
　私も思う。
　彼女たちは神聖な力を携えた天使などではない。日々、人として生きて精いっぱい患者さんの喜怒哀楽と向き合っているのだ。その源はかしこさと明るさと優しさ、それに体力を兼ね備えた女性の人間業だと。だからこそ、そこに人を癒すエネルギーが自然に満ちるのだろう。
　そして、退院後のクリスマス、新聞のコラムを借りて510病棟で働く彼女たちへ、こんなメッセージを贈った。
　「恋人や家族との楽しい夜にかすかな未練を残しつつ、病室に希望のキャンドル灯す〝あなた〟に感謝をこめて、メリークリスマス！」
　　　　　　　　　（松兼功著『こころの段差にスロープを』日本経済新聞社）

●

　いかがでしたでしょうか。そして，こんな**気さくな人柄**の看護師さんだからこそ，食事を残さずに食べた松兼さんに「こんなにきれいに食べてくれると、こっちも気持ちがいいわ。きっと治るのも早いわよ！」（前掲書）と，元気づけることもできるのでしょう。

2 適切な判断と表現ができる

　適切な判断と表現とは，お客さまが望んでいるであろうことを素早く判断し，適切に対応（表現）していくことです。でも，そのためには，お客さまに**期待以上の満足をしてもらうための気配りと気遣い**が大切で，また，お客さまの要望に対して，**気配りをプラスして応える**というセンスが必要です。では，その事例を具体的に検討してみましょう。

事例研究② 適切な判断と表現ができる　　　case study

　ホテル勤務の秋葉早紀子は社員研修で，ホテルスタッフのお客さま応対は，親切，丁寧などいろいろありそれをするのは当然だが，決め手になるのは「気を利かすこと」と教えられた。このお客さま応対で気を利かすとはどのようなことを言うのか。具体例を三つ答えなさい。

事例解説　　　instructions

■考え方のポイント

①「気を利かすこと」の意味を考える

　ここでの設問は，「お客さま応対で気を利かすとはどのようなことか」ということです。そこで，まずこの「気を利かす」という意味から考えていきます。

　気が利くとは，**細かなところまで注意が行き届き，落ち度がないこと**です。例えば，「**お客さまに不便を掛けない，不快な思いをさせない**」のもその一つでしょう。これがお客さまの期待以上の対応であれば，「よく**気が利く**スタッフだ。とても感じがよい」ということになります。

　また，お客さまの要望に対して，気配りをプラスして応えていくのもそうでしょう。尋ねられたことにだけ応えていくのではなく，それに関連してお客さまが喜びそうな情報を提供していくというものです。

②「気を利かすこと」の意味から，具体的な事例を考える

　「気を利かすこと」の意味から，**お客さまに不便を掛けない，不快な思いをさせない**，また，**気配りをプラスして応えていく**などのキーワードが挙がりました。そこで，次はこのキーワードに基づいて具体的な応対の事例を考えていきます。例えば，気配りをプラスして応えていくと

いう言葉から,「体温計を貸してもらいたいと言ってきたお客さまに,頭痛薬か風邪薬なら備えてあるのでどうぞと言った」などをイメージしていきます(『ガイド3』P.17〜P.18)。いかがでしょうか。

③考え方をまとめる

　以上のことをまとめると,①最初に「気を利かすこと」の意味を導入部として書く②そして,「気を利かすこと」の意味を受けて,具体的な応対事例を二つ挙げる。この二段階構成になります。「気を利かすとは,こういうものである。その具体的な事例がこれとこれに当たる」と,推論していくわけです。

▌気を利かせた応対

①お客さまに不便を掛けたり,不快な思いをさせたりしないように,いつでも気を配っていて,何かに気付いたらすぐに対応すること。
②重そうな手荷物を持っているお客さまを見たらすぐに駆け寄って,「お荷物をお持ちいたします」と言って持ってあげる。
③観光名所の場所を聞かれたら,場所を教えた後に,便利な行き方などを教えてあげる。

　いかがでしょうか。
　応対例の①は,感じのよいお客さま応対(気の利いた応対)をするための前提を述べています。館内全体への目配りです。②は,お客さまに不便を掛けないための一例です。そして,③が気配りをプラスした応対例です。
　もちろん,この他にも「何かを探していそうなお客さまを見たら,すぐに近寄って『何かお探しでしょうか』のように尋ねて教えてあげる」や「チェックインの手続きで,いらいらして待っているお客さまには,『恐れ入ります。あと数分ほどお待ちくださいませ』と,本当に申し訳ないという表情で声を掛ける」など,幾つか挙がるでしょう。
　そして,これが気の利いた,感じのよいお客さま応対です。

　　　＊①の導入部を書かずに,具体的事例だけを列挙しても構わない。また,記述の仕方もポイントを押さえて書けばそれで十分(文章力は問わない)。
　　　＊記述する際は,ホテルがイメージできる場面設定をする。「重たそうな手荷物」や「観光名所」「チェックイン」などがそうである。これができると,1級としてベストな解答になる。

要点整理 the main point

■ 適切な判断と表現ができる

　適切な判断と表現力は，明るさと誠実さ，身だしなみとともに，**サービス接遇の根幹**を成すものです。この資質が十全に備わっていて初めて，感じのよいお客さま応対ができるからです。

　例えば，レストランの場合。お客さまから「隣の客の子供たちがうるさい。不愉快だ。何とかしろ」と苦情を言われたとき，さて，あなたならどのような判断をし，対応していくでしょうか。もちろん，いろいろな問題処理の仕方はありますが，**「子供が遊べる物を別のテーブルに用意して子供たちを呼び，他のお客さまの迷惑になるのでここで遊ぶように言う」**などはどうでしょうか。

　万葉集に，**「銀も　黄金も玉も　何せむに　優れる宝　子に及かめやも」**（『完訳　日本の古典　3「萬葉集（二）」』小学館）という歌がありますが，それはともかく，このスタッフ，苦情を言ったお客さまにはもちろんのこと，「優れる宝」子供とその両親にも目配りをしています。これによって，誰も不快にならない和気藹々とした雰囲気がその場に生まれます。

　この「よく心が行き届いた」対応が，気が利くということですが，言わずもがな，この背景には，**「すべてのお客さまに満足してもらえるサービスを提供する」**という，スタッフの強い意思があります。そして，これがあるからこそ，**「気の利いた」**気遣いとなって表れてきたのでしょう。出題の意図もここにあります。

> ＊レストランの事例は「問題処理」（V実務技能）からのものだが，ここでは資質（マインド）の視点に重点を置き再録した（『ガイド2』P.111〜P.112）。その意味で，サービススタッフの資質は，対人技能と実務技能を発揮するための大本。
> ＊サービス業では，この小さなお客さまをとても大切にしている。ホテル業界はその代表例（『ガイド2』P.113〜P.114）。

■ 出題の視点

　検定問題では，事例研究②のほか，**「その場の雰囲気を読んだ対応の仕方」**も出題されています。これは，**雰囲気を読んだ気の利かし方**の視点です。次に，それを見てみましょう。

場の雰囲気に合った行動の仕方

結婚披露宴のテーブルサービスでは，その晴れやかな雰囲気に合わせて対応をするように言われた。スタッフは，どのようなことに気を付け，対応していけばよいか（ホテルのケース）。

● 考え方のポイント

　結婚披露宴だから参加者も浮き浮きしている。そのような場のスタッフの行動は，参加者の**浮き浮きした雰囲気に対応したもの**である必要がある。ここから，宴会係としての気の利いたサービスの仕方をイメージしていく。

● 場の雰囲気に合った対応の仕方
　◆会場は明るく華やかな雰囲気なのだから，スタッフも明るい表情を心掛け，**目が合った人には目礼**などをする。
　◆出席者の飲み物のグラスに注意し，空いている人には，**晴れの席のサービスらしく明るい表情**で勧めて回るようにする。
　◆会場全体に目を配り，化粧室に立つ人には，**尋ねられる前に確かめて場所の案内をするなどの気を配る**。
　◆場内移動のときは，場内全体に目を配りながら歩くこと。出席者から，目が配られていることが分かるようにすることが大切（「わたしたちのことをいつでも気にしていてくれる。どのようなことでもすぐに対応してくれる雰囲気と態度だ」）。
　◆親族の席へサービスするときは「おめでとうございます」などと声を掛ける。

● ケース別による対処の仕方

　祝いの席には，結婚披露宴のほか，レストランでの誕生会や節句の祝い，長寿の祝いなどがあるが，記述する際は，前述した内容を基本に解答していけばよい。ただし，その祝いによって，主役は違ってくるので，このことを念頭に置いての記述が必要。

　＊「マクドナルドでは子どもの誕生日パーティーを気軽に引き受けています。ときどきその現場に出くわすことがありますが，店の従業員もお客様以上に楽しそうにやっています。驚くべきことに，楽しんでいるマクドナルドの従業員のほとんどが，アルバイトです。マクドナルドにもかなり高度なサービスのコツが隠されているのかもしれません」（林田正光著『ホスピタリティの教科書』あさ出版）。この事例から，「お嬢ちゃ

ん，お誕生日おめでとう」と，スタッフの明るく弾んだ声と拍手が聞こえてくるようだ。そして，近くのお客さまからも。

■ 確認事項

① 『ガイド3』の「要点整理」（P.18）から，**「気配り・気遣いをプラスしたお客さま応対」**の基本を確認してください。販売店やホテルでの事例が掲載されています（雨の日の傘の始末や他に品物を抱えてレジに来たお客さまへの対応など）。

② 『ガイド2』の「要点整理」（P.18～P.19）から，**「気の利いた対応で評判を高める」**レストランでの事例を再確認してください。

  ＊子供のお客さまと話すときは，しゃがんで目線を合わせて話す。老齢のお客さまと話すときは，できるだけ近づいて聞こえているかどうか確認しながら話す。体の不自由なお客さま，例えば，車椅子の人には，腰をこごめて目線を合わせて話す，目の不自由なお客さまには体に手を添えて案内する，なども重要。これが，それぞれのお客さまに合った接し方の基本である。このとき，温かみを持って，親切に，そして，お客さまに関心を持って応対していくのが，スタッフとして基本マインド。

③ **「適切な判断と表現ができる」**ことの基本は，お客さまのことを第一に思う心です。思う心があれば，気付きが生まれます。気付きがあれば，どのようなことにも対応できます。そして，それが**「たとえ些細なことであっても客にとって少しでも心に響くことになれば，それは素晴らしいサービス」**（洞口光由著『五つ星のサービス・マインド』文芸社），気の利いたサービスということになります。**「些細な心遣いを実践する中に感動を呼び起こすサービスが潜んでいる」**（同書）というわけです。

  ＊「以前オークラのレストランで毎日のように食事される，仲のいい年輩のご夫婦がいらした。それがある時を境に，はたと夫人の姿が見られなくなった。ふと見ると，ご主人はテーブルの上に夫人の写真を置いている。その方はそうして，亡き夫人と食事をされているのだった。サービスマンは次からはそっと小さな写真立てを用意して，テーブルにお持ちすることにした。こういった細かな心づかいができなければ，サービスマンとして一人前とはいえない。ホテルはいわば一つの小さな街であり，そこでは毎日ひそやかな人生のドラマが繰り広げられている。のぞき見根性はもちろんつつしむべきだが，お客様の要望を敏感に察して，すかさずそれに対応するホスピタリティ・マインドを，サービスマンは身につけなくてはならない」（橋本保雄著『感動を創るホスピタリティ』ゴマブックス）。

Column

さり気ない気配り

「よろしかったら背負いましょうか？」
　気配りと気遣い，そしていたわりの心。そんな思いが一つになって「よろしかったら背負いましょうか？」という言葉になりました。——**思いは、必ず、行動を呼び起こす**——その事例を、渡邉美樹さん（ワタミフードサービス株式会社社長）の『サービスが感動に変わる時』から紹介しましょう。

　お客様からのアンケートを読み、胸が、あたたかくなりました。「和み亭」江の島での、出来事です。江の島店は、ロードサイドの２階にあります。
　お母様の足が不自由なそうです。

> 母が足が悪く先週散歩がてら食事に行きました。
> その帰りです。
> 永田千恵子さんという方が母を背負って階段を降りてくれました。重かったと思います。
> だけど彼女は「力だけはあるんですよ」と笑顔で送ってくれました。
> とても気持ちが良く、嬉しく思いました。

　目をつぶると、この光景が思い浮かびます。長い階段を前に、このご家族は、困っていたのでしょう。それを見ていた永田さんは、最初は、言うのをためらっていたのかもしれません。思いきって「よろしかったら背負いましょうか？」と話しかけたに違いありません。永田さんが、一生懸命に、お母様を、おんぶしながら、階段を降りる姿が、目に浮かびます。
　ご家族の方の、お礼の言葉に、少し照れて「力だけは、あるんですよ」と言ったのでしょう。**言葉は本当に大切です**。「力だけは、あるんですよ」このひと言に、永田さんの優しさや、永田さんの照れや、さり気ない思いやりが伝わってきます。このひと言は、私を、幸せな気

持ちにしてくれました。
（渡邉美樹著『サービスが感動に変わる時』中経出版）

　では、次にデパートでの「さり気ない気配り」の事例を、加納光さんの『あなたから買いたい』（日報出版）から紹介しましょう。同書は、加納さんがデパートに勤務していたころに見聞した、販売の達人たちの接客事例集です。

「あら…立派なプレゼントですわ」
　色々な達人がいるのだが子供服売場の達人キャストは、包装の名人だった。あっという間に包装をしてしまう。いつもゴキゲンでよく笑う。落ち込むということがない人で、「ハッピー主任」と呼ばれスタッフにも人気があった。
　ハッピー主任の得意技はリボンの細工だ。丸く巻かれたリボンをクルクルッとお花にする。まるで手品だ。細工したリボンはレジ横の箱の中へストックとして貯まってゆく。
（中略）
　そうしているとお客さんがやってきた。おばあちゃんだった。
「これをください」と値下げになったトレーナーを持ってこられた。
「贈り物ですか？」とハッピー主任がたずねた。
「一緒に住んでいる孫に着せたくて…家で使うものですから、かんたんに…」
と、お客さんが言うと「あら…立派なプレゼントですわ」と、薄い紙を取りだして手品のように包装し、さらに百貨店の包装紙でパラパラッと包んでしまった。１分もかかっていない。そこに先ほどのリボンがのっかった。合計１分30秒弱。
　お客さんは「安い商品なのに、すみません」とニコニコしていた。
　ハッピー主任は「私も去年、おばあちゃんになったんです」とニコニコと話をしていた。
「手品みたいですね」と感心していうと
「包装紙を開ける時ってドキドキするでしょう？」と聞かれた。
　お孫さんはどんな顔をして包装紙を開けるのだろう？　そう考えた私もなんだかハッピーな気分になってしまった。

ハッピーだからこそできる気遣い

　そして，このハッピー主任。レジの対応で忙しいとき，加納さんに向かって，こう言いました。

　「ベビーカーを押して子どもさんをダッコして，荷物をもっているお客様の荷物をあずかって！ほら！早く！」
　主任が私にしか聞こえないぐらいの小さな声で言った。
　「なぁ〜るほど！」と私が納得していると，
　「早く！」と笑顔であるがするどい目から命令光線を発射してきた。
　私はお客さんのところにいって
　「お荷物をお預かりしましょうか？」とたずねた。
　お客さんは「ありがとう。助かります」と答え荷物を渡した。
　「どうしよう…」と思っていると主任が「こっち！こっち！」とサインを出したのでレジの主任のところに持っていった。
　「ここであずかると言ってきて！」主任がレジをしながらいう。
　お客さんところへいって「レジのところに…」と伝えた。
　お客さんはニッコリ笑って「ありがとう」と言った。そして，
　「ここは，いつもこうやって気づかってくれるから嬉しい」
と言われた時に，この主任の気遣いの凄さを思い知ったのだ。

　　　　　　　　　　　　（加納光著『あなたから買いたい』日報出版）

3 身だしなみを心得ている

身だしなみとは，服装などの身なりや言葉遣い，態度，振る舞いを整えることですが，1級では，その意味と重要性（心得）を指導する立場から問うています。次の事例を見てください。

事例研究③　身だしなみを心得ている　　　　case study

食料品販売店勤務の高野清子がパート勤務の女性に，身だしなみに気を付けてもらいたいと注意をした。ところがその女性は，制服を着て髪は三角きんで覆っているのに，身だしなみが悪いとはどういうことかと言われた。この場合高野は，「身だしなみとはどういうことか」を，どのように説明すればよいか。箇条書きで三つ答えなさい。

事例解説　　　　instructions

考え方のポイント

①「身だしなみ」の意味を考える

設問に従って，「身だしなみとはどういうことか」から，考えていきます。

身だしなみとは，お客さまに不快な感じを与えないように，服装，髪形，化粧などを整えることです。そして，この身だしなみ全体が整うことにより，清潔な感じ（雰囲気）が醸し出されます。まずはこのことを押さえておきましょう。基本です。

②「身だしなみ」の意味から，具体的な事例を考える

「身だしなみ」の意味から，服装や化粧，髪形などが挙がりました。そこで，次はこのキーワードに基づいて，化粧はどうするのがよいのか，髪形はどうか，などと考えていきます。

③考え方をまとめる

以上のことをまとめると，①最初に「身だしなみ」の意味を導入部として書く②そして，この「身だしなみ」の意味を受けて，具体的にどうすればよいのかの事例を二つ挙げる。この二段階構成になります。「身だしなみとは，こういう意味である。そして，具体的な身だしなみの整え方はこれとこれに当たる」と，推論していくわけです。

身だしなみの心得

①身だしなみとは,お客さまに不快感を与えないように髪形,化粧,服装などを整えることである。
②制服はその日に着たものでも汚れたらすぐ着替えること。
③つめは短くし,厚化粧やマニキュアはしない。

　いかがでしょうか。
　食品販売で,身だしなみに注意するようにと言うのは,その人が清潔感に欠けているからです。従って,清潔感を醸すにはどのようにすればよいかが答えになります。もちろん,この他にも「**仕事が食料品の販売なので,特にお客さまに清潔な感じを与えるような,身の回りの整え方が必要である**」や「**三角きんで覆う髪であっても,きちんと髪をまとめてから覆うこと**」など,幾つか挙がるでしょう。
　要は,清潔感と爽やかさです。

　　＊①の導入部を書かずに,具体的事例だけを列挙しても構わない。また,記述の仕方もポイントを押さえて書けばそれで十分(文章力は問わない)。
　　＊記述する際は,食料品販売店らしい場面を設定する。「仕事が食料品の販売なので」や「三角きん」「制服」などがそうである。これが適切に表現できると,1級としてベストな解答になる。

要点整理　　　　　　　　　　　　　　　　　　　the main point

身だしなみを心得ている

　きちんとした身だしなみは,お客さまに清潔感と爽やかな印象を与えます。印象がよければ,その後のお客さま応対の実も挙がります。店の評価も高まります。これが身だしなみを整えることの意義であり,出題の趣旨でもあります。そして,これは3級から1級まで共通した心得です。

　　＊前述したが,「明るさと誠実さ」「適切な判断と表現」そして,「身だしなみ」は,サービス接遇の根幹を成すものである。この資質が十全に備わっていて初めて,感じのよいお客さま応対ができるからである。

■ 出題の視点

　検定問題では，事例研究③の形式を中心に出題されていますが，次のような出題形式のものもあります。「身だしなみとおしゃれ」の関係です。

▼「身だしなみとおしゃれ」の関係
　スタッフの度を越した茶髪やネールアートが気になって，身だしなみに気を付けるように注意した。ところが，自分たちは精いっぱいおしゃれをしているのに，なぜ身だしなみを注意されるのかと不満顔だ。このような場合，不満顔のスタッフにどのように言うのがよいか（インポートストアのケース）。

●考え方のポイント
　　身だしなみとおしゃれの意味の違いに着目する。**身だしなみはお客さまを意識して気を付ける**もの。つまり**仕事**である。おしゃれは，あくまでもプライベートタイムに自分の楽しみでするもの。この意味の違いを明確にしながら指導していく。

●スタッフへの指導
　　◆サービススタッフは，お客さまに好感を持ってもらえるようでないといけない。そのための重要なことの一つが身だしなみである。
　　◆身だしなみとは，お客さまに不快な感じを与えず，よい印象を持ってもらえるような髪形，化粧，服飾などのことを言う。
　　◆おしゃれは個人の趣味でするもので，お客さまを意識してする程度なら身だしなみの範囲に入るが，度を越したものはお客さまを意識したものとは言えない。

●ケース別による対処の仕方
　　ケースは，インポートストア（ショップ）のほか，ホテルやレストランなど，さまざまだろうが，ここでのポイントは**「身だしなみの意味」**をきちんと押さえているかどうかにある。このことを理解していれば，十分に対応できる問題である。

■ 確認事項

①『ガイド3』の「要点整理」（P.21～P.22）から，**「身だしなみの心**

得」8項目を確認してください。**清潔感と爽やかさ**を演出するための方法を紹介しています。そして，このことを基本に置いて出題されたのが本項の「食料品販売店」の事例になります。

②『ガイド3』の「事例研究③」と「事例解説」（P.20）から，身だしなみの意味を再確認してください。身だしなみには，服装や化粧だけでなく，**言葉遣いや態度・振る舞い，礼儀正しさ**も含まれていることを解説しています。重要な視点です。

③『ガイド3』のコラム「身だしなみの基本」（P.23）を再読してください。曾野綾子さんの『二十一世紀への手紙』（集英社）からのものです。とても大切なことを語っています。

④『ガイド2』の「要点整理」（P.22）から身だしなみの心得を確認してください。ここで述べている「身だしなみとおしゃれ」の関係は，前ページの「インポートストア」の事例となって出題されています。

⑤『ガイド2』の「事例研究③」（P.21）を再検討してください。身だしなみとしての言葉遣い，態度・振る舞いの事例を収録しています。このバリエーションとして出題されても対応できるようにしておいてください。

Column

プロフェッショナルな身だしなみ

ホテリエの基本的な身だしなみ

　ザ・リッツ・カールトン・ホテルの行動指針の一つに，「私は，自分のプロフェッショナルな身だしなみ，言葉づかい，ふるまいに誇りを持ちます」というものがあります。それを，井上富紀子さんとリコ・ドゥブランクさんの『リッツ・カールトン20の秘密（ミスティーク）』（オータパブリケイションズ）から紹介しましょう。

　身だしなみについては，具体的に細かい決まりごとが定められています。
　たとえばヘアスタイルを例にとってみましょう。
　男性ならもみ上げの位置からえりあしの長さまで，ガイドラインにそってヘアスタイルを整えなければなりません。

女性も同様に、肩のラインより長いロングヘアの場合は髪をアップしてまとめるなど、いくつか決まりごとがあります。
　女性向けには、ナチュラルなメイクアップを習得する講習会も開かれます。
　ヘアスタイル、メイク、磨きこまれた靴……、清潔感を与える服装はホテリエの基本的な身だしなみといえるでしょうが、最も注意すべきは、手元です。
　ホテル内でお客さまをもてなす状況において、ドアマンから始まり、フロントしかり、レストランしかり、いたるところでホテリエの手は笑顔につぐ第二の主役ともいえる存在となりえます。
　とくに女性の指先は自然と視線が集中する部分です。
　長い爪や派手なネイル、付け爪はもちろんご法度。
　ましてや剥げかけのネイルほど、不潔感を与えるものはないでしょう。
　手の動きは、所作の美しさを生む発信源となります。
　末端を大切にしてこそ、全身の身だしなみが完成するのです。

　形だけが先行しても意味はありません。
　言葉遣い、振る舞いにおいては礼儀正しさが求められます。
　お客さまに対してだけではなく、常日頃から従業員同士でもていねいな言葉や振る舞いを心がけていることが大切です。
　礼儀正しさとは、心のもち方に大きく影響を受けるものなので、所作を正す前に心の居住まいを正すことが必要なのです。
　心の礼儀とは、本当に日常のささいなことから試されています。
　目の前にゴミが落ちていれば拾う。
　どこにいても、どんな状況でも……世界中の人全員がそういったフィロソフィーを持って生きれば、どれほど世界は美しくなるでしょう。礼儀とは人として行うべき作法であり、それは心の姿勢が崩れていると行うことはできないのです。

　身だしなみ、言葉遣い、振る舞いとはそういうものなのです。
　みずからの行動に自信を持つためには、心の礼儀正しさ、清潔さが求められるのです。

こう語るのは，リコ・ドゥブランクさん（ザ・リッツ・カールトン東京総支配人）です。また，共著者である井上富紀子さんは，ザ・リッツ・カールトン・ドバイの日本人スタッフ，サキコさんの身だしなみについて，次のように語っています。井上さんが宿泊客として滞在していたときの印象です。

さわやかなスタッフ
　サキコさんは，とても心地よい話し方をする。（中略）さり気ない気遣いもみせてくれた。
　それ以上に印象的だったのは，彼女の物腰のやわらかさ，礼儀正しさだった。
　リッツ・カールトンのユニフォームに身を包んだサキコさんは，まるで着物を着こなしてでもいるように所作が美しい。
　ピンと伸ばした背筋も，小柄な彼女により一層の気品を与えているように見受けられ，とりわけきれいに整えられた清潔な爪が印象的だった。
（井上富紀子，リコ・ドゥブランク著『リッツ・カールトン20の秘密(ミスティーク)』
　　　　　　　　　　　　　　　　　　　　オータパブリケイションズ）

　ちなみにサキコさんのつめは，「ピンク色の美しい爪」だったそうです。**細かなところにまで気を配る**，そんなホテリエの事例でした。
　　＊ホテリエとは，本来ホテルの経営者や支配人のことをいうが，
　　　最近では，ホテル業に従事する人の総称として使われている。

2 従業要件

① 良識を持ち，素直な態度がとれる。
② 適切な行動と協調性のある行動を，とることができる。
③ 清潔感について，理解できる。
④ 忍耐力のある行動を，とることができる。

1 良識を持ち，素直な態度がとれる

　良識ある態度（社会性）とは，対人関係などを十分に意識して行動できることをいいます（『ガイド3』）。そして，その中には，お客さまに対する礼儀や話し方もあります。それを，次に見てみましょう。

事例研究① 良識を持ち，素直な態度がとれる　　case study

　販売店のスタッフ高橋恵子は後輩A子から相談を受けた。A子のお客さま応対に，スタッフとしてのけじめがないと店長から注意されてショックだというものである。確かにA子は，愛嬌があり，お客さまも親しみを感じるのか，気安くA子に話し掛け，A子もそれに応じて友達と話すような，気安い話し方をすることがある。このような場合高橋は，A子にどのように言うのがよいか。箇条書きで三つ答えなさい。

事例解説　　instructions

考え方のポイント

①お客さまとの関係を考える

　言うまでもないことですが，お客さまは，あくまでもお客さまであって友達ではありません。店長が「スタッフとしてのけじめがない」と，A子に注意したのはこのことです。まずはこの関係を押さえておきましょう。

　　　＊愛嬌があり，親しみも感じる。これはこれでよい。だが，これもきちんとした接遇態度があってのこと。「親しき仲にも礼儀あり」というわけだ。

②販売店のスタッフであるということ

次に，自分はあくまでも**販売店のスタッフであることを自覚**させる必要があります。これがないところに，販売業は成り立たないからです。これが，関係性を明確にする第二段階です。

③考え方をまとめる

以上のことから，①Ａ子とお客さまは友達ではない②Ａ子は販売店スタッフである③従って，Ａ子は販売店のスタッフらしく，**礼儀正しい態度で接していく必要がある**，と三段論法的に結論づけていきます。

■ 良識のある態度

①お客さまと親しく話をするのはよいことだが，お客さまは友達ではない。
②カリスマ店員のようなこともあるので，友達の感覚で応対するのはよいが，自分はあくまでも販売店のスタッフであるということを自覚していないといけない。
③従って，お客さまに気安く話し掛けられても，礼儀正しい態度，言葉遣い，話し方をしないといけない。

いかがでしょうか。

スタッフとしてのけじめがないということは，自分が商品を売る人，お客さまはそれを買ってくれる人の区別がないということです。お客さまと友達のようなやりとりをしても，それは販売の仕方の上のことで，相手はお客さまであることを忘れてはいけません。礼儀や話し方に注意が必要というわけです。

> ＊「考え方のポイント」の③で述べたような書き方でもよい。が，解答例にあるように，「お客さまと親しく話をするのはよいことだが……」とか，「カリスマ店員のようなこともあるので，友達感覚で応対するのはよいが……」などと，文章の初めに導入の文を入れて書き表すと，1級としてベストな解答になる。

要点整理　the main point

■ 良識を持ち，素直な態度がとれる

「良識とは、社会人としての健全な判断力や社会通念のこと（広辞苑）で

す。英語では常識はコモンセンス。良識はグッドセンスです」(越川禮子著『身につけよう！江戸しぐさ』ＫＫロングセラーズ)。

　良識ある態度（行動）の基本は，**対人関係，道徳，公衆道徳，公共心の理解**にありますが，ここでは特に，対人関係を意識した**グッドセンス**な対応が必要でしょう。お客さまをお客さまとして尊重して初めて，気安さや親しみのある応対（愛嬌）も生きてくるからです。**「丁寧過ぎても、なれなれしすぎても、野暮」**（前掲書）。出題の意図もここにあります。

> ＊「親しき仲は遠くなる」ということわざがある。「親しいからといって遠慮がなくなると，不仲になり，縁遠くなってしまう」という意味だが，これではいけない。商売繁盛のためにもけじめが必要だというわけだ。

■出題の視点

　検定問題では，事例研究①に見られるように，対人関係を中心に出題されていますが，その基本は相手第一主義です。**いつでもお客さまを立て，自分は一歩引いて応対する**というわけです。そして，これは３級から１級まで一貫した視点ですが，さらに１級では，良識ある態度が，事業運営上に好影響を及ぼすようにならないといけないという視点もあります。事例研究①もその一例ですが，次のコラム「良識あるサービス接遇者の態度」から，その意味を，改めて確認しておいてください。

■確認事項

①『ガイド３』の「良識を持ち，素直な態度がとれる」（P.24～P.27）から，良識のある態度を確認してください。気遣いを中心にした基本事例を紹介しています。

②『ガイド３』のコラム「江戸しぐさ」（P.26～P.27）から，良識ある行動と態度は**対人関係に良好に働く**ということを認識してください。

> ＊①②とも，サービス接遇従事者にとっては必要不可欠な資質である。確実に理解しておくこと。

③『ガイド２』の「良識を持ち，素直な態度がとれる」（P.24～P.27）から，良識のある態度を確認してください。対人関係を中心にした基本事例を紹介しています。

④本項の「事例研究①」と次の「コラム」から，社会人としての良識は，客商売にとっても重要だということを確認しておいてください。何せ，お客さまあってのサービス業なのですから。

Column
良識あるサービス接遇者の態度

初めに感謝ありき
　帝国ホテルには、「**行動基準**」があります。それを、『帝国ホテル 伝統のおもてなし』から、幾つか紹介しましょう。もちろん「実行テーマ」です。

「挨　　拶」

　お客様へのご挨拶をおろそかにしたり、なおざりにしていませんか。あなたの挨拶はお客様の評価に十分たえうるものでしょうか。
　お客様に対する感謝の気持ちが十分に表現されていますか。
　挨拶は信頼や感謝の現れです。家庭や職場で挨拶の出来ない人が、お客様にきちんと挨拶が出来るでしょうか。まず職場で、明るく、元気に「おはようございます」からはじめましょう。

「清　　潔」

　清潔で快適な空間は、私たちがお客様に提供する商品の基本です。
　自分の職場はもとよりロビーや通路にごみは落ちていませんか。ほこりやよごれを見過ごしていませんか。営業スペース、バックスペースを問わず、通行中はたえず目配りをして、「ごみがあれば全員で拾いましょう。」

「身だしなみ」

　第一印象は「身だしなみ」で決まります。あなたの清潔で爽やかな服装や身だしなみは、帝国ホテルの主力商品のひとつです。
　きちんとした服装や身だしなみが心を引き締め、優れた商品やサービスを生みます。だらしない服装からは一流のサービスは生まれません。
　また、「身だしなみ」も「挨拶」と同様に日常生活の延長線上にあります。通勤途上を含めて常日頃から、帝国ホテルスタッフにふさわしい服装や身だしなみを心がけましょう。
　帝国ホテルの身だしなみの基本は、「清潔、上品、控えめ」です。

「気配り」

　思いやりの心は気配りの原点です。そして、思いやりの心は必ずその相手に伝わるものです。

　お客様の求めるものは、何気ない言葉の端々、ちょっとした仕草に現れて発信されます。私たちは、気配りをもって、お客様が求めるものをすばやく察し、親切に、ていねいに応えましょう。

　お客様に対する気配りは「顧客第一主義」の基本です。

「謙　虚」

　おごりたかぶって礼にかけること（傲慢といいます）はないでしょうか。

　お客様の要請、ご指摘に対し、言い訳をする態度を始めからとってはいませんか。

　素直に人の話を聞くことは、話し手の心を和ませるものです。

　控えめで、素直で、相手に対し慎んでいる様子（謙虚といいます）は誰から見ても気持ちの良いものです。

　何事にも常に謙虚な態度を持ち続けましょう。

　　　　　＊『ガイド３』で「帝国ホテル十則」（P.31）を紹介している。併せて，確認のこと。

（川名幸夫著，帝国ホテル　ホテル事業統括部監修『帝国ホテル伝統の
　　　　　　　おもてなし』日本能率協会マネジメントセンター）

　いかがでしょうか。ここから「感謝」や「気配り」「謙虚」などの良識ある態度は，サービス事業の要であることが分かります。互助（共生）の精神です。

　箭内祥周さん（日本ビューホテル社長）も，こう語ります。

　　ホテルの仕事は
　　ていねいさを忘れたら成り立たないのである。
　　職業人である前に、人間としてあるべき姿を、
　　態度や言動で表現していくのが
　　仕事をするうえでの基本だからである。
　　行儀よく、ていねいに生きてきた人の仕事は、

きめ細かく配慮に満ちている。
このような社員像は、
どこの企業でも理想であると思う。
(箭内祥周著『一流ホテルマンが教えるお客さま対応術』
情報センター出版局)

そして、この良識に裏付けられた**行動基準**に沿って、「**適切な行動と協調性のある行動**」が求められてくるわけです。
元キャピトル東急エグゼクティブコンシェルジュ、加藤健二さんも「**礼節を重んじることは、職業倫理とも深くつながっている**」(『お客様がまた来たくなる極上のサービス』日本実業出版社)と語っています。とても重要な言葉です。この言葉を念頭に置いて、次項の「適切な行動と協調性のある行動」に進んでください。

2 適切な行動と協調性のある行動を,とることができる

適切な行動と協調性とは,事業体の基本方針(行動基準)に従い,互いに協力してサービスの任に当たることです。が,そのためには事業体が目指している「お客さまに期待以上の満足を提供すること」への深い理解が必要です。これがあって初めて,互いに事業方針に対する理念の共有ができ,協調して事に当たることもできるようになるからです。そして,この理解は後輩指導にも有効に働きます。次はその一例です。検討してみましょう。

事例研究② 適切な行動と協調性のある行動を,とることができる case study

長崎陽子が勤務するビジネスホテルでは,新人には外部講師によるサービス接遇研修を行っている。この研修に対して新人の中に,「先輩たちを見習うだけで接客はできると思う。なぜ外部講師の研修が必要か」と言う者がいる。これに対して長崎が答えるとしたら,どのように言うのがよいか。箇条書きで三つ答えなさい。

事例解説 instructions

考え方のポイント

①新人指導の視点を明確にする

「外部研修は必要である」という立場から考えていきます。そして,これを序論(導入部分)とします。

例えば,新人は「見習うだけで接客はできる」といっているが,それがベストではない。見習ってやるだけでは,自分たちがよいと思う水準(レベル)の接客しかできない(独断で「よい」と決め付けてしまう)。これでは,スキルの向上は図れないし,他社との差別化も図れない,などがそうです。

> ＊新人の言い分にも一理あると考えない。研修は,事業運営上必要だから行っているのである。そして,その研修の意義(目的)を考えながら解答していくこと。研修の目的は,ベストなお客さま応対を身に付けることにある。

②接客の善しあしはお客さまが決める

では,誰が接客の仕方の善しあしを決めるのか。それはお客さましか

いない。そう考えていきます。すると，接客の仕方の水準は自分たちがよいと思って，勝手に決めることではないということも分かってきます。何でもそうですが，評価は第三者が行って，初めて評価になるということです。重要な箇所です。これを本論としましょう。

③外部研修の必要性を伝える

確かに外部の講師なら，他のホテルの研修も行っていて，業界の水準で接客の指導もできるだろう。また，講師なら，お客さまの目や世間のシビアな目を意識しての指導もできそうだ。そう考えていきます。そして，これが結論部分です。

以上のように，序論，本論，そして結論の三段構成で考えていくと，まとめやすくなります。

適切な行動と協調性のある行動

①先輩を見習うだけでも接客はできるが，見習ってやるだけでは自分たちがよいと思う水準の接客しかできない。
②接客の仕方の水準は自分たちがよいと思って決めることではない。お客さまからの評価で決まるものである。
③外部の講師の研修なら，ホテル業界の水準で接客の研修ができる。

なお，②の本論部分は「このホテル内の先輩を見習うことも大切だが，評価はお客さまであり，世間の目であることを自覚しないといけない」と，解答してもよいでしょう。

　　　＊書き表す際は，序論の立て方が重要になるが，解答例①のような記述は出にくいかもしれない。そんなときは，研修の意義から考えていけばよい。例えば，「研修は，皆のスキルアップを図るために行うものだ。そして，身内だけではつい甘くなりがちな評価を，プロの目で厳しく評価（指導）してもらうために外部から講師を呼ぶのだ」などがそうである。

要点整理　　　　　　　　　　　　　　　　　　　the main point

適切な行動と協調性のある行動を，とることができる

指導する立場にあるスタッフの適切な行動と協調性とは何か。事業体の基本方針（コンセプト）を深く理解し（協調し），その理念に従って指導（行動）するこ

とです。そして，新人を，一日も早く，お客さまに評価されるプロのホテリエに育て上げていくことです。いわば，「マネジャー」的センスです。出題の意図もここにあります。

> *『伝説コンシェルジュが明かすプレミアムなおもてなし』（前田佳子著，ダイヤモンド社）に，リゾートトラスト・東京ベイコート倶楽部の「コンシェルジュ資格基準」が収録されている。その一つに，「スタッフウィルとして，会社方針が暗唱出来るか，理解度と実践度はどうか」がある。そして，この会社方針に対する理解力や実践力は，すべてのサービススタッフに求められている資格基準でもあろう。

▍出題の視点

検定問題では，事例研究②に見られるように，指導する立場からの出題が中心になります。そして，ここで問われるのは，指導者として組織が期待していることをきちんと認識し実践できる能力が確実に身に付いているかどうかです。次の「確認事項」により，その基本を確認してください。

▍確認事項

①『ガイド3』の「適切な行動と協調性が期待できる」（P.28～P.31）から，その基本を確認してください。
②『ガイド2』の「適切な行動と協調性のある行動を，とることができる」（P.28～P.32）から，その理解を深めておいてください。「期待される協調性のもう一つの意味」などを解説しています。

> *「適切な行動」とは，会社が定めた「お客さま応対の行動規範（役割）」に従って（協調して），応対すること。その意味で，「適切な判断と表現」と連動する事例もあるが，「適切な判断」の場合は，気配りをプラスした応対に重点を置いている。

Column

組織の期待に応えるということ

事業の成功は，スタッフの適切な行動と協調性から

　国際エグゼクティブやセレブリティをメインターゲットにし，事業を展開しているのがホテル西洋銀座です。そして，このホテルの会長は，現場のお客さま対応に対して目を光らせ，時に厳しく叱責しています。その一例を，洞口光由さん（元ホテル西洋銀座取締役支配人）の『五つ星のサービス・マインド』から紹介しましょう。少し長い引用になりますが，組織のビジョンをきちんと認識し実践すること（期待に応えること）がいかに重要であるかを伝えて余りある事例です。

　そして、厳しく指摘されたのは、一度利用した客への対応であり、前回利用時の情報を最大限に活かすこと、という点は特に強調された。それは「顧客重視主義」の考え方が強かったからである。すでにトップ層が限られた客層であることを知っており、拡大よりも充実を重視した指示であった。

　実際に、次のようなことが起きたことで大変に叱られた。それは二度目の客が到着し、出迎えからチェックインの手続きを新しいスタッフにさせたことに起因する。その新人スタッフがレジストレーション・カードに二度目の客であることを知りながらつい緊張のあまり名前と住所を書かせてしまった。不幸なことにその客が会長の知り合いで、チェックイン後、部屋から会長に電話をした際にレジストレーション・カードに住所を書かされたという意味のことを話したらしく、すぐに支配人が呼び出された。そこで厳しい口調でこう言われた。

　「二度目に来られたお客様に住所まで書かせたようですが、いつもそうした対応をしているのですか？　前回お越しになられた時に住所は書いていただいている場合、二度目はサインのみで対応することになっていましたね。そうした教育を徹底していないのですか？　支配人として怠慢ですね。もう一度全スタッフに顧客への対応を説明し、徹底するようにして下さい」

　このように少しでも対応が緩むと厳しい言葉が発せられ、開業からしばらくの間は目の離せない状況が続いた。会長は現場がいかに大切

であるか、を知らせたかったのである。

　会長は『真実の瞬間』（ヤン・カールソン著／堤猶二訳、ダイヤモンド社）の中からこう引用している。

　「どんなに優れたリーダーによって企業のビジョンが示され、戦略が作られても、毎日、多くの最前線の従業員によって、顧客に質の良いサービスが確実に提供されなければ企業の成功はない」

　こうした考え方を開業当初から強く抱いていた。そして支配人以下すべてのスタッフに説きたいと考えていたのであろう。

　このように会長のこだわりは誠に厳しいものであった。それは実際に「予約の受け方」から「到着時のお出迎えの仕方」「チェックインの方法」、そして「滞在中のサービス内容」、最後に「チェックアウトの対応」「お見送りの仕方」に至るまで、サービス対応の一つひとつを徹底的に検証することを強いた。そのためすべての内容に関して納得してもらうにはその当時、国際エグゼクティブが多く滞在していたホテル（大半が御三家）の実態との比較を細部にわたって行わなければならなかった。そのためにサービスメニューを作成する段階で大変激烈な議論を交わしたものである。一つの事例を挙げると、一般のホテルでは些細なこととして片づけられる問題であるが、客室内の冷蔵庫の中身を「無料」とするか「有料」とするか、これを決める時のプロセスである。

　会長答申を経るために事前に総支配人以下関係部署の幹部で議論を重ねた。その結論は「有料」であった。その主な理由は実際にコストが発生する商品（各種飲み物）であるからである。宿泊部門長だけは「無料」と主張していたのだが、事前会議での結論が「有料」となった以上、会長への提案者である宿泊部門長はその方針で提案しなければならない。

　そして答申会議が始まった。宿泊部門長は他社事例を紹介しながら結論として「有料と考えたい」と述べた。

　その瞬間、会長はもう言い出した。

　「このホテルのお客様は誰なのですか？」

　聞かれた宿泊部門長は「はい、国際エグゼクティブです」と答える。

　「ではこのホテルの基本コンセプトは何ですか？」

　「それは異国の東京のこのホテルに、お客様のオフィスと自宅の寛ぎ

を提供する、という考え方です」

「それではイメージしてみて下さい。異国の地で忙しいスケジュールをこなし疲れてホテルに帰ってきたそのエグゼクティブはすぐにシャワーを浴びて、冷蔵庫から好きな飲み物を取り出しソファーに腰を下ろしてゆっくりと飲みますね。そう疲れを癒やすように。その動きはまさに自宅での寛ぎを再現させるものでしょう。このホテルはそうした再現にこだわることは言うまでもありませんね。ではなぜその冷蔵庫の飲み物が有料となるのですか？ 自宅の冷蔵庫にお金を払うのですか？ このホテルの客層は誰で、客室料金はいくらと設定しようとしているのですか？」

それは厳しい言い方であった。あたかも「君はこのホテルのコンセプトがわかっていない」とでも言うような形相であった。確かに言われて反論ができなかった。

会長はさらに続けた。

「最も上層な顧客をメインターゲットにするホテルが、チェックアウト時にもし申告されることを忘れた時、追いかけて尋ねるのでしょうか？ すいません、ビール１本五百円をまだいただいていないのですが、と」

もう一度考えてみよう。メインターゲットがエグゼクティブである以上、客室は五万円以上の部屋を利用する。そして基本的なもてなしの考え方として「自宅の寛ぎを異国の地であるホテル内に再現する」というこだわりがある。そうであれば既存のホテルが当たり前のように考えている客室内の冷蔵庫の捉え方を今一度研究するべきではないだろうか、との考えで一致するに至った。そして開業時は冷蔵庫の中は無料としたのである。

ソウルオリンピックの時、米国からある有名アスリートがソウルに入る前の調整のために来日し、長く滞在したことがあった。当時、陸上競技の世界記録を持っていたそのアスリートは二日目に大変感激したのである。その理由を聞いてみると最初の日、冷蔵庫の中に「ライトコーク」がなかったので依頼したという。その翌日、練習からホテルへ帰って来て冷蔵庫を開けると「ライトコーク」が数多くセットされていた、というのである。もちろんルームアシスタントが補充の時「ライトコーク」を多く入れるという配慮からであった。

このことで大変満足し,オリンピック後来日時には必ず滞在し,時にはアスリートの仲間を数多く連れて来た時もあった。東京での国際大会で世界記録を出した時は皆で喜んだものである。

　　　　　　　　（洞口光由著『五つ星のサービス・マインド』文芸社）

●

　企業のコンセプトをきちんと理解し,協調し,それを実践する。これが,仕事を遂行していくための大前提でしょう。もちろん,お客さまに「**質のよいサービスを提供**」するために。

　　　＊本文中の「ホテル御三家」とは,帝国ホテル東京,ホテルオークラ,ホテルニューオータニ東京のこと。ちなみに,「ホテル新御三家」とは,パークハイアット東京,フォーシーズンズホテル椿山荘東京,ウェスティンホテル東京のこと。

3 清潔感について,理解できる

　清潔感は,第一印象(雰囲気)をよくします。では,この清潔感を醸し出すにはどのような心掛けが必要になるでしょうか。それを,次の後輩指導の事例から検討してみましょう。

事例研究③　清潔感について,理解できる　　　　　case study

　食品売り場勤務の小池悠子は新人スタッフに,「お客さまによい印象を持ってもらうには,清潔感のある身だしなみが大切」と言ったところ,どのスタッフも制服を着て白い帽子をかぶるのだから十分清潔感が出ていると思うが,それ以外にどのようなことに気を付けるのかと尋ねられた。この場合,どのように指導することが必要か。箇条書きで三つ答えなさい。

事例解説　　　　　　　　　　　　　　　　　　instructions

▍考え方のポイント

①清潔感のある身だしなみとは何かを考える

　清潔感のある身だしなみとは,制服と白い帽子を着用すればよいというものではない,**全体の印象で清潔感を醸し出す必要がある**。まずはこのようなことから考えていけばよいでしょう。そして,これに基づいて,具体的に服装や髪形,化粧,つめなどディテールについて事例を挙げていきます。

②服装や髪形など身なりの具体例を挙げる

　身なりを整えるとなれば,まずは服装と髪形です。制服や帽子に汚れやしわはないか,また,帽子は髪がはみ出ないようにきちんとしたかぶり方をしているか,などが挙がればよいでしょう。そして,これが身なりを整えるということであり,清潔感をつくり出す基本になります。

　さて,服装,髪形とくれば次は化粧です。そして,食品売り場であることも考え,厚化粧ではなく**健康的な印象**が出せるような**ナチュラルメイク**にするとよいだろう,などと考えていきます。

③考えをまとめる

　以上のことをまとめると,①初めに「清潔感のある身だしなみ」とはどのようなことかを導入部として書く②そして,「身なりを整える」た

めの具体的な事例を二つ挙げていく，の二段階構成になります。「清潔感のある身だしなみとは，こういうことである。そして，具体的な身なりの整え方はこれとこれに当たる」というわけです。

> ＊「清潔感」は，「身だしなみを心得ている」で解説した内容と連動している。身だしなみ全体が整うことにより，清潔感が醸し出されるからである。

▍清潔感のある身だしなみ

①清潔感のある身だしなみとは，制服や帽子を着用するだけでなく，全体の印象で清潔感を出すことが必要ということである。
②制服には目的があるのだからそれに合わせて，帽子は髪がはみださないようなかぶり方をし，制服は汚れやしわがないかのチェックが常に必要。
③化粧は，厚化粧でなく健康的な印象が出せるような，ナチュラルメイクにする。

いかがでしょうか。
　身だしなみというと服装や髪形が思い浮かびますが，本来は礼儀作法も含まれます。要するに，**衣服，髪形，動作（態度），話し方などの全体で清潔感が醸し出される**ということです。従って，そのことに触れた答えならよいということになります。なお，③化粧以外の事例では，「手先は特に目立つので手荒れに注意し，つめを短くしてマニキュアはしないこと」「靴は機敏に動けるようなかかとの低い物を選び，サンダルなどは履かないこと」などもあります。

> ＊制服着用の目的（解答例②）は，一糸乱れず整然とした統一感にある。そして，これが清潔感を醸し出すことになる。このとき，汚れやしわに注意を払うのはもちろんのこと，帽子のかぶり方にも気を付けなければならない。また，帽子のあみだかぶりもいけない。これだけで全体の統一感（清潔感）を損なうからである。
> ＊②の解答は，「制服や帽子は，常に汚れやしみがないものを着用する」などでもよいが，解答例のように，制服の意義を前提にしながら記述していくと，１級としてベストな解答になる。

要点整理　　　　　　　　　　　　　　　　　　　the main point

■ 清潔感について，理解できる

　サービス業にとって，**清潔感に代表される第一印象は重要**です。スタッフの人柄と店舗のイメージ，そして販売商品に関わってくるからです。その意味で，**清潔感は信頼感**を得るための基本です。出題の意図もここにあります。そして，これは3級から1級まで共通した心構えです。

■ 出題の視点

　検定問題では，事例研究③に見られるように，**「清潔感に対する考え方」**から出題されています。この内容を押さえておけば，検定問題には十分対応できるでしょう。**「身だしなみの心得」**とともに確実に理解しておいてください。

■ 確認事項

①『ガイド3』の「要点整理」（P.33）から，**「身なりのチェックポイント」**を再確認してください。これが，清潔感のある身だしなみを醸し出していくための基本項目です。1級でも，これに基づいて出題されています。

②『ガイド2』の「事例研究③」（P.33）から，**清潔感のある雰囲気を醸し出すための要件**を確認してください。適切な選択肢として，「身だしなみのよさは人柄に表れる。この人柄からも雰囲気は醸し出されるのではないか」「良識のある人の生活態度は違う。この生活態度からも雰囲気は醸し出されるのではないか」「普通の生活をしていても，清潔感を意識していれば，そこから雰囲気は醸し出されるのではないか」「きれい好きな人は周辺にもきれいさに気を使っている。そこからも雰囲気は醸し出されるのではないか」などが挙げられています。これが**サービス接遇検定が重要視している美意識の基盤**であり**マインドの基盤**です。

③本節のコラム「良識あるサービス接遇者の態度」（P.39）から，「身だしなみ」を再読してください。サービススタッフにふさわしい服装や身だしなみについて，その心掛けを述べています。

④身だしなみと清潔感，第一印象は連動しています。改めて総合的に理解しておいてください。

2 ■ 従業要件

⑤本項の「事例研究③」から，清潔感のある身だしなみとは，清潔な服装だけにあるのではなく，**全体的に調和の取れた雰囲気**の中にあることを再確認しておいてください。

> # Column
>
> ## 清潔感のある身だしなみ
>
> 「鏡みて姿ととのえ心まで」
> 　『ガイド3』（P.31）で紹介した「帝国ホテル十則」の一つに，「**清潔**」があります。これについて，竹谷年子さん（帝国ホテル元客室アテンダント）は，その著『帝国ホテルが教えてくれたこと』の中で，こう語っています。
>
> 　お客さまの前に出るときは、清潔な身だしなみを心がけること。これは接客の仕事をする者にとって、絶対に欠かすことのできない基本です。
> 　「鏡みて姿ととのえ心まで」
> 　これは、「サービス向上運動」という会社全体の研修会に向けて私が作った標語で、「身だしなみの部門で優秀なテーマを作られました」とのことで賞状と記念品をいただきました。
> 　先代の犬丸社長からつねづね、「お客さまの前に出るときは、鏡の前に立ってから出なさい」と言われて頭の中にこびりついていたので、このような標語を思いついたのでしょう。
> 　体調が悪いと、ついつい笑顔も曇りがちですが、プロの職業人にそのような言い訳は通用しないでしょう。私は具合が悪いからといって、お客さまの前で表情に出した覚えはございません。
> 　姿だけでなく、たとえ体調が悪くても、どんなときでも、自分の心をととのえられるようでなければ、職業人としてふさわしくないのではないでしょうか。
> 　　　　　（竹谷年子著『帝国ホテルが教えてくれたこと』大和出版）
>
> ●
>
> 　竹谷さんは「その笑顔のもてなしが帝国ホテルの財産」と言われた

人です。帝国ホテルに，女性初の客室係として入社。以来，60年の長きにわたって第一線で活躍したホテリエです。その竹谷さんが語る「**身だしなみを整え，心まで整える**」ことが接客業にとっていかに大切であるか，その重要性を認識してください。「心まで整える」ことが「**忍耐力（自制心）のある行動**」になって表れてくるのですから。

4　忍耐力のある行動を，とることができる

『ガイド3』で，「**忍耐力のある行動**とは，何より，お客さまの気持ちを第一に考えて行動できることをいう。だが，そのためには，**自分の感情をセルフコントロール（自制）していかなければならない**」と述べ，『ガイド2』では，「**忍耐は，仕事を支える一つの資本である**」と，バルザックの言葉を紹介しました。

さて1級では，このことを踏まえて，**忍耐力と感じのよいお客さま応対との関係**，また，サービス接遇における**忍耐心の意味**などが問われてきます。次はその事例です。検討してみましょう。忍耐力（の発揮）が，いかにお客さまのためになるか，また，いかに事業に好影響を及ぼすか，というものです。

事例研究④　忍耐力のある行動を，とることができる　　case study

家電量販店のチーフ山縣明菜は，配属されてきた新人スタッフに，「感じのよいお客さま応対をするためには，忍耐力のある行動も大切」と言ったところ，一部から疑問の声が上がった。忍耐の意味を，マイナスイメージで理解しているせいか，どうしても感じのよいお客さま応対と結び付かなかったらしい。この場合，山縣はどのように言葉を補い説明したらよいか。箇条書きで三つ答えなさい。

事例解説　　instructions

■考え方のポイント

①忍耐の意味を考える

確かに，忍耐は「苦しさやつらさ，くやしさなどを我慢する」という意味だ。だが，販売スタッフとして，この意味をネガティブに，また，マイナスイメージとして捉えてはいけないのではないか。むしろ，忍耐力こそ，お客さま応対にとって必要なものではないか。まずはこんなことから考えていけばよいでしょう。序論（導入部分）です。

②忍耐力の必要性を考える

では，なぜ忍耐力が必要なのか，次にその理由を考えていきます。

例えば，広告の家電商品が売り切れてしまったとします。でも，お客

さまは「どうしてもこれが欲しいの。今すぐ欲しいの。何とかして」と，面倒なことを言ってきた。このとき，事務的に「ありません」とだけ対応していたら，このお客さま，二度と再びの来店はないだろう。ここは，店舗内の在庫の再確認をしてみるとか，メーカーに尋ねてみるとか，さもなければ他店舗に電話をし，同一商品の在庫を確認し，あるならその店舗を紹介するとか，ありとあらゆる手段を駆使して，できるだけお客さまの要望に応えていく，この**忍耐力に裏付けられた行動**が必要なのではないか，などと考えていきます。

すると，お客さまのどんな面倒な要望にも，嫌な顔一つ見せずに，**忍耐心**を持って一つ一つ丁寧に対応していくのが，**スタッフに与えられた重要な仕事（使命）**であるということが分かってきます。お客さまに満足してもらうために，骨身を惜しまず一生懸命に努力する。これが**忍耐心**（サービスマインド）であるというわけです。これを本論としましょう。

③忍耐と感じのよいお客さま応対との関係を考える

さて，忍耐心を持って一つ一つ丁寧に対応したら，お客さまはどう感じるでしょうか。「そこまでしてくれたのか。どうもありがとう」と，期待以上の対応に満足し感謝するのではないか，感じのよい応対の基本行動もここにあるのだろう，などと考えていきます。これによって，再来店も期待できます。そして，これを結論とします。

以上のように，序論，本論，そして結論の三段階で考えていくと，まとめやすくなるでしょう。

>＊サービス接遇検定では「『おせっかい』と言われるぐらいのまめさが必要」（『ガイド2』P.26）と述べているように，「おせっかい」という言葉もマイナスイメージだけでは捉えていない。「耐え忍ぶ」忍耐も同様。事業運営上必要な従業要件である。

忍耐力のある行動

①**忍耐**とは，「苦しさやつらさ，くやしさなどを我慢する」ことだが，販売スタッフとして，この意味をマイナスイメージで捉えてはいけない。むしろ，お客さま相手のサービス業では，忍耐力こそ必要なスキルの一つと考えるべきである。

②なぜなら，お客さまの要望の中には，手間暇が掛かり面倒なものもある。このようなとき，嫌な顔一つ見せずに，忍耐心を持って一つ一つ

丁寧に対応していくのが，スタッフに与えられた仕事だからである。
③そして，このような応対は，「そこまでしてくれたのか」と，お客さまに対して期待以上の満足を与えることもできる。これが感じのよい応対であり，従って再来店も期待できるのだ。

いかがでしょうか。
　設問は，忍耐力が感じのよいお客さま応対とどのように結び付くのかということです。この場合の感じのよい応対とは，お客さまのわがままな要望にもできるだけ応えていこうとするマインドです。お客さまから「快適」と感じてもらえる応対のことです。そして，その**土台にあるのが忍耐力**です。ここでは，このような観点から解答していきます。解答例の他に，「**お客さまの要求には何でも応えられるということが基本なので，何事もすぐに行動しないといけない**」などもよいでしょう。

　　　　＊「忍耐力」は，「良識ある態度」や「対人関係」などとも深い関わりを持っている。良好な人間関係（社会性）を築くためには欠かすことのできない資質だからである。その意味で「忍耐心」は，美徳の一つであるといえるのかもしれない。
　　　　＊箭内祥周さんは，その著『一流ホテルマンが教えるお客さま対応術』（情報センター出版局）の中で，「『行儀のいい』ホテルマンはお客さまから愛されるが，その反対はだめである。行儀よく振る舞うには，かなりの『堪(こら)え性』がなくてはならない。これはホテルマンのみならず、サービスに携わる人すべてにいえることである」と語っている。「堪え性」である。
　　　　＊江戸しぐさは「ペイシェント（忍耐強い）マナー」（越川禮子著『野暮な人イキな人』日本文芸社）と呼ばれているそうだ。

要点整理　　　　　　　　　　　　　　　　　　　the main point

▍忍耐力のある行動を，とることができる

　お客さまの要望や期待に，感じよく応えていくためには，忍耐力のある行動をとる必要があります。そして，この忍耐力は，お客さまに決して不快な思いをさせないという，いわば**気遣い**でもあります。これがあって初めて，お客さまとの間に良好な関係を築くことができ，再来店も期待できます。出題の意図もここにあります。

▌出題の視点

検定問題では，事例研究④に見られるように，「**サービス接遇における忍耐心とは何か**」などの視点から出題されています。この内容と次の「確認事項」を押さえておけば，検定問題には十分対応できるでしょう。

▌確認事項

① 『ガイド3』の「忍耐力のある行動が期待できる」（P.34〜P.37）から，「**忍耐力**」の基本事例を再確認してください。

② 『ガイド2』の「忍耐力のある行動を，とることができる」（P.35〜P.36）と『ガイド3』から，忍耐は，**自制心**であり，**冷静さ**であり，**おおらかさ**であり，**謙虚さと優しさ**でもあることを確認してください。そして，これが**忍耐心**（堪え性）です。

Column

忍耐心は，お客さまの心にも伝わる

お客さまと一緒に待つ気遣い

再び，加納光さんの『あなたから買いたい』から。

百貨店の開店時間と閉店時間には店長と総務部長、営業部長と販売促進課の課長が店頭に立ってお客さんを送迎する。

その日は《下っぱ》の私が、人数合わせのお見送り役となった。冬のさなか。外は粉雪が舞っていた。足下から冷える…閉店間際お孫さんをダッコしたおじいちゃんが入ってきて私の隣に立っていた総務部長に泣きそうな顔で声をかけた。

「クルマの鍵をかけたままロックしてしまって…参りました。お手数ですが出張鍵屋さんに連絡をとりたいのですが…」

その当時は携帯電話などを持っている人も少なく、どなたも公衆電話を使って連絡をとるのが当たり前だった。総務部長はインフォメーション課の主任に電話を入れた。閉店5分前。部長は電話番号を書いたメモをお客さんに渡した。入り口にある公衆電話からお客さんは電

話をかけた。
「えっ？　30分もかかりますか…。少しでも早くお願いします。」
その電話の声は私にも聞こえた。お客さんはもう一度部長に
「待たせていただく場所はありませんか？」とたずねた。
閉店1分前。部長は「一緒にここで待ちましょう」と笑顔で答えた。そばで鍵を締める段取りをしているガードマンに部長はこういった。
「今日は私が最終確認をします。店内の見回りをしてください。」
1時間後、部長は肩に粉雪を乗せ何喰わぬ顔で席に戻られた。閉店時間に鍵を締めなかったというのはありえない大事件である。店内管理の総責任者にしかできない絶対規則のねじ曲げだった。
翌日の昼、そのおじいちゃんが宝石売場の係長と一緒に、総合事務所の部長をたずねてきて笑顔で部長に言葉をかけた。
「昨日のお礼ではありませんが、さきほど妻の指輪を購入しました。」
そのことばに、最敬礼で深々と頭を下げた総務部長がキラキラ輝いて見えた。

大混雑の催事場で不思議なことが起きた

さて、次は加納さんが応援要員として出向いた「百貨店の名物催事。『婦人服大販売会』」での話です。

会場は大混雑。フィッティングルームでの試着待ち。さらに特設の催事場だけにレジの数も少ない。お客さんは商品を持って長いレジの列に並ぶことになる。どうにもこうにもならない…。お客さんは不服そうな顔をする。

史上最低の会場に私の半日上司だった販売達人課長が登場した。何かあるぞ…。と私は動くことを許されない場所から覗く…。課長は、いきなり列の最後尾に並んでいるお客さんの横にいって。
「たいへん、お待たせして申し訳ございません」と最後尾の人に頭を下げた。

並んだ人、並んだ人、最後尾の一人ひとり…全員に頭をさげる。不思議なことが起こった。並んでいるお客さんの顔がほころんだ。課長は3時間半。列が途切れるまで、ずっと頭を下げていた。ピンチに登場した達人課長が、ウルトラマンのように見えた。

（加納光著『あなたから買いたい』日報出版）

II

専門知識

1 サービス知識
2 従業知識

1 サービス知識

① サービスの意義について，深い理解がある。
② サービスの機能を理解し，十分発揮できる能力がある。
③ サービスの種類を活用できる。

1 サービスの意義について，深い理解がある

　サービスの意義を理解できるとは，**サービスの意味・存在理由**が理解できるということです。**サービスの持つ価値と重要性**が認識できているということです。もちろん，そのためには，会社の事業方針に対する深い理解と共感が必要です。その視点から問うているのが，次の事例です。検討してみましょう。

事例研究① サービスの意義について，深い理解がある　case study

　婦人服専門店のスタッフ河本希美子は店長から，当店のお客さまサービスの目標は「お客さま本位」と言われた。このお客さま本位とはどのようなことを言うのか。箇条書きで三つ答えなさい。

事例解説　instructions

考え方のポイント

①「お客さま本位」の意味を考える

　設問は，「お客さま本位とはどのようなことを言うのか」ということです。そこで，第一段階として「お客さま本位」の意味から考えていきます。

　お客さま本位とは，店で行うこと，スタッフの対応などのすべてを，お客さまを中心に据えて考え行うことです。お客さま第一主義（お客さま中心主義）です。そして，このことを前提に対応の仕方を考えていきます。

②「お客さま本位」の意味から，具体的な対応を考える

　さて，対応の具体例を検討する前に，**お客さま第一主義の目的**につい

て考えてみましょう。設問でいうところの「**当店のお客さまサービスの目標**」です。

お客さま第一主義の目的は，**お客さまに期待以上の満足を提供すること**にあります。そして，そのためには，**お客さまの心に残る，普通を超えたサービスの提供が必要**になります。

そこで，普通を超えたサービスの応対例です。

例えば，お客さまが今，何を求めているのかを察知し，お客さまに言われる前に行動に移す，お客さまの要望には，できる限り応えるようにする，などはどうでしょうか。もちろん，この背景には，このようなサービスをすることによって**店の価値が高まる**ということがあります。そして，これも**サービスの意義**です。

③考え方をまとめる

以上のことをまとめると，①最初に「お客さま本位」の意味を導入部として書く②そして，「お客さま本位（お客さま第一主義）」の意味を受けて，具体的な応対事例を二つ挙げる，の二段階構成になります。「お客さま本位とは，こういうことである。その具体的な事例がこれとこれになる」というわけです。

お客さま本位の対応例

①**店で行うこと，行おうとすることは全てお客さま中心にする（店の都合より，お客さまの都合を優先する）。**
②**お客さまに対応するときは，お客さまが何を求めているかを考えてする（お客さまの要望を把握する）。**
③**お客さまの要望には，できる限り応えるようにする。**

いかがでしょうか。

解答例のほかに，「たびたび来店するお客さまは，どのようなお客さまか詳しくなるようにする」や「一人一人違うお客さまの雰囲気に合わせて，好むように対応する」，「お客さまに期待以上の満足を提供することによって，店の価値も高まり，事業運営上に好影響を及ぼすことが分かる」などもよいでしょう。そして，これがサービスの存在理由（価値）です。

＊①の導入部を書かずに，具体的事例だけを列挙しても構わない。また，記述の仕方もポイントを押さえて書けばそれで十分（文章力は問わな

い）。
　　＊お客さま本位とは，お客さまに満足を提供するための基本的な考え方であると理解すること。これがないところに，店の繁栄はないからである。そして，だからこその「店の都合よりお客さまの都合を優先」するのである。

要点整理　　　　　　　　　　　　　　　　　the main point

▌サービスの意義について，深い理解がある

　サービスをすることの意義とは，お客さまに期待以上の満足を提供することです。そして，その根底にあるのは，**徹底したお客さま本位（お客さま中心主義）の精神**です。また，この精神は，**清心**であり**誠信**でもあります。これがあって初めて，店への信用（好意）も形づくられていくからです。出題の意図もここにあります。

　では次の事例から，**サービスの意義**（意味・存在理由）について，おさらいをしておきましょう。「**サービスの機能を理解し，十分発揮できる能力**」と「**サービスの種類（応対の仕方）を活用できる**」ためのよりどころがここにあるからです。

　「あなたのきめ細かな配慮に感動した。店の雰囲気も最高だ。本当に来てよかった。どうもありがとう」。お客さまは，そう言葉を残して店を後にしました。

　そんなある日，そのお客さまが「気に入ったから，また来たよ。今日は友人も一緒だ」と，再び店に来てくれました。そのときスタッフは「いらっしゃいませ。〇〇様」と名前で迎え，「先般はありがとうございました」とお礼を言いました。

①期待以上の満足を提供することの意味

　まずお客さまは，スタッフの期待以上のサービスに満足しました。それゆえの再来店です。しかも，新しいお客さまと一緒に。これ以上，店にとってありがたいことはないでしょう。商売繁盛の大本です。もちろん，このスタッフは**期待以上の満足の提供によって，どのような結果になるのかをきちんと認識**していたということです。これが「サービスの意義について，**深い理解がある**」ことの第一です。ありきたりのサービ

スをしていては，再来店は望めないという認識です。

②お客さまは特別の人

さて，このときスタッフは，お客さまを名前で迎えています。これは**「一度ご来店になったお客さまのお名前は決して忘れません。数多い店の中から当店を選んで来ていただいた大切なお客さまなのですから」**との**感謝の思い**があるからです。これだけで，お客さまは快適な気分になります。お客さまはもう，得意客（顧客）のふうです。そしてここが重要です。**お客さまを大事にし，常連客になってもらうこと**が，サービスをすることの第二の意義だからです。

このお客さま，本当にお得意さまとなって足繁く店に通うことになるでしょう。何せ，初めて来店したときとはまた雰囲気の違う，より以上のサービス心で迎えてくれたのですから。

　　　＊「『一人のお客さまを特別扱いできない』という人がよくいますが，一人のお客さまを特別扱いしないで何をするのだといいたい。十把ひとからげのサービスを提供し，それで満足していただくのは不可能です。本来，『一人ひとり特別扱いしなくてはいけない』のです」（江澤博己著『接客サービスの達人』大和出版）。

③一人一人のお客さまが店を繁盛させてくれる

お客さまは友人とともに楽しいひとときを過ごし，満足して家路に就きました。きっとこのお客さまは，また別の知人を紹介してくれるでしょう。もちろん，初めて来店したこの友人も。そして，このお客さまの輪の広がりが店を支えてくれるのです。これが，サービスをすることの第三の意義であり，**「事業は継続を旨としている」**と言われるゆえんでもあります。

▍出題の視点

検定問題では，事例研究①のほか，「スタッフの**一人一人が店の代表者**とは，どういうことか」との出題もありますが，サービスの意義を理解していれば，十分に対応できる問題です。次に，それを見てみましょう。

▍一人一人が店の代表者としての意識を持つ

> 朝礼で,「スタッフの一人一人が店の代表者」と言われた。この「一人一人が代表者」とは,どのようなことか,何をするべきか(レストランのケース)。

● 考え方のポイント

　「店の代表者」の意味から考えていく。言うまでもなく,代表者とは店の経営者のこと。

　経営者は,「スタッフのお客さま応対がよければ,お客さまはその店を感じのよい店と評価する。そのような店にはおのずとお客さまが集まることになる。スタッフにも代表者と同じように,このような意識が必要である」と考えている。そうでないと経営が成り立たないからだ。

　そして,そのためにはお客さまに対する態度,振る舞い,話の仕方などがとても重要なことになるというわけだ。

　このようなことをイメージしながら,まとめていく。

● 「店の代表者」の意味

◆レストランは客商売だから,お客さまが店に好感を持ってくれ,常連客になってくれるようなことでないと経営が成り立たない。そのためには,スタッフのお客さまに対する態度,振る舞い,話の仕方などが大変重要なことになる。これが快適な店の雰囲気をつくり,得意客を増やしていくことになるからである。

◆代表者は,店を繁盛させるためには,スタッフの感じのよいお客さま応対が必要であると考えている。これによって,お客さまは「また,あの店に行ってみよう」ということになるからだ。また,そうしないと,常連客になってくれないし,事業の発展もない。だからこそ,感じのよい態度,振る舞い,話の仕方などが大変重要なことになる。

　　　＊「要点整理」の事例とともに確認しておくこと。
　　　＊第Ⅰ章のコラム「組織の期待に応えるということ」(P.45～P.48)を再読すること。「サービスの意義」の基軸となるものを紹介している。
　　　＊設問によっては,箇条書きではなく,「理由を簡単に答えなさい」というものがある。この場合の書き方が前掲のもの。解答は2例挙げたが,これはどちらの記述の仕方でもよい。また,「考え方のポイント」で述べたことを要約したものでも構わない。

■ 確認事項

①『ガイド3』の「事例研究」と「事例解説」「要点整理」から，**「サービスの意義」**を再確認してください（P.40～P.41）。重要事項です。
②『ガイド3』のコラム「お客さまに心から感謝された新人スタッフの誠実さ」（P.42～P.43）から，**サービスの意義**と**誠実さ**への理解を深めてください。伊勢丹の事例（国友隆一著『「伊勢丹のようなサービス」ができる本』成美堂出版）です。
③『ガイド2』の「事例研究」と「事例解説」「要点整理」から，**「サービスの意義と求められる能力」**について，その認識を深めておいてください（P.38～P.40）。
④本項の「事例研究」と「事例解説」「要点整理」から，**「サービスをすることの意義」**を再確認してください。この内容を基準として，総合的に「サービス知識」が問われる場合もあります。

Column

サービスの心

新卒社員からの提案
　　目の不自由な子どもたちのために
　　　　楽しい思い出を作ってあげたい ――

　サービス心の出発点は，奉仕の心と思いやり，そして，人と社会に尽くすことに意義を感じることにあるでしょう。これがあれば，心を込めたおもてなしができるからです。
　そんな事例を，渡邉美樹さんの『サービスが感動に変わる時』から紹介しましょう。新卒社員の奮闘ぶりのひとこまです。そして，この事例から，**もう一つのサービスの意義（価値）**を考えてください。

　今春のボランティア研修で，児童福祉施設「横浜訓盲院」へ行った一人の新卒社員から，「目の不自由な子どもたちのために，点字のメニューを作り，『和民』に招待して，楽しい思い出を作ってあげたい」と，提案があったのは，4月のことでした。「是非やりなさい，思うだけな

らだれにでもできます。大切なことは『思いを、形に』することです」
それが、私の彼への応援の言葉でした。

　7月19日、その発言から3カ月経ち、彼の言葉は、現実となりました。お昼すぎ、目の不自由な子どもたちが、職員の方々に付き添われて次々に来店してきました。

　タクシー10台に分乗して、また電車に乗れる子は、電車に乗って、集まってきてくれました。迎えたのはワタミの今年の新卒を中心として23名のボランティアメンバーです。前の日からの仕事でほとんど寝ておらず目を赤くしての参加です。当然終わったらそのまま仕事の時間となります。徹夜覚悟のメンバーばかりです。それでも、笑顔ばかりの彼らです。開会時間ギリギリに入店した私を、元気よく迎えてくれました。お昼を15分ぐらいすぎたころ、子どもたち32名、付き添いの先生32名、スタッフの先生4名、計68名のお客様が席に着きました。「お好きなお飲みものをどうぞ」「先生、ビールはいかがですか」——さあ楽しい昼食会のスタートです。

　テキパキと動く新卒メンバーの接客を見て「いつの間にか、プロになったな」と感心するばかりです。彼らが、目の不自由な子どもたちのために必死になって考えたと思われる工夫が、店の随所に見られます。いつも伝票がかかっている金具には、何重もの紙ナプキンが巻きつけられています。こぼれないように、いつもの取り皿は、深い皿に変わっていました。ホタテバターの鉄板も、やけどをしてはいけないと白い平皿になっていました。

　目が不自由ゆえ、テーブルをよごすのは、当たり前です。彼らは、何度も、何度も、おしぼりの交換をしていました。そんな、小さな心遣いのなかに、彼らの成長を、見ることができました。

　点字メニューも、5冊完成していました。指で、点字をなぞり「カンパチって何？」と聞く子ども、「このカンパチはね、九州の宮崎のとっても波が荒い海で育ったんだよ」「じゃあそれ食べようかな」——メニューがあって、初めてできる会話を楽しみました。一人の子は、「わざわざ、私たちのためにメニューを作ってくれたのですね、ありがとう」と、お礼を言ってくれました。

　　　　　　　　　　　　（中略）
　お礼を言ってくれた子に「君は、たくさんのものを背負って生きて

いるのだから、これぐらい甘えていいんだよ」そう、心の中で、語りかけました。何かをしてあげることができる人が、自分以外の人のために何かをしてあげることは、人として当たり前のことだと思います。多くのものを背負っている人を、背負っていない人が助けることは、全く考える余地がないくらい当たり前だと思うのです。彼らには、その権利があると、私は信じています。

　後日、点字で何通ものお礼状が届きました。

　　〜点字のメニューを見せてもらってホタテバター焼きを頼んで食べたらバターの味がきいていてすごくおいしかったです。点字のメニューは間違いがひとつもなくてびっくりしました。読みやすかったです。本当にありがとうございました〜

　この手紙の文面に、相手を気遣う心を見るのは、私だけでしょうか。あたたかいものを感じます。

　　〜わたみのみなさんへ。先日は招待していただきありがとうございました。それからおみやげまでくださりどうもありがとうございました。これからも元気で頑張って下さい〜

　このおみやげも、今年の新卒の一人のアイデアの産物でした。彼女は、横浜援護授産所という知的障害者の方々が働く作業所のボランティアへ行きました。彼女がそこで見つけてきたのは、知的障害者の方が、何回も何回もやすりで磨いて作った「ひのきでできた木の動物たち」でした。

　手ざわりが、とてもやわらかく、やさしい小さな動物たちでした。彼女の提案で、「和み亭」での販売が始まりました。1コ120円の仕入れで、150円で販売しています。収益も寄付させていただこうと考えています。売行きも順調です。この動物が子どもたちに好評でした。

　見えない、聞こえない、話せない、歩けない、こんな重度の障害をもった子どもは、表現の仕方がわからないため、自分の体を、何度も殴り傷つけます。大きな声で叫びます。しかし、それでも、お店は、

あたたかな空間でした。あたたかくて、やさしくて、ほのぼのとした、不思議な空間でした。隣にいた店長が突然座りこみ、大きな声をあげて泣き始めました。驚き尋ねる私に「自分の店でこんなことができて嬉しいのです。なんて素晴らしい仲間と働いているんだろうって思ったら涙が出てきて……」
　昼食会のあいだ、私も幸福でした。ボランティアメンバーの笑顔、目の不自由な子どもたちの嬉しそうな顔を見ていると、こみ上げるものを抑えるのに困りました。この幸福を糧に「もっと、もっとよりよい影響を社会に」と何度も決意していました。
　数日後の新聞にこの昼食会が紹介されていました。発起人は語ります。「**ボランティアで行ったのに逆に自分たちが元気づけられた、だからお礼をしたかったのです**」
　今回もまた与えるより受けるほうが、多かったようです。いつまでもお礼をし続けるワタミでありたいと思います。

（渡邉美樹著『サービスが感動に変わる時』中経出版）

2　サービスの機能を理解し，十分発揮できる能力がある

　サービスの機能（働き）とは，お客さまの要望や期待に応えていくことです。これは，サービスそのものが担っている役割と責任と言い換えてもよいでしょう。そして，1級ではこのことを熟知した上で，お客さまに期待以上のサービスを提供できる能力が身に付いているかどうかを見ています。顧客サービスの要です。

事例研究②　サービスの機能を理解し，十分発揮できる能力がある　case study

　森田雄一が勤務する家電チェーンストアは全国に店舗がある。ある日店長が，「チェーン店の特長をサービスに生かそう」と朝礼で言った。そこで森田は，チェーンストアの特長を生かしたサービスには，どのようなことがあるかを考えてみた。あなたが森田ならどのようなことが考えられるか。箇条書きで三つ答えなさい。

事例解説　instructions

考え方のポイント

①「チェーンストアは全国に店舗がある」ことを，第一の手掛かりとして考える

　考える第一の手掛かりは，設問にある「チェーンストアは全国に店舗がある」です。チェーン店とは系列店のことで，**店は違っても同じサービスができることを特長**としています。まずはこのことを踏まえて考えていきます。

　では，「店が違っても同じサービスができること」には，どのような事例があるのか。このように考えを進めていきます。いろいろケースはあるでしょうが，例えば，お客さまが**希望している商品がなかったとき**，また，**修理や返品**のことを尋ねられたとき，などの事例はどうでしょうか。そして，ここからチェーン店ならではの特長あるサービス（一般店とは違うサービス）を考えていきます。

　このように，一般的な応対事例を想定して考えていくと，イメージが湧きやすくなります。

②チェーン店の特長を生かしたサービスを考える

さて以上の内容から，チェーン店ならではのサービスを考えていきます。

お客さまに「テレビで宣伝していたＫがないわ」と言われたら，「すぐに他の店舗から取り寄せます」などと応える。「故障したら，この店でなければ修理してくれないの」と尋ねられたら，「チェーン店であれば，どの店でも対応できます」と対応する。そして，「返品や交換はどうなの」と聞かれたら，「買い上げの伝票があればどこの店舗でも受け付けます」と応対する。

いかがでしょうか。このようなイメージで対応例を挙げていきます。例えて言えば，シナリオライターのようにショートストーリーを作っていく，そんな感じでしょうか。

③考え方をまとめる

ここで考えをまとめるときは，①の導入部は省略し，②の「チェーン店の特長を生かしたサービスを考える」で挙げた対応例を記述していけばよいでしょう。チェーン店の特長（意味）は十分に反映されているからです。

▌チェーン店の特長を生かしたサービスの対応例

①展示されていない品は他の店舗からすぐ取り寄せるので，気軽に尋ねてくれとお客さまに言いながら応対するようにしたらどうか。

②商品に対するアフターサービスは，どこでも対応すると言って，買い上げの品を渡すときに全国の店舗一覧を渡すのはどうか。

③返品は，買い上げ伝票があればどこの店舗でも受け付けると言って，近くの店舗の連絡先を教えるのはどうか。

　　＊解答例①のようなベストな記述は出にくいかもしれない。そのようなときは，「他の店舗からすぐに取り寄せます」や「近くの店舗に在庫がありますので，至急，取り寄せます」などでもよい。また，「お急ぎでしたら，近くの店舗に在庫がありますので，その店にお寄りいただけますか。お取り置きさせておきますが」でも構わない。あなたなりに物語を作っていくわけである。記述の仕方もポイントを押さえて書けばそれで十分（文章力は問わない）。

　　＊解答例②の「店舗の一覧」と解答例③の「買い上げ伝票」は，必ず記述すること。1級としてベストな解答になる。

　　＊解答例②の「アフターサービス」は，アフターケアでも修理でも構わない。また，解答例③の「返品」は交換でもよい。

要点整理　　　　　　　　　　　　　　　the main point

■ **サービスの機能を理解し，十分発揮できる能力がある**

　お客さまの要望や期待に応えることができるということは，**お客さまに信頼感と安心感，そして快適さを提供できる**ということです。これが，サービスの機能を熟知した上での接遇能力（サービスマインド）の発揮です。出題の意図もここにあります。

■ **出題の視点**

　検定問題では，事例研究②に見られるように，**「顧客サービス」**という視点から出題されています。これは3級から一貫している重要な視点です。
　では，ここでそのサービスの機能の代表的な事例を挙げておきます。確認してください。そして，これにより「お客さま（顧客）サービス」の意義の理解を深めてください。

①**案内サービスの機能**
　博物館の案内係として館内の要所に立つことになったとき
　◆表情に気を付け，ほほ笑みを絶やさない。
　◆目の合った入場客には目礼をするなど，声を掛けられやすい態度でいる。
　◆館内の略図を持っていて，尋ねられたときには分かりやすい案内ができるようにしておく。
　　　＊要所に立つのは，案内が必要だからである。であれば心掛けることは，声を掛けやすい，親しみやすいなど，案内係としての感じのよさ（能力）である。

②**レジ担当のサービス機能**
　事務的な応対を超えた感じのよいサービス
　◆たとえ少しであっても，並んで待っていたお客さまには「お待たせいたしました」と言うこと。
　◆多量買い上げのお客さまと少量買い上げのお客さまに，差のあるような応対はしないこと。
　◆柔らかい表情、生き生きした言い方、てきぱきした動作を心掛けること。
　◆同じ物を数個買い上げの場合は，お客さまに個数の確認をすること

（個数を間違って買うこともある）。
- ◆少量買い上げのお客さまには，品をかごで渡さず，お客さまの買い物袋を預かってそれに入れて渡すこと（お客さまに手間を掛けない気配り）。

    ＊感じのよい応対は，「サービススタッフの資質」でも述べているが，ここでの事例は「サービスの機能」の視点からのものである。

③店内の整理サービスの機能
混雑時のレジカウンター整理
- ◆並んでもらいたいと声を掛けるときは，最初に「申し訳ありませんが……」と必ず言うようにする。
- ◆お客さまが一つのレジに片寄らないように，列全体のお客さまの数を見ながら整理する（レジカウンターの処理が滞ったら，その列に並ぼうとするお客さまは，別の列に行ってもらうようにする）。
- ◆包装の手間などでレジカウンターの処理にばらつきが出るので，それに注意しながらお客さまを誘導する。

    ＊幾つかあるレジカウンターの混雑時の整理であるから，お客さまにスムーズにレジを済ませてもらうにはどのようにしたらよいかということである。

④駐車場の整理サービスの機能
特に混雑する休日の駐車場整理
- ◆スムーズに駐車できるようにするため，駐車できる大体の場所をお客さまに伝えられるようにしておく。
- ◆買い上げ商品の車への積載を手伝う。
- ◆カートは戻しに行く前に，その場で預かるようにする。
- ◆お客さまから売り場を尋ねられたら，すぐ答えられるようにしておく。
- ◆車や通行人に対しては，事ごとに声を出して誘導案内をする。
- ◆駐車場内の子供に対しては，細心の注意を払う。

    ＊特に混雑する休日の駐車場の整理は，お客さまに，不必要な時間をいかに取らせないようにするかにある。そのためには何をしたらよいかということである。

⑤美容スタッフ（化粧品店）のサービス機能
お客さまに満足してもらえる店にするために
- ◆商品知識や美容に関する知識を持って，お客さまからの質問，相談には的確に答えられるようにする。
- ◆化粧法についての研究を怠らず，新しい化粧法を求めるお客さまにはすぐに応じ勧められるようにしておく。
- ◆新しい化粧法は自分でも試してみるなどしておいて，お客さまに紹介したり体感を話せるようにしておく。

　　＊仕事に関する知識を持ち，常に研究を怠らない態度は重要である。これによって，お客さまに期待以上のサービス（この店に，来てよかったと思ってもらえるサービス）が提供できるからである。これもサービスの機能の一つ。

⑥サービス機能としての役割（責任）
避難誘導訓練への全員参加の意義
- ◆災害時にお客さまの安全を確保するのは店の責任である。従業員もその一端を担っている。
- ◆お客さまの避難誘導には従業員の連携が必要になる。訓練によって備えておかないと災害が起きたとき十分なことができない。
- ◆いつ起こるか分からない災害に備えての訓練だから，全員参加の下，真摯（しんし）に取り組む（一人でも欠いてはいけない）。

　　＊訓練をするのは，そのことに習熟しておくためである。店など不特定多数の人が集まる場所で災害が起きたらどうなるか。災害時にお客さまに無事に避難してもらうことが重要な役割（責任）である。

　　＊「安全は確保されて当たり前のものですから，理解されにくいサービスであることは確かです。しかし，安全は他のすべてに優先するサービスと言えます」（加藤健二著『お客様がまた来たくなる極上のサービス』日本実業出版社）。

▌確認事項

①『ガイド3』（P.44〜P.47）と『ガイド2』（P.41〜P.43）の「事例研究」「事例解説」「要点整理」から，**「サービスの機能」**を再確認しておいてください。**サービス向上月間やマニュアルの機能**など，サービスの機能について幅広く事例を紹介しています。

②本項から，**「サービスの機能」**について，理解を深めておいてください。接遇能力を発揮できるようになるための要（よりどころ）です。

Column

こんなデパート・マンになりたい
本気でそう思った――

閉店間際の出来事

　コラム「忍耐心は，お客さまの心にも伝わる」で，「お客さまと一緒に待つ気遣い」を紹介しました。「閉店間際お孫さんをダッコしたおじいちゃん」の話です。そして，ここで紹介するのは，「閉店3分前。ネクタイをした男性のお客さんがずいぶん，あわてて汗まみれで走ってお店に飛び込んできた」話です。その話を，加納光さんの『あなたから買いたい』から聞いてみましょう。これも加納さんの上司の行動です。サービスの機能の本質がここにあります。

　間もなく閉店時間。人数合わせで私も総務部長とお客さんのお見送りで入り口へ。閉店3分前。ネクタイをした男性のお客さんがずいぶん，あわてて汗まみれで走ってお店に飛び込んできた。
　「すみません。もう閉店ですよね」と私に声をかける。
　そこへ総務部長がやってきて「どうされましたか？」と聞いた。
　「今日，結婚記念日…。10年目なんです…。参った…。プレゼントを買うことを，すっかり忘れていて…」と，はぁはぁ息を切らしながら言った。部長はニッコリ…
　「閉店までにお入りになられた方は，全て私どものお客様です。どうぞご安心ください。お求めになりたいものは何ですか？」
　「香水…」と聞いて「こちらでございます」と誘導をされた。誘導後，部長は閉店作業中のフラワーショップにいって自腹で花束を購入。掟破りの総務部長は化粧品売場に戻り「お店からです」と，小さな花束をお客さんに手渡した。（中略）こんなデパート・マンになりたい…と本気で思った。

「すごい」と感心するばかり

　もう一つ，同書から紹介しましょう。婦人服売り場での出来事です。加納さんの上司である販売部長は，当店で取り扱っていない商品を，「この商品は別の百貨店にございます。一番近いのはここから…」と，

ライバル店の案内をしたところ，お客さまは「こんなによくしてもらったのは初めてです。私は，もうこのお店以外で買い物はしない…」と，笑顔で言ったそうです。これを見ていた加納さん。「『すごい！』と感心するばかりだった」そうです。

(加納光著『あなたから買いたい』日報出版)

　お客さまの要望や期待に応え，お客さまに心から満足してもらう。これがサービスの機能です。そして，この重要さを伝えて余りある事例が，加納さんの上司である総務部長と販売部長の行動です。もちろん，サービスの機能(役割と責任)を熟知していたからこその対応ですが，その底流にはお客さまに対する思いやりと優しさ，愛情が感じられます。

どうしても忘れられない出来事
　では，「他の店を案内する」もう一つの事例を『サービスを越える瞬間 実例・実践編』から，紹介しましょう。そごう横浜店のコンシェルジュ，三田裕子さんのお話です。

　じつは私にも，どうしても忘れられない出来事があるんです。
　ある冬の時期だったんですが，「カキ氷のメロンシロップが欲しい」と来店されたお客様がいらっしゃったんですね。でも，季節的な商品なので「そごう」には置いてなかった。
　それで，代わりに近隣の店舗に問い合わせたら，近くのスーパーにあったので，お客様にご紹介をして，その場はそれで終わったんですね。
　そしたら，1年くらいして，そのときのお客様がひょっこりといらして，"あのとき，メロンシロップを売っている店を教えてくれてホントにありがとう"って。
　お話を聞いてみると，その方のおじいさんがご病気で，メロンシロップのジュースしか飲めなくなっていたらしいんですね。"あのときあなたに教えてもらえたから，その後，何度も買いに行って，おじいちゃんは本当に喜んでいたのよ"っておっしゃって。
　すごく嬉しかったですね。私たちの仕事って，こういうことの積み

重ねなのかなって痛感しました。
　私は、お客様の笑顔や、また来店したいと思っていただくことにより、会社に貢献できると思っています。コンシェルジュにとって「あなたに聞いてよかったわ」とか、「会えてよかった」と言ってもらえる瞬間というのは、最大の喜びなんですね。奉仕の心、とまで言えるかはわかりませんが、お客様に〝笑顔になって帰っていただきたいな〟って心から思います。

　　　　（高野登監修『サービスを超える瞬間　実例・実践編』かんき出版）

3 サービスの種類を活用できる

お客さまサービスには、いろいろな応対の仕方があります。そして、これが審査基準でいう「サービスの種類」ですが、1級では、お客さまの一人一人を意識した**もてなしの心**が問われます。それを次の事例から検討してみましょう。

事例研究③　サービスの種類を活用できる　　　case study

観光旅館のお客さまサービス係の野村小雪はチーフから、「旅館はお客さまが日常から解放されに来る。従って、『非日常』が期待されているのだからそれに応えることがサービスだ」と言われた。この、旅館に泊まったお客さまの「非日常」とはどのようなことか、具体例を箇条書きで四つ答えなさい。

事例解説　　　　　　　　　　　　　　　　　　instructions

■考え方のポイント

①「非日常」とは何かを考える

　毎日の献立を考えるのがもう面倒、料理を作るのだってそう。食事の後片付けなんて、まっぴら御免。

　もうイメージできますね。この日常の煩わしさから解放された状態が非日常の世界。であれば、お客さまが普段、自分ではしたくないがしていることを、旅館側でしてくれるのがここでの非日常ということになります。**上げ膳据え膳**です。

　もちろん、したいとは思っているが事情によってそれができないこともあるでしょう。例えば、朝寝、朝酒、朝湯（朝風呂）とか。

　ちなみに、「朝酒は門田を売っても飲め」と言います。非日常の世界ならではの、朝酒礼賛の言葉ですが、これはまた、別の話です。

②「非日常」のサービスを考える

　それでは、①の内容から、旅館にはどのような「非日常」のサービスがあるのか、イメージしてみましょう。お客さまの立場になって。

　風呂には好きなときに入れる。料理は食べるだけで作らなくてよい。身の回りのことに煩わされず、のんびりと過ごせる。布団の上げ下ろし

などはしなくてよい。

　いかがでしょうか。このように旅館での場面をイメージしながら，具体例を挙げていけばよいでしょう。
③考え方をまとめる
　以上のことをまとめると，①最初に「非日常」の意味を導入部（前提）として書く②その意味を受けて，具代的な事例を四つ挙げる，の二段階構成になります。
　では，お客さまの身になって，「非日常」のサービスを挙げてみてください。

▎「非日常」のサービス

「非日常」の意味
　お客さまが普段，自分ではしたくないがしていることを，旅館側でしてくれるのが非日常ということ。
①手荷物などは，従業員が運んでくれる。
②旅館内では，いつでもしたいことをしてくつろいでいられる。
③食事はとるだけでよく，その他のことはしなくてよい。
④寝具（布団）の上げ下ろしなどはしない。

　いかがでしょうか。この他にも「従業員が，身の回りのことに気を使ってくれたりしてくれる」「浴室がいつでも使える」「身辺のことに煩わされず，のんびり過ごせる」などがあります。もちろん，「朝風呂から上がったら冷たいビールを飲み，わが世の春を謳歌する」などもよいでしょう。いずれにせよ，ほんのひととき，ままならぬ浮世のことなど忘れて「非日常的な空間」を楽しんでもらう。お客さまにとってこんな快適なことはないでしょう。

　　　　　　　＊最初に「非日常」の意味を述べているが，この記述は省略しても構わない。が，「非日常」の意味を前提として立て，その具体例を挙げていけば，ベストな解答になる。これが論述のセオリーだからである。記述の仕方はポイントを押さえて書けばそれで十分。解答例通りでなくてもよい（文章力は問わない）。
　　　　　　　＊記述する際は，旅館がイメージできる場面設定をする。「手荷物」「旅館内では」などがそうである。これができると，1級としてベストな解答になる。

要点整理 the main point

■ サービスの種類を活用できる

　お客さま一人一人の思いにかなった応対をするためには，**お客さま一人一人の心理(ニーズ)を理解**しておかなければなりません。これができて初めて，「あの旅館に宿泊して本当によかった。**最高のもてなしだった**」と，お客さまから評価してもらえるからです。出題の意図もここにあります。

■ 出題の視点

　検定問題では，事例研究③に見られるように，**「サービスの仕方」の活用**という視点から出題されています。これにより，どこまで，個々のお客さまの雰囲気に合わせた応対をしているかどうかを見ているわけです。
　では，次の内容から，その記述のポイントを確認しておきましょう。**サービス接遇の芯**です。

①**ホテル（旅館）の事例**
　お客さまの次の行動を手助けするサービス（フロア担当の場合）
　◆車やタクシーで到着したお客さまには，すぐに車に近づいて，荷物を受け取って運ぶ。
　◆来館のお客さまがロビーに立ったらすぐに近づいて，「ご宿泊でございますか」のように尋ねて，お客さまの言うことに対応する。
　◆チェックアウトしたお客さまが荷物を持っていたら，「タクシーでございますか」のように尋ねて，お客さまの言うことに対応する。
　◆お客さまが，ロビーに置いてある観光パンフレットなどを眺めていたら『ご案内いたしましょうか』のように声を掛けて対応する。
　　　＊次の行動の手助けとは，お客さまの様子を見ていて，お客さまが望んでいるであろうことを察してそれをすることである。これは，満足してもらえる対応と理解してもよい。

　お客さまが「また来たい」と思ってもらえるサービス（客室担当の場合）
　◆旅館（ホテル）全体の雰囲気がよく，落ち着けて，居心地がよい。
　◆設備が行き届いている（部屋が明るく清潔である）。
　◆料理がお客さまに合っている（食事の品ぞろえがよい）。
　◆スタッフがお客さまを気遣う。

◆料金に割安感がある。
　　＊お客さまは，旅館に本来的に期待することが，よかった，あるいは満足だったということであればまた来たいということになる。従って，旅館が本来的に期待されることを記述していくのがポイント。
　　＊「サービスの機能」の範囲になるが，「スタッフのお客さまに対する態度，物腰，話し方がよい（丁寧である）」などもよい。
　　＊お客さまが「また来たい」と思うホテルは，従業員の対応が感じよい（何事も処理が早い。動作がきびきびしている。言葉遣いも物事の処理も丁寧である）ということである。これは「心地がよい」といってもよいものである。この機能の視点から記述してもよい。

常連客のチェックインサービス（フロント担当の場合）
◆予約を受けるときに，以前の利用を尋ねて，常連客のリストで「いつもご利用いただいている○○様でいらっしゃいますね」のように確認しておく。
◆チェックイン時には，前回の宿泊者カードを示して，前回との変更の有無を確認する。
◆変更がなければ，前回の宿泊者カードに今回の日にちを記入して，キーを渡す。
◆変更があれば，変更部分のみ記入してもらって，キーを渡す。
　　＊常連客だから，以前宿泊のチェックイン時に必要な情報は得ていることになる。であれば確認は，その後の変更内容である。変更があればそのことを変更するだけでよい。
　　＊第Ⅰ章「適切な行動と協調性のある行動」（サービススタッフの資質）から，コラム「組織の期待に応えるということ」（P.45～P.48）を参照。ホテル銀座西洋の事例である。

長期滞在のお客さまサービス（リゾートホテルのスタッフの場合）
◆お客さまが何日も滞在したり毎年利用したりするには，自分の家のような気軽さが必要だから，スタッフもそのようなことを意識した対応が必要になる。
◆毎年利用するお客さまは，希望を尋ねて同じ部屋を用意するようにする。
◆滞在中のレストランでの食事は記録しておいて，食事の傾向を把握しておく。
　　＊リゾートホテルは保養に行く所である。お客さまとしては，自分で気を使わなくても済む気軽さ気安さが，満足になり次回も利用したいと思う条件になる。ここが記述のポイント。
　　＊サービスの機能面からいえば，「館内でお客さまに会ったときは，形式

張った応対は控え,『こんにちはー』などと言いながら,天気の話をするなどの気安い接し方をする」などもある。
* この事例は,リゾートホテルに限らない重要なサービスである。応対は丁寧なだけではもう駄目なのである。

②旅行会社の事例

ツアーバス添乗員の普通を超えたお客さまサービス（「紅葉の旅」のガイドの場合）

◆紅葉に関する勉強（紅葉と気象の関係,紅葉の植生,紅葉の有名地や時季など）をして,お客さまに紅葉に関する知識を提供する。

◆行き先の,紅葉以外の時季の観光ポイントを調べて紹介できるようにしておく。

◆行き先の,土地の特色や特産品,料理などを調べ,紹介できるようにしておく。

◆写真を撮るベストポイントを調べ,紹介できるようにしておく。

* 一般的にお客さまが期待している以上のことが普通以上のことということになる。従って,どこの添乗員も行うガイドに何かがプラスされないといけないということであり,それが記述のポイントになる。
* ここでは,設定が「紅葉の旅」だが,例えば「温泉とグルメの旅」という設定になっても,記述の視点は同じでよい。
* 勉強の目的は,よい情報楽しい情報をお客さまに提供することにある。そのガイドの一例を挙げる。
古くからの紅葉の名所といえば奈良県にある竜田川。『古今和歌集』（小学館）にも,

ちはやぶる神代もきかず龍田川韓紅に水くくるとは

とある。作者は色男（といわれている）在原業平。ところがこの和歌を,苦し紛れに解釈したご隠居がいた。落語「千早振る」（麻生芳伸編『落語百選』ちくま文庫）の噺である。ここでは読み方が少し変わる。そして解釈は,全くのお門違い。

千早振る神代もきかず竜田川から紅に水くぐるとは

竜田川は,河川の名称ではなく江戸時代の相撲取り。千早と神代は女性の名前。その竜田川が惚れた吉原の花魁姉妹である。さて,その珍解釈とは,

千早に振られ（千早振る）,神代もいうことをきかない（神代もきかず）……

というものである。

そして,お客さまには「下の句の解釈は,10年後の噺になります。それは,実際に落語をお聞きになって,ご隠居の迷解釈を楽しんでください」とでも言えば,その後の話にも花が咲くかもしれない。

* ちなみに,『古今和歌集』（小沢正夫・松田成穂 校注・訳,小学館）の

訳は,「こんなことは神代の話にだって聞いたことがない。龍田川の水を韓紅色(からくれないいろ)に絞り染めにするとは」である。そして,「真っ赤な紅葉が点々と浮ぶ龍田川を,真紅の絞り模様のついた絹地を晒(さら)すところに見立てた。華麗な歌として,定家なども高く評価する」と注釈にある。

③料理店の事例

料理を楽しんでもらうためのお客さまサービス(懐石料理店の配膳担当の場合)

◆お客さまの料理の進み具合に応じてタイミングよく料理を出せるように,調理場との連絡に気を配る。

◆料理を出すとき,料理の材料や食べ方を説明するなどして,その料理に注目してもらえるような出し方をする。

◆旬の物を使ってある料理のときは,産地やおいしい時期などを話しながら出すようにする。

◆様子を見ながら,料理に合うお酒を紹介する。

　　＊料理を楽しんでもらうとは,その料理のよさをしみじみと味わってもらうということ。サービスの気の利かせ方とは,そのための細やかな注意や気配りということになる。ここが記述のポイントになる。
　　＊懐石料理とは,一品ずつ料理を出す高級料理のこと。

「さすが」と言われるためのお客さまサービス(すし店のカウンター担当の場合)

◆再来店のお客さまの場合は,そのお客さまの好みを覚えておくようにし,次の来店のときには,前の時の物(例えば飲み物の銘柄)を言って,お客さまに当店を印象づけるようにする。

◆お客さまからすしネタの話が出たときは,産地や旬の話をしながら,好みの物などを聞いておいて,次のとき話題にできるようにしておく。

◆初めての一人のお客さまの場合でも,お客さまに品を出すときに話すきっかけをつくって言葉を交わし,当店を印象づけるようにする。

◆顔見知りのお客さまでも,連れのお客さまがあるときは,そのお客さまに合わせた応対をするようにする。

◆お客さまが特別な注文をしたときには,それでよかったかと確認をするようにする。

＊さすがと思う店は，行けばスタッフが好みを覚えていてくれる，一人で
　　　　行っても退屈しない，居心地がよいなど，スタッフの付かず離れずのほ
　　　　どよいサービスの店である。従って，そのようなサービスの仕方を記述
　　　　していけばよい。

配慮の行き届いた予約の受け方（割烹店の受付担当の場合）
◆予算とお客さまの希望を尋ねて，それに応じた料理の説明をする。
◆お客さまから料理や飲み物について相談を受けたときは，人数や予算，会合の目的などを尋ね，幾通りかのコースを紹介する。
◆接待の場とするというお客さまには，手土産などの準備の必要はないか，帰りの車の手配はどうするか尋ねる。
　　　＊予約の受け方でお客さまの満足を得るということになると，いかにお客
　　　　さまの多様な希望に合わせられるかになる。記述する際は，このことを
　　　　念頭におくこと。
　　　＊割烹店とは日本料理店のこと。

④デパートの事例

スカーフを贈り物にしたいが，
どのような物がよいか分からないというお客さまへの対応
◆予算，相手の雰囲気，年齢，普段の洋服の色などを尋ねる。
◆以上を参考にしながら，人気のある商品や銘柄を紹介して，一緒に選ぶようにする。
◆気に入らなければ交換できることを言い添える。
　　　＊どのような物がよいか分からないと言っているので，品選びの手助けを
　　　　しなければならない。そのためには選ぶための手掛かりが必要なので，
　　　　それを尋ね，尋ねたことを参考にして品選びをすることになる。ここが
　　　　記述のポイント。
　　　＊類似の問題として，知人の娘さんの就職祝いにスカーフを贈りたいとい
　　　　うお客さまのケースがある。この場合には，①予算や贈る相手の雰囲気
　　　　を尋ねる②普段の洋服にはどのような物が多いか，色はどのような色か
　　　　を尋ねる③以上を参考にしながら，若い世代に人気のある商品や新柄，
　　　　流行の物を紹介して，一緒に選ぶようにする，などの記述になる。①②
　　　　は，前掲のケースとほぼ共通の内容だが，③は若い女性であることに合
　　　　わせた記述にある。設問に提示された条件に合致した記述をしているか
　　　　らである。そして，これがここでの記述のポイントになる。
　　　＊「気に入らなければ交換できる」は，サービスの機能面からいうと必要
　　　　な対応ということになる。
　　　＊「スカーフ」が「ネクタイ」に変わっても，基本的なお客さま対応は同
　　　　じと考えてよい。

果物を入院のお見舞いにしたいが，どのようにしたらよいか（フルーツ売り場担当の事例）
◆格式を重んじるなら，果物かごへの盛り合わせ，箱入りのメロンがある。
◆一般的には，贈答に使われる箱入りのものが多い。
◆実質的でよければ，病人の好みのものか，病気に無難なものがよい。
◆場合によるが，缶詰やゼリー，ジュースなどもある。
◆実質的な品には図書券などを添えると感じがよい。

確認事項

①『ガイド3』の「事例研究③」と「事例解説」（P.48～P.49）から，サービスの種類の基本を確認してください。

②『ガイド3』の「要点整理」（P.49～P.53）から，**「サービスの種類」の9項目**を再確認してください。記述問題として出題される場合もあるからですが，何より，**サービス接遇の芯**が，ここで具体的に示されています。確実に理解しておいてください。

なお，その中の一つに「⑨病院従事者の『いたわり』の応対例」（P.53）が掲載されていますが，これだけではなかなか難しいケースもあります。そんな事例を『**わたしの介護ノート**』（読売新聞社生活情報部編，生活書院）から紹介しておきましょう。**ペギー葉山さん（歌手）の「ケアノート」**からのものです。

そのペギー葉山さん。脳こうそくで倒れたご主人が車椅子に乗れるようになり，リハビリが始まりました。そんなある日，看護師さんから「ご主人と同じケースでは，車椅子生活や寝たきりになった方もおられますよ」と言われました。これは，リハビリをして「歩けなくなっても悲観しないようにという，いたわりの気持ちからの言葉だったのでしょう」が，ペギーさんには「ご主人は車椅子生活や寝たきりになる」と聞こえたそうです。その決め付けたような言い方が，そう解釈させたのでしょう。でも，ペギーさんは，「ようし，もう1度自力で歩けるようにしてみせる」と思ったそうです。そして，「手足を動かす訓練，私たちの肩につかまって歩く訓練，階段を上り下りする訓練を続け，距離も日に日に伸びていきました。ただ，『頑張れ』などとは言わないよう心がけました」。

いかがでしょうか。この話から，いたわりの言葉を掛けることの難しさ（本人の意図通りに伝わるとは限らない。よりきめ細かな気遣いが必要）が分かります。そして，「**頑張れなどとは言わないよう心がけ**」たというペギーさんの深い情愛が伝わってきます。「頑張れ，頑張れ」と言われても，リハビリには時間が掛かるし，面倒なときもある。思うようにいかずにいらいらする場合だってあるからです。人は時に，**励ましよりも癒やしや慰めが必要になることもある**のです。接遇者がここで学ぶべきは，**心に負担の掛かるような応対はしないこと**と**その人の気持ちを察して共感できる心**ということになるでしょう。参考にしてください。

③『ガイド2』の「事例研究③」と「事例解説」（P.44～P.45）から，**一人一人のお客さまを意識した応対の仕方**を再確認してください。フラワーショップのスタッフのベストな対応例などが収録されています。

④『ガイド2』の「要点整理」（P.45～P.46）から，「**個々のお客さまの雰囲気に合わせた応対の仕方**」の2項目を再確認しておいてください。記述問題にアレンジされて出題される場合があります。

⑤ルポライターの野路秩嘉さんの著書に，『**サービスの達人たち**』（新潮OH！文庫）と『**サービスの天才たち**』（新潮新書）があります。ここには，オードリー・ヘップバーンとソフィア・ローレンを感動させた靴磨き職人（キャピトル東急ホテル）の話や日本一のキャディーがいるゴルフ場（千葉夷隅ゴルフクラブ）の話など，併せて16の物語が収録されています。一人一人のお客さまを意識した達人たちの応対の仕方です。参考にしてください。

> Column
>
> ### パーソナルタッチのサービス
>
> **日本の老舗旅館のおもてなし**
> 　マルコム・トンプソンさん（ザ・ペニンシュラ東京総支配人）は，その著『日本が教えてくれるホスピタリティの神髄』で，京都の柊家に宿泊したときの印象をこう語っています。
>
> 　ヒルトンホテルの創業者で"ホテル王"と呼ばれたコンラッド・ヒ

1 ■ サービス知識

ルトンは、かつて日本の老舗旅館に滞在した折、その「おもてなし」に感激し、「ホテルの原型を見た」と語りました。それほど日本旅館の「おもてなし」は、極限にまで磨き抜かれた「パーソナル・タッチ」のサービスと見なされているのです。

私自身の経験では、京都の柊屋が最も印象に残っています。1818年の創業で、俵屋、炭屋と並び「御三家」と称される老舗旅館ですから、ご存じの方も多いでしょう。

柊屋の「おもてなし」は、玄関をくぐった瞬間から始まっていました。誰かがすっと、私のバッグを受け取るために近づいてきます。まだ私がどこの誰かも分からないのに、まるで旅館の人が全員、私を待っていたかのようでした。そのときから、私は旅館の手に委ねられたのです。

すべてが「予測」され、私の望むすべてがそこにありました。私が何かを尋ねる必要は絶無です。ものの見事にあらゆることが準備されていました。

そして私は柊屋の「パーソナル・タッチ」のサービスに、いたく感心したことを今も深く記憶にとどめています。旅館にとっての最大関心事が「顧客」であることを実感しました。全神経が顧客に注がれ、まるで宿泊客は私一人なのではないかと錯覚してしまうほどです。そうではない、私以外にもたくさんの客がいるのだ、と分かっていても、危うく「私一人だけが泊まっている」と思いそうになりました。それほど柊屋の人々は私に集中してくれるのです。

だからといって、これ見よがしの「おもてなし」ではありません。押しつけがましくならず、目立たず、しかし居心地よく「もてなし」てくれる。もちろん京会席の料理も絶品でしたが、何よりも全身全霊で顧客に注ぐ集中力に私は感服したのです。

(マルコム・トンプソン著『日本が教えてくれるホスピタリティの神髄』祥伝社)

●

「のんびりしておくれやす」

さて、その柊家ですが、こんなあいさつでお客さまを迎えます。田口八重さんの『おこしやす』からのものです。

「柊家にようこそおこしやす、お疲れさんどした。私が係をさせていただきます八重と申します。どうぞ、お家にいる時と同じようにくつろいで、どんなご用でも遠慮なくおっしゃってくださいませ」

これが28歳で京都の柊家に奉公にあがって、仲居仕事の第一線から引退するまでの60年近くの間、お客さまがおこしになるたびに、まず、最初に口にしたご挨拶です。

ご自分の家にいるのと同じようにくつろいで、ゆっくり過ごしていただければ、仲居としてこれほど嬉しいことはないのです。お客さまに対して旅館ができる最高のおもてなしが「のんびりしておくれやす」なのです。

そして柊家のモットーも、ここにあります。玄関の上がり框（かまち）のところにかけてある額には、こう書かれています。

「来者如帰」

「来たる者、帰るが如し」と読みます。この文字の意味は、「おこしいただいたお客さまが、ご自分の家に帰ってこられたようにお迎えする」ということなのだそうです。私が柊家にお世話になる、ずっと前からある古い額で、明治の漢文学者・重野成斎先生の筆だそうです。

「お気を使わずに、のんびりお過ごしやす」という、柊家で働く一同の心が、この四文字にこめられているのです。

（田口八重著『おこしやす』栄光出版社）

●

いかがでしょうか。

ライターの生井俊さんもその著『**本当にあったホテルの素敵なサービス物語**』（**こう書房**）の中で、「相手の空気を読むというのでしょうか、『日本らしいサービス』を提供するホテル」があると語っています。その最たるものが「出過ぎないサービスを提供すること」。すなわち、「過不足なく、適切なタイミングでサービス」（前掲書）をしていることです。

そして、これこそ日本文化が培ってきた「**奥床しいおもてなし**」ということなのでしょう。

＊「柊屋」は創業時の屋号。その後「柊家」となる。

2 従業知識

① 商業活動，経済活動について，深い理解がある。
② 商業用語，経済用語について，深い理解がある。

1 商業活動，経済活動について，深い理解がある

　商業活動，経済活動の要は，日々お客さまの声を聞く立場にあるサービススタッフです。このお客さまからの声は，**改善と改良の材料**になり，**顧客ニーズの把握**につながります。そして，このことがサービス行為に反映されて初めて，お客さまに**満足してもらえるサービスの提供**ができます。それが故に1級では，商業活動，経済活動の深い理解が求められているわけです。では，その事例を次に見てみましょう。「サービス知識」とも関連する重要なケースです。

事例研究① 商業活動，経済活動について，深い理解がある　instructions

　電気メーカー勤務河村隆史は新入社員に「苦情を言ってくるお客さまは大切にしなくてはいけない」と話したところ，「なぜ，苦情を言うお客さまを大切にするのか」と質問された。このことに河村はどのように答えるのがよいか。箇条書きで三つ答えなさい。

事例解説　instructions

■ 考え方のポイント

①「苦情の重要性」を考える

　苦情を言わないお客さまが，購入製品に満足しているとは限らない。「少々，使いにくいところもあるが，まあ仕方がないか」とあきらめている場合もあるからだ。であれば，このことに対し，じかに苦情を言ってくるお客さまは大切な存在である。どのような不満でも，メーカーにとっては改善改良の材料になるからだ。これが苦情の重要性である。

　いかがでしょうか。まずはこのように考えていけばよいでしょう。そして，このことを前提に「なぜ，苦情を言うお客さまを大切にするのか」

を考えていきます。
②「なぜ，苦情を言うお客さまを大切にするのか」
　苦情は，改善と改良の宝庫であり，顧客のニーズをつかむ貴重な情報源だという。また，苦情へ適切な対応をすれば，逆にお客さまにファンになってもらえるかもしれないし，お客さま満足度を高めることになるかもしれない。
　いかがでしょうか。おおよそこのような事例が挙がればよいでしょう。
③考え方をまとめる
　以上のことをまとめると，①最初に「苦情の重要性」を導入部として書く②そして，「なぜ，苦情を言うお客さまを大切にするのか」，その具体的な理由を二つ挙げる，の二段階構成になります。

苦情を言うお客さまを大切にする理由

①苦情を言わないお客さまが，購入製品に満足しているとは限らない。言うのをあきらめている場合もあるからだ。であれば，製品の不満に対し，じかに苦情を言ってくるお客さまは大切な存在である。どのような不満でも，メーカーにとっては改善改良の材料になるからだ。これが苦情の重要性である。
②苦情を言うお客さまから，お客さまのニーズをつかむことができる。
③苦情へ適切な対応をすれば，逆にお客さまにファンになってもらえることもある。

　いかがでしょうか。
　解答例のほかに，「苦情への対応が適切でないと，それがまた苦情になることもある」や「お客さまからの苦情は，改善・改良の材料になる」，「**苦情の原因になっていることが広まってしまうと，その商品（製品）や会社は信頼を失う**」（その苦情を受け，迅速な対応で信用失墜を防ぐ）などもよいでしょう。

　　　　　＊①の導入部を書かずに，具体的な事例だけを列挙しても構わない。また，記述の仕方もポイントを押さえて書けばそれで十分（文章力は問わない）。
　　　　　＊苦情は，お客さまからの警鐘であり，また，改善改良や企画開発のための貴重な財産であると理解すること。これがないところに，事業の発展はないからである。

＊「ベッツィ・サンダースによれば、不満を持つ顧客のうち、実際に苦情を言うのは、わずか4％にすぎず、後の96％はただ怒って二度と来ないだけであるという。また苦情が1件あると、同様の不満を持っている人は平均26人おり、そのうち6人は非常に深刻な問題を抱えていると推定される」。また、「サンダースによれば、サービスに不満を持つ人は、そのことを平均9〜10人に話す。13％の人々は、なんと20人以上に話すという。／ところが、生じた苦情が解決されると、この数字が逆転する。56〜70％の人々は、苦情が解決された場合、その企業と再び取り引きしたいと考える。そしてその解決が迅速に行われた場合は、96％の人が再び取り引きしようと考えるという」（桐山秀樹著『頂点のサービスへようこそ』講談社セオリーブックス）。

＊『頂点のサービスへようこそ』によると，ベッツィ・サンダースさんの履歴は次の通り。
「顧客サービス」のカリスマとして知られるベッツイ・サンダースは、アメリカの高級デパート、ノードストロームにパートタイムの販売員として入社。顧客サービスへの献身と優れたリーダーシップにより、7年後に副社長に昇格し、南カルフォルニア担当副社長として12年間に19店舗を開設した。
著書に『サービスが伝説になる時』和田正春／訳、ダイヤモンド社）などがある。

要点整理　the main point

■商業活動，経済活動について，深い理解がある

　商業活動，経済活動理解の目的は，**お客さまに満足してもらえるサービスの提供**です。そのためスタッフは，**お客さまの反応（ニーズ）（や心の動き）を探り，それを日々のサービスに反映（実践）**していきます。これによって初めて，お客さまは心から満足します。出題の意図もここにあります。

　中村卯一郎さんもこう語ります。「販売に携わる人間に求められていることは、いま一度物を売ることの意味を問い直し、物を売ることの原点に立ち返ることといえるだろう。言い換えると、いかにお客のニーズをつかみお客との信頼関係を回復する、あるいは信頼関係を築くということに尽きる」。また、「『顧客満足』の決め手は、サービスつまり接客サービスにほかならない。物が売れないいまこそサービスの重要性を再認識し、真にお客が満足できるサービスを実現することに最大のエネルギーを注ぐべきである」（『苦情客をファンに変える』ダイヤモンド社）と。

　そして，これが**サービススタッフの商業活動，経済活動**です。

■ 出題の視点

　検定問題では，事例研究①に見られるように，スタッフのお客さま応対（この場合は苦情処理）は，商業活動，経済活動の一環であるという視点から出題されています。従って，お客さま応対の先にある**「改善・改良（サービスの質の向上）」**をきちんと見据えておく必要があります。ニーズを把握し，それを日々のサービス活動に反映させ，お客さまに満足を提供していくというわけです。そして，これが**事業の継続，発展**につながっていきます。

　なお，事例研究①は電気メーカーのケースでしたが，これが販売店であってもホテル，レストランであってもその事情は同じ。**ニーズを探って改善と改良，そしてサービスの質の向上**です。

■ 確認事項

①『ガイド2』の「商業活動，経済活動が理解できる」（P.48～P.49）から，その目的を確実に理解しておいてください。広義に，社会的責任に軸を置いた解説をしています。

②本項から，商業活動，経済活動の目的と意味を再確認しておいてください。**事業運営上，重要なマーケティング活動の基軸**でもあります。

③次のコラムから，「商業活動，経済活動」の意義を再確認してください。**「お客さまに期待以上の満足を提供する」**ためには，顧客ニーズの把握などの地道な努力（商業活動）が必要だからです。

Column

商業活動の目的は，顧客満足度を高めるためにある

クレームは，絶好のビジネスチャンス

　ノンフィクション作家の桐山秀樹さんは，その著『頂点のサービスへようこそ』の中で，次のように語っています。

　　ホテルというものは、開業後すぐにその真価を発揮できるわけではない。それには最低3年間はかかるというのが私の見方だ。その時間をかけて、顧客のニーズや言葉に出さないウォンツ（欲求）を読み抜き、その地で提供するサービスを磨き上げていく。期待に応えられなかった場合、ゲストから受けるクレームを一つずつ解決して日々改善し、進化させていくというのが、リッツ・カールトン流サービス創造力である。開業半年間の「ザ・リッツ・カールトン東京」のサービスをつぶさに見ていると、すでに基礎段階は突破し、開業初年度終盤にはかなり水準の高いパーソナル・サービスを提供するホテルに仕上がると思われる。それは、リッツ・カールトンがそのビジネスに内包している「クレームに対する対応の誠実さ」が感じられるからだ。

　　ホテル・ビジネスではどんなに良いサービスを行っても、ミスやクレームは決して皆無にならない。同じゲストでも、宿泊する日時やそのときの状態によって、求めるものは異なるからだ。生きている人間にサービスする限り、クレームは必ず発生する。

　　問題はそれを単なる「ミス」と捉えるか否かである。リッツ・カールトンでは「ミス」と呼ばず「オポチュニティ」と名づけている。顧客のクレームは、サービスの過程で発生するさまざまな問題点を知らせる「最大の機会」と考えているわけである。

　　ミスが発生したとき、リッツ・カールトンのスタッフは、まずゲストの不満を取り除くことを優先する。さらにその情報はホテル内の全部署に連絡され、他の部門のスタッフが顧客に接したとき、何らかの形でフォローすべくサービスを行う。つまり、クレームが起こること自体は決して望ましいことではないが、そのクレームを新たなサービス提供の「出発点」と位置付ける、きわめてポジティブな姿勢がリッ

ツ・カールトンにはある。

　ミスへの対応が終わった後、スタッフは「問題解決レポート」を書く。これは「始末書」の類ではなく、なぜそのミスが起こったか、その根底に隠されている「共通の要因」を探り出すための報告書である。そのため、ミスが起きた状況を細かく、しかも客観的に書いて、ミスを誘発する導線や人数の配置について改善を重ねていく。

　これを行うのが「クオリティ部門」だ。彼らはゲストとは直接接せず、ホテルの全部門を客観的に見直し、改善の方向付けを与えていく。
（桐山秀樹著『頂点のサービスへようこそ』講談社　セオリーブックス）

●

お客さま動向調査

　商業活動の目的は、苦情やさり気ない会話、態度・動向などから、顧客のニーズ（やウォンツ）を把握し、それを日々のサービスに反映させ、お客さまに満足を提供していくことにあります。

　そして、この精度をより高めていくために重要な活動がもう一つあります。それが**市場調査**です。他のサービス業を実地に調査し、見習うべきところは見習い、自社のサービスの向上に寄与していこうというものです。

　そういえば、『なぜ人はショッピングモールが大好きなのか』の中にこんな調査事例がありました。紹介しましょう。著者は、パコ・アンダーヒルさん。マーケティング・リサーチの達人です。

　ショッピングモールでも百貨店でもそのほかの小売店でも、高さの低いトイレをそなえているところはすばらしいと思う。会社の善意が感じられるからだ。アメリカには優れた公共施設があまりに少ないので、そういうトイレのある会社は印象に残る。いまニューヨークの街を歩くと、トイレを利用できる場所は非常にかぎられている。トイレがあるのはほとんどのホテルのロビーと、なぜかすべてのバーンズ＆ノーブルである。そこでは、男性トイレにさえおむつ交換用の台がある。これは顧客の習慣を熟知している証拠だ。都会では多くの父親が、幼い子供をベビーカーに乗せて近くの書店に行くからだ。

　　　＊同書によると、著者のパコ・アンダーヒルさんは、エンバイロセル社（リサーチとコンサルティング）のオーナー。また、アメリカの経済雑誌「フォーチュン」の紹介によれば「都市の地

理学者，小売りの文化人類学者」と呼ばれているそうだ。
（パコ・アンダーヒル著，鈴木主税訳『なぜ人はショッピングモールが大好きなのか』早川書房）

　いかがでしたでしょうか。
　バーンズ＆ノーブル（米国最大の書店チェーン）に「男性トイレにさえおむつ交換用の台がある」のは，時代の変化を見据えた同社の調査（観察）の結果でしょう。そして，これが売り上げ増につながります。「**買い物客は店にいる時間が長くなるほどたくさん買う。客が店内に滞在する時間は，その場がいかに快適で楽しいかによる**」（パコ・アンダーヒル著，鈴木主税訳『なぜこの店で買ってしまうのか』早川書房）からです。もちろん，これは化粧室に限ったわけではありませんが。

　　　＊「ショッピングの科学」書，『なぜこの店で買ってしまうのか』と『なぜ人はショッピングモールが大好きなのか』には，「買い物カゴの設置場所（カゴは店内全体に，買い物客が必要としそうな場所にはどこにでも分散させておく）」など，人の行動心理（メカニズム）に基づいた事例が豊富に紹介されている。

2 商業用語，経済用語について，深い理解がある

　商業用語や経済用語について，深い理解があるということは，言葉の意味だけでなく，その背景にあるもう一つの意味をきちんと理解できているということです。それを，次の事例から見てみましょう。

事例研究② 商業用語，経済用語について，深い理解がある　case study

　津島聡子の勤める高級料理店は，「一見さんお断り」の店である。①この「一見さんお断り」とはどういう意味か。また，②そのようなことをする店の意図（理由）を二つ答えなさい。

事例解説　instructions

考え方のポイント

①「一見さん」の意味を考える

　「一見さん」とは，なじみのない初めてのお客さまのことで，「一見の客」ともいう。まずは，この基本的な意味を押さえておけばよいでしょう。そして，この言葉の意味から，「なぜ，一見さんはお断りなのか」を考えていきます。

②「なぜ，『一見さんお断り』なのか」

　初めてであろうとなかろうと，お客さまはお客さまです。では，なぜ，初めてのお客さまだけを断るのでしょうか。その店の意図（理由）を考えていきましょう。

　その店にはその店なりの雰囲気がある。なじみのお客さまはその雰囲気を気に入り，それを求めてやってくる。家庭的な雰囲気であったり，静かで落ち着いた雰囲気であったりするのがそうだ。そこに，何も知らない一見さんが来たらどうなるか。その雰囲気が一変するのではないか。もてなしだってそうだ。なじみの客なら，それこそ一人一人の好みに合った最高のもてなしができるのではないか。

　いかがでしょうか。おおよそこのようなイメージで考えていけばよいでしょう。

　　＊紹介者がいれば構わない。なじみの客が連れて行くこともある。ともに大歓迎される。

2 ■ 従業知識　95

＊「お高く留(と)まっている」とは考えないこと。これは店の経営方針であり，販売戦略である。

③考え方をまとめる

　設問の趣旨は，①「一見さんお断り」の意味と，②そのようなことをする**「店の意図（理由）」**にありますから，これに従って，二段階で記述していけばよいでしょう。

「一見さんお断り」の理由とその意図

意味①　紹介のないお客さまは，断るということ。
意図②　a.限られたなじみのお客さまに，ゆっくり安心してもらえるようなもてなしをしたいから。
　　　　b.なじみのない（店の意図を知らない）お客さまに店の雰囲気を壊されたくないから。

　いかがでしょうか。
　紹介のないお客さまを断るのは，店の特色を分かってもらって，その特色によって利用してもらいたいからです。解答例の他に，**「なじみのないお客さまだと，もてなし様(よう)が分からないから」**や**「守秘性を求めて来る人もいるので，身元の分からない人は入れられないから」**などもよいでしょう。

　　　＊記述の仕方はポイントを押さえて書けばそれで十分（文章力は問わない）。
　　　＊意味①は，「なじみのない初めてのお客さまは，断るということ」でもよい。が，「紹介のないお客さまは，断るということ」と記述すると，商売を意識したベストな解答になる。
　　　＊意図②は，なかなか出にくいかもしれない。しかし，ここが重要である。店を支えてくれるのは，通りすがりに店に入ってきたお客さまではなく，なじみのお客さまである。そのお客さまを，何より大切にしようというサービス心が，ここにはあるからである。

要点整理　　　　　　　　　　　　　　　　　　　the main point

商業用語，経済用語について，深い理解がある。

　商業用語と経済用語は，一連のマーケティング活動の中で理解してください。「一見の客お断り」は，店の販売戦略（意図）であり，それに従い一連の活動をしているからです。出題の趣旨もここにあります。

一見のお客さまは断るが，それは常連のお客さまのニーズにかなった最高のもてなしをしたいからである。そして，これが店の繁盛につながる。もちろん，紹介があれば一見のお客さまも大切にもてなしをする。いずれおなじみさんになってもらいたいからである（新たな顧客の獲得）。この一連の活動の中に，「一見の客」という商業用語があるというわけです。

*「一見の客お断り」を，マーケット・セグメンテーションの一つとして見れば，経済用語の範囲としてとらえることもできる。

出題の視点

　検定問題では，事例研究②に見られるような出題形式が中心になるでしょう。なお，出題の傾向については，次の確認事項も併せて参考にしてください。

確認事項

①『ガイド3』の「商業用語，経済用語が理解できる」（P.55～P.60）から，用語の意味を確実に理解しておいてください。事例研究②の「一見の客お断り」に見られるように，この用語一覧から出題される場合があります。

②『ガイド2』の「商業用語，経済用語が理解できる」（P.50～P.54）から，用語の意味を確実に理解しておいてください。記述形式で，出題される場合があります。

③本項の「事例研究②」と「事例解説」「要点整理」から，その記述の仕方（考え方）を再確認しておいてください。ここが理解できれば，「アフターサービスとは何か。また，このサービスを行うことの目的は何か」などの記述問題には，十分に対応できるでしょう。**用語とマーケティング活動の関係**です。

④過去に「商業用語，経済用語」として，次の用語が出題されています。それぞれの用語説明を確認しておいてください。

商業用語

賞味期限　　　　　　期限が切れた以降のおいしさの保証はできないということ。おいしさの保持期限。

消費期限　　　　　　期限以降は食品としての保証はできないということ。食品としての品質保持期限。

使用期限	期限以降は効力についての保証はできないということ。使用についての効力保持期限。
値ごろ	買うのに適当な値段のこと。
掛け値	正価より高く吹っ掛けた値段のこと。
馬鹿値	むやみに高い（安い）値段のこと。
指し値	客が値段を指定すること。

経済用語

自転車操業	売上金を資金として，次々に回転させて営業していること。営業を止めれば収入も止まり，資金が回転しなくなるので倒れてしまうような状態のこと。
アンテナ・ショップ	メーカーや流通業者が新製品を試験的に販売する店。
オンライン・ショップ	インターネット上で商品を販売する店。電子商店。
セレクト・ショップ	衣類，家具，雑貨などを店主の好みで品ぞろえをし，生活様式や暮らし方を全体的に提案する店。または，ブランドにこだわらず，店主独自のセンスで選んだ商品をそろえた店。
ワンプライス・ショップ	「100円ショップ」や「1,000円均一ヘアカット」など，扱う商品やサービスの値段が均一的な店。
道の駅	一般道路沿いにある。駐車場，トイレ，電話などが24時間利用でき，併せて地域の特産物などを販売するサービスエリアのこと。
居抜き（いぬき）	店舗や工場，事務所などが，商品，備品，設備などを，使っていたままの状態で売りに出したり貸し出したりする物件のこと。居成り（いなり）ともいう。売買貸借のときに用いる語。

＊「商業用語・経済用語」は，次章「社会常識」の中で，組み合わせで出題される場合もある。

Column

お客さまは，国際エグゼクティブとセレブリティ

最高のステータスを目指す営業戦略

　1987年「セゾングループが初めて本格的な高級シティーホテルを銀座通りに開業」しました。ホテル西洋銀座です。そして，「短期間のうちに国際マーケットで高い評価」を受けたホテルでもあります。では，なぜ短期間のうちに高い評価を受けたのでしょうか。それは，ホテル西洋銀座の会長の強固な意志と卓越した営業戦略があったからです。

　では，それを『五つ星のサービス・マインド』（洞口光由著，文芸社）から見てみましょう。最高責任者が示した戦略です。ホテル版「一見さんお断り」の事例です。

　「このホテルの使命は世界のトップマーケット、特に『国際エグゼクティブ』を満足させる最高のサービスを提供することにあります。なぜならば現在来日している国際エグゼクティブは東京のホテルに満足していません。したがってそうしたお客様に満足されるサービスを提供するホテルを目指すのです。それは同時に国内では最高のステータスを構築することにも繋がります。したがって当分の間は日本のお客様の宿泊は受けないで下さい。客室の料金も1室五万円以下はあり得ません。またレストラン・宴会においてもお客様がどのような方々であるのか、事前にできる限り調べ、情報を収集し、把握してから受けるように努めて下さい。ホテル館内のお客様がどのような方であるか、ホテル側が把握していることは当然のことです。事前の予約のないお客様はホテル館内に入れてはいけません。そしていつでも『ようこそ、お待ち申し上げておりました』と挨拶ができるようなおもてなしをすべてのお客様に適用して下さい」

　そして開業から数ヶ月後、ようやく日本人客の宿泊受け入れを会長が承認した。しかし、それは次の通り、条件つきのものだった。

　最初に「どのようにしてホテルをお知りになりましたか？」と尋ねること。次に「セゾングループの中にご紹介者はいらっしゃいますか？」と尋ねること。その後は氏名・住所・連絡先を聞き、「ご利用の

目的とホテルに来られるお時間をお聞かせ下さいませんでしょうか？」
と尋ねること。

　この三点を義務づけたうえで、「ご要望はよく分かりました。後ほどこちらよりご連絡を差し上げますので一度切らせていただきます」と言い、すぐに予約を受けることは避けるようにしたのである。

　さすがに客も嫌気がさして、大半の方は途中で電話を切ってしまった。こうした応対の結果、開業後しばらくの間はまったく日本人客は宿泊しなかった。というより、ホテル側が実質的に避けてきたというのが正しい言い方であろう。

　また、ホテル玄関にはドアマンと共に管理職が交代で立ち、ホテルに入ろうとする客に「どちらへいらっしゃいますか？　ご予約は頂戴いたしておりますでしょうか？」というように言葉をかけ、用のない不特定多数の人々が安易にホテル内へ入ることを牽制した。これも会長の指示によるもので、支配人以下スタッフはこうした異様とも思える指示に逆らうことなく忠実に従ったのである。

　一般のホテルの開業時は、初日から多種多様な客で混雑する状況を歓迎するものである。客層に視点がいくことなどない。すべては「売上高」「集客数」「客室稼働率」「客室単価（ＡＤＲ）」「婚礼申込件数」という業績に関心が集中し、ホテルのコンセプト、客層、サービスの質、従業員の対応などに心を配ることはあまりない、というのが現実ではないだろうか。

　ホテル西洋銀座の会長は違っていた。最高のステータスを短期間で構築する戦略を知っていたのである。

　いつかこう言っていたことがある。

　「最高級のホテルではどのようなオペレーションがなされているか、君たちに想像がつかないのは当然だね。だって最高級ホテルを頻繁に利用するライフスタイルを持っていないから。だから私の言うことを信じて忠実に実践して下さい。必ず短期間でトップマーケットから評価をいただけるホテルを構築することができます」

　結果はまったくその通りとなった。わずか数年でホテル西洋銀座が世界ランキング14位に突如ランク入りを果たしたのである。それも米国で毎年行われる「世界のバンカーが選ぶベスト百位ホテル」という権威あるランキングのことであった。

国際エグゼクティブを優先して受け入れた戦略から考えれば、すべての客を玄関で迎えることは当然とされる。ホテル西洋銀座の素晴らしさはそうしたサービス対応を、受け入れを始めたすべての日本人客にも適用しようとしたことである。国際エグゼクティブをメインターゲットとしているホテルであり、すべての客を同じように迎え、同じように滞在を楽しんでもらうようにしたい、とホテルが考えることはホテルの特徴を明確に出す上で必要なことであった。むしろそうした方針を望まない客には適さないホテルであることから他のホテルに行ってもらった。その方が客にとって親切である、と考えていた。

　ホテルの考え方を理解され、望まれる客で満たされればホテルの商品性が一段と輝きを見せることになる。

　実際にこんな事例があった。

　それは京都の有名な旅館の女将さんがホテル西洋銀座に予約の電話をした時のことである。

　女将さんが宿泊の希望を電話でホテルの予約担当者に伝えると、ホテル側は「東京へ来られる目的はどういったことでしょうか？」「ご到着は何時頃になりますか？」「ホテルにはどのようにして来られますか？」という質問を始めた。これを聞いて女将さんは「何でそんなことまで答えなければならないの？　上京する用件は息子が大学に合格したので下宿を探しに行くことです。時間は東京駅からタクシーで午後3時過ぎになります。これでよろしいですか？」と言って電話を切ってしまった。意外なことを問われ、機嫌を損ねた態度であったことは間違いない。

　さて当日である。午後3時頃タクシーが1台玄関に入ってきた。タクシーには中年のご婦人と男性の学生の姿が見えた。タクシーのドアをドアマンが開けると「女将さん、お待ちいたしておりました。どうぞこちらへ」と、玄関で迎えている総支配人とパーソナル・セクレタリーを紹介した。両者が挨拶を終えるとそのままパーソナル・セクレタリーがエレベーターへ誘導し、部屋へ向かった。エレベーターの中でパーソナル・セクレタリーは「このたびは合格おめでとうございます。楽しい4年間にしてください」と挨拶した。部屋のテーブルの上には、すぐに食べられるようにカットしてあるメロンとマンゴーの盛り合わせを、総支配人のカードを添えて置いた。部屋のエアコンはす

でに作動しておき、入った瞬間気持ちのよい空気を感じてもらえた。もちろん、総支配人のカードには自筆で「大学の合格、おめでとうございます」と書いておいた。まさにこの部屋を用意し、お越しになるのをお待ち申し上げておりました、という演出を実感してもらえた瞬間であった。

　女将さんは「なるほど、こうしたおもてなしをしようといつも心がけていらっしゃいますの。さすがに素晴らしい演出ですね」と、予約時の件で怒っているのではないか、と心配していたが実際にはまったく逆であった。

　このように予約の段階から、ホテルでの出迎え、滞在中のもてなし、そして見送り、という流れを円滑に、かつ客が期待以上に満足して帰る演出を常に心がけていた。こうした日々の姿勢から国内の上層マーケットである富裕層の開拓が着実に果たされたのである。

〔洞口光由著『五つ星のサービス・マインド』文芸社〕

●

　いかがでしょうか。

　長い引用になりましたが、この事例はサービス接遇者として必要な専門知識（サービス知識・従業知識）を余すところなく伝えています。事業には、コンセプトに基づいた営業戦略があり、スタッフは、**それを積極的に理解し共感**していく必要があります。この意識(マインド)を全スタッフが共有することによって初めて、お客さまに期待以上の満足を提供することができるからです。そして、これが**上司の指示に従うことの本当の意味**であり、**ビジネス実務社会に身を置くサービススタッフの基本姿勢**でもあります。

　　　　　＊ホテル西洋銀座の運営会社は、アメリカのローズウッドホテル＆リゾーツに移行。それについては『ザ・ホテリエ』（久保亮吾著、オータパブリケイションズ）に詳しい。「日本のスモールラグジュアリーホテルの先駆け的存在」として紹介されている。創業時の精神はいまだに健在であるという。
　　　　　＊第Ⅰ章のコラム「組織の期待に応えるということ」（P.45〜P.48）は、本項でのコラム事例と深く関わっている。再読のこと。

III

一般知識

1 社会常識

1 社会常識

① 社会常識を，十分活用できる。
② 時事問題を，十分理解している。

1 社会常識を，十分活用できる

　ここでいう**社会常識**とは，サービス業に関連のある年中行事や物の数え方，ことわざ，慣用語などのことです。そして，これは古くから受け継がれてきた**先人の知恵・教え**でもあります。1級では，その知恵や教えを，**サービス接遇の場で効果的に使うことができるかどうかを見ています。その一つが次の事例です。検討してみましょう。

事例研究① 　社会常識を，十分活用できる　　　case study

　不動産会社勤務の大崎裕美はある日，遠方からの来客に茶菓を出すとき先輩が「お持たせで大変恐縮ですが」と言っているのを聞いた。①「お持たせ」とは何か，②先輩はどういうことを言っているのか，簡単に説明しなさい。

事例解説　　　　　　　　　　　　　　　　　instructions

考え方のポイント

①「お持たせ」の意味を考える

　「お持たせ」とは，「お持たせ物」の略で，来客が持ってきた土産物のことをいいます。まずは，この基本的な意味を押さえておけばよいでしょう。

　　　＊もともとは，商家の旦那（に限らない）が他家を訪問するとき，供の者に土産物を持たせたことにあるようだ。これが「持たせ物」である。
　　　＊「お持たせ」を「お待たせ」と誤読しないこと。とんでもないことになる。

②「お持たせで大変恐縮ですが」は，どういう意味か

　先輩は，茶菓を出すとき「お持たせで大変恐縮ですが」と言っています。これがヒントです。「頂いた（持ってきてくれた）お菓子をそのま

ま出すのは大変失礼なのですが（会社で用意した菓子を出すのが本当なのですが）」などと考えていけばよいでしょう。

③考え方をまとめる

設問の趣旨は、①「**お持たせ**」の意味と、②それを踏まえた「**言い回し（慣用語）**」の意味にありますから、これに従って、二段階で記述していけばよいでしょう。

「お持たせで大変恐縮ですが」の意味

意味① 来客が持ってきた土産物。
意味② 「お持ちいただいたお土産でもてなすのは大変恐縮ですが」と言っている。

いかがでしょうか。

接客の場面では、お客さまからの頂き物を茶菓として出す場合があります。このようなとき、「お持たせで大変恐縮ですが」と言います。これは、いわば決まり文句（慣用語）ですが、とても感じのよい物言いです。

＊記述の仕方はポイントを押さえて書けばそれで十分（文章力は問わない）。
＊意味②は、「頂いたお菓子で申し訳ございませんが」などでもよい。①の意味を踏まえて記述していれば、それで十分。

要点整理　　　　　　　　　　　　　　　　　　　the main point

社会常識を、十分活用できる

社会常識を十分に活用できるとは、慣用の言葉やことわざなどを、適切に使いこなすということです。これによって、お客さまから「常識をわきまえたスタッフだ」との評価（信用）を得ることができます。出題の趣旨もここにあります。

世間には、縁起を担ぐ人がいます。言葉遣いや物の言い方・数え方に敏感な人もいます。年中行事や礼儀、格式にうるさい人もいるのです。でも、これが常識（コモンセンス）のある人々なのです。その常識人の教養に合わせて対応をする。これが、社会常識を十分活用できるということです。何より、相手に安心感を与えます。不快な思いをさせずに済みます。

■ 出題の視点

　検定問題では，事例研究①のほか，ことわざや慣用句，伝統的な呼び方などが記述形式で出題されています。なお，その傾向については，次の確認事項を参考にしてください。

■ 確認事項

①『ガイド3』の「社会常識が理解できる」（P.62～P.69）から，用語の意味を確実に理解しておいてください。過去に，魚介類の名称の読み方などが出題されています。

②『ガイド2』の「社会常識がある」（P.58～P.66）から，用語の意味を確実に理解しておいてください。「春の七草（若菜）」や慣用句などが，記述形式で出題されています。

③『ガイド3』（P.55～P.59）と『ガイド2』（P.50～P.53）の「商業用語，経済用語」から，用語の意味を再確認しておいてください。「社会常識」と組み合わせて出題される場合（「閑古鳥が鳴く」「オンライン・ショッピング」など）があります。

④本書の「商業用語，経済用語」から，その意味を再確認しておいてください。「社会常識」と組み合わせて出題される場合があります。

⑤過去に「社会常識」として，次の用語が出題されています。それぞれの用語説明を確認しておいてください。

一般用語

災害御見舞	水害，地震などの災難に遭い損害を被ったところに出す見舞いの金品。
類焼御見舞	よそで起きた火事が燃え移り，焼けてしまったところに出す見舞いの金品。
陣中御見舞	集中的に何かをしているなどの人に出す慰労のための金品（イベントの準備で忙しいスタッフへの見舞いなど）。
猫またぎ	まずい塩魚のこと。魚好きの猫でさえまたいで通ることから。
鯖（さば）を読む	自分が得をしようとして，数をごまかすこと。
みそを付ける	失敗して面目を失うこと。「みそをする」は，おべっかを使うこと。

お手盛り	自分たちの都合のいいように，計らったり決めたりすること。
懐が深い	心が広く寛容であること。「懐を肥やす」は，不当に自分の利益を増やすこと。また，「懐を痛める」は，自腹を切ること。
留め袖(とそで)	既婚女性が祝儀の際に礼服として着る。
振り袖	未婚女性が祝儀の際に礼服として着る。
訪問着	既婚，未婚を問わず社交の際に着る。準礼服としても用いられる。
盛り塩	飲食業などで，店を開ける前に門口に盛る塩のこと。縁起を祝うこと，また千客万来を願って盛る。
精進落とし	仏式葬儀が終わった日に，葬儀で世話になった人たちを，感謝の意を込めて酒と料理でもてなすこと。「精進料理」とは，肉，魚を使わない料理。
懐石料理	1品ずつ客に出す，高級な料理のこと。かつては質素な料理のことをいった。
会席料理	宴会用にセットされた料理のこと。
箸休め	料理を食べている途中で口直しのために食べる料理のこと。酢の物，和(あ)え物，佃煮などがある。また汁粉(しるこ)に付ける漬物のこと。
含め煮	野菜などを，汁を多くして柔らかく味がしみるように煮ること。またはその料理。
甘露煮	みりんや水あめなどで甘みを利かせて煮ること。またはその食品。
佃　煮	海産物などを日持ちがするように味濃く煮しめること。またはその食品。
照り焼き	魚肉などを，みりん・しょうゆのたれを塗って，つやが出るように焼くこと。
蒸し焼き	魚肉などを，容器に入れ密閉し，間接的に熱して火を通す方法。
白焼き	魚肉などを，何も付けないで焼くこと。
すまし汁	白身魚を具にした，透けて見える汁。
うしお汁	塩だけで味付けした，魚介の汁。

| さつま汁 | 豚肉とゴボウ，ニンジン，コンニャクなどで作ったみそ汁。 |
| けんちん汁 | 豆腐と野菜を，油でいためて作ったすまし汁。 |

　　　＊料理の用語については，『ニッポンの名前（和の暮らしモノ図鑑）』（服部幸應・市田ひろみ・山本成一郎監修，淡交社）や『料理のことばがわかる本』（久保香菜子監修，ＮＨＫ出版）などが参考になる。

　なお，この他に野菜の分類として，根菜類（ダイコン，ジャガイモ，ニンジン），花菜類（カリフラワー，ブロッコリー），果菜類（ナス，キュウリ，トマト，カボチャ）などが出題されている。

Column

文化の心を感じる

大切なあなたのために春の七草を摘む

　山下景子さんの著書『美人の日本語』に，「若菜摘」の話がありました。ちょっと読んでみましょう。

　　若菜とは、春の七草のことです。
　　〜芹、薺、御形、繁縷、仏座、菘、蘿蔔これぞ七草〜（「連歌至宝抄」）
　　秋の七草は見て楽しむのに対して、春の七草は味わって楽しむものです。
　　1月7日に七草粥を食べる風習はご存じの通りですが、実はその七草は、その日の朝、摘んできたものを使っていました。
　　〜君がため　春の野に出でて　若菜摘む　我が衣手に　雪は降りつつ〜
　　百人一首でおなじみのこの歌は、男性である光孝天皇の作ですが、若菜を摘むのは、若い娘の方が縁起がいいとされていたそうです。
　　新春に食べると、長生きができると信じられた、七草粥。
　　大切な人のために、早朝、袖を濡らしながら春の七草を摘む……日本の至るところで、そんな風景が見られたのでしょう。

　　　　　　　　　　　　　　（山下景子著『美人の日本語』幻冬舎）

　そういえば、芭蕉の句に、「一とせに一度摘まるる薺かな」（今栄蔵

校注『新潮日本古典集成「芭蕉句集」』）というものがありました。言うまでもなく、薺とはペンペン草のことです。

＊御形（母子草），繁縷（ハコベ），仏座（カスミソウ），菘（カブ），蘿蔔（ダイコン）

●

商売繁盛は言葉遊びから

では、次に齋藤孝さん監修による『語り継ぎたい日本語』から、「**春夏冬二升五合**」を紹介しましょう。縁起担ぎ小史です。

　居酒屋に行くと、時折、「春夏冬二升五合」という張り紙を見かけることがある。これは江戸時代からある言葉遊びだ。
　まず「春夏冬」だが、春夏秋冬のうち「秋」がないので、「秋ない（商い）」。「二升」は、「升」が二つで「ますます（益々）」、「五合」は、一升の半分で「半升（＝繁盛）」というわけだ。これを並べると「商い益々繁盛」となって、とても縁起が良い言葉になる。
　験をかつぐと言えば、今は消えてしまった小売店の機械式レジスターのキー配列がある。
　終戦後、スーパーマーケットが続々と生まれたのを契機に、レジスター（金銭登録機）が全国的に普及した。今のようなバーコードリーダーのない時代で、歯車を組み合わせた機械式のレジスターばかりだった。国産のものは少なく、スウェーデンなど外国製のものがほとんどだった。
　それなのに、キートップには日本語（カタカナ）が書いてあり、一番右横のキーは、上から縦順配列で「ヨキミセサカエル」となっていた。
　このカタカナキーは、商品の分類番号ともなっていて、キーを打つことで、どんな分野の商品がどのくらい売れたか、自動的に計算される仕組みになっていた。「良き店栄える」と、まさに店の発展を願う縁起担ぎの言葉になっていたのだ。日本でレジスターが早く普及するようにと願って、外国メーカーが茶目っ気を起こしたのかもしれない。

（齋藤孝監修『語り継ぎたい日本語』ぶんか社文庫）

『ガイド2』で「マネキン誕生秘話」（P.55）を紹介しましたが、なるほど、商売繁盛を願う発想力と表現力。いやはや、恐れ入りやの鬼

子母神です。

*「春夏冬中」は，「商い中」と読むそうだ。

●

「神様，どうかお許しを」
「商売上の駆け引きで，客につい嘘をついてしまった。こんな商人(あきんど)を神様は許してくれるだろうか」。

ええ，大丈夫ですとも。神社に参詣し，そして罪滅ぼしのためにバーゲンセールをすれば，「**商人の嘘は神もお許し**」（『ガイド２』P.60）になります。

では，この辺の事情を「誓文祓(せいもんばらい)」の習俗から見てみましょう

誓文(せいもん)払いとは、10月20日の「えびす講」前後に、主に京阪地区で催されるバーゲンセールをいいます。「誓文」とは、神様に誓った約束のこと。それほど神聖な言葉が、なぜバーゲンセールとつながってしまったのでしょうか。

そもそも誓文払いとは江戸時代に興(おこ)り、旧暦10月20日に京都の遊女や商人が神社へお参りする行事を指していました。

当時の遊女は、「年季が明けたらあなたと結婚します」という誓文をよく書きました。しかし、それはもちろんお客を引き止めるためについた、その場限りの嘘でした。商人も、商売上やむを得ず嘘をつくことは少なくありません。このように、1年の間についてしまった嘘を神様に許していただいて神罰から逃れようと、彼らは神社へお参りをしていたのです。

時代とともに遊女はやがて京都から姿を消し、商人だけが残りました。そのため、商人たちはこの日を「罪滅ぼしの日」として、「蛭子(えびす)切れ」という布の切れ端を安価で売るようになりました。それがやがて京阪全体に広まり、その期間も、えびす講前後の1週間まで延ばされ、大々的なバーゲンセールに姿を変えたのです。

（幸運社編『美しい日本の習慣』ＰＨＰ文庫）

2 時事問題を，十分理解している

　社会でのさまざまな出来事を扱っているのが時事問題です。その一例が『ガイド2』で取り上げた「バリアフリー」です。
　さて1級では，バリアフリーに対する基本的な考え方を一歩進めて，「ユニバーサルデザイン」と「スローフード」の意味を問います。それが次の事例です。

事例研究② 時事問題を，十分理解している　　　case study

次の言葉を簡単に説明しなさい。

(1) ユニバーサルデザイン

(2) スローフード

事例解説　　　instructions

■ 考え方のポイント

①「ユニバーサルデザイン」の意味
　「ユニバーサル」とは，普遍的，一般的，全体的という意味で，「デザイン」とは，設計のことです。ここから，「すべての人がともに使えるようにデザインされたもの」などと，類推していきます。

　　　＊このようにデザインされたものには，建物や乗り物，環境など多々ある。例えば，ノンステップバスなどはその一例。誰でも楽に乗車できる。社会の動きの一つ。

②「スローフード」の意味
　「スローフード」とは，伝統的な食材や料理を守る（見直す）ための運動のことで，そのために生産者の保護を訴え，そして，その食材を使った料理のよさ（健康面など）をアピールしています。まずは，この基本的な意味を押さえておけばよいでしょう。

　　　＊「ファストフード」の反対の意味と考えないこと。全く違うものである。

1 ■ 社会常識

「ユニバーサルデザイン」と「スローフード」の意味

意味（1） 障害，高齢，健常者の区別なしに，すべての人に使いやすいようにした，製品，建物，環境などのデザインのこと。

意味（2） 伝統的な食材や料理を守るための，生産者保護と消費者教育をする運動のこと。

＊記述の仕方はポイントを押さえて書けばそれで十分（文章力は問わない）。

要点整理　　　the main point

時事問題を，十分理解している

　時事問題を理解しているということは，社会の動きに敏感であることを意味します。敏感であれば，「バリアフリー」はもちろんのこと，「ユニバーサルデザイン」や「スローフード」などから，社会は，いたわりの心や快適さ，安全性と安心感を求めていることが分かります。これが時代の動きです。サービス接遇従事者はこのことを念頭に置いて，仕事をしていく必要があるでしょう。出題の意図もここにあります。

出題の視点

　検定問題では，事例研究②に見られるように，その時々で話題となっているものを中心に取り上げています。もちろん時事問題ですから，まず「現在の社会的出来事」を把握することが必要です。特に，**社会福祉関係やボランティア活動，高齢化社会，環境問題，安全性，健康**などは，今後も重要なテーマになるでしょう。また，これらの用語と関連のあるホスピタリティーも重要です。サービス接遇従事者にとって，必要とされる要件の一つだからです。

　なお，ここでホスピタリティーの意味を，田崎真也さんの『接待の一流』から確認しておきましょう。田崎さんも語っているように，サービスとホスピタリティーが混同して使われているケースがあるからです。

　友人を自宅に招くとき、あなたはどうするでしょう？
　まずどんな料理をだそうかと考えるでしょう。大切なのは、その席の主

役は自分ではなく、友人だということです。友人の好みそうな料理に思いをめぐらせ、実際に作り、友人の好きなお酒を選ぶ。

もし自宅に泊まる予定なら、新しいシーツや枕カバー、歯ブラシを用意する。こんな具合に、精一杯、友人に尽くそうとするでしょう。もちろんお金は一切受け取らない。

これが「もてなし」の原点です。別の言葉を使うと「ホスピタリティ」です。つまり、最上のもてなし＝ホスピタリティは、お金を受け取らない、無償の提供物なのです。

ホスピタリティは英語ですが、その語源はラテン語の「ホスピス」です。「ホスピス」とは、フランスやスペインへの巡礼の旅路にある修道僧たちを、無償で泊まらせる施設のことでした。毛布と温かい食事を提供し、旅の疲れを癒してもらうのが目的でした。ちなみに、その運営は寄付によって行われていました。

日本にも、似たような施設があります。しかも昔の話ではなく、今も存在します。それは四国のお遍路さんの「ご接待」です。ご接待所では、ボランティアの地元の人が、温かいお茶と地元の手作りのお菓子を無償で提供し、お遍路さんを迎えます。

日本のホスピタリティの原点は、このお遍路さんの「ご接待」と考えればわかりやすいかもしれません。

ヨーロッパの「ホスピス」は、その後「ホテル」と「ホスピタル（病院）」の起源になりますが、いずれも有償の施設です。かつての「ホスピス」のように無償ではなく、ホテルや病院が「サービス」を提供する見返りに、利用者は代金を支払うというシステムが構築されました。

つまり「もてなし」＝「ホスピタリティ」は無償ですが、「サービス」は有償なのです。

よくホスピタリティとサービスが混同して語られるケースがありますが、根本的な違いがあるのです。

（田崎真也著『接待の一流』光文社新書）

確かに、この言葉の混同はよく見掛けますが、それはこう考えたらどうでしょうか。ホスピタリティーとは、**「旅人を温かく迎えるもてなしの心から生まれたものだ。／これこそ原点であり、立ち帰るべき基本である」**（橋本保雄著『感動を創るホスピタリティ』ゴマブックス）。そして、サー

ビスマインドは、ホスピタリティーの心が根底にあってこそのものと。

▌確認事項

①『ガイド3』の「時事問題」（P.70～P.71）から、時事用語を再確認しておいてください。記述問題として、出題される場合があります。
②『ガイド2』の「時事問題」（P.67～P.68）から、「バリアフリー」の意味を再確認してください。
③「バリアフリー」や「ユニバーサルデザイン」「スローフード」から、いたわりの心を再確認してください。今、社会はこのようなことを背景に動いているからです。
ところで、ユニバーサルデザインに関連して、**ユニバーサルサービス**という言葉があります。参考までに、ここで紹介しておきましょう。

　たとえば、車椅子を利用されているお客さまのためにエレベーターが設置されているなどの物理的バリアが解消されたお店でも、小さな段差で困っている人に必要なサポートをする人がいなかったら意味をなしません。逆に、物理的にバリアがあっても、人が困っているときにどうサポートすればいいのかをお店の店員さんやまわりのお客さまが知っていたら、解決できることが多くあります。そこにユニバーサルサービスの大きな可能性があります。
（井上滋樹著『イラストでわかるユニバーサルサービス接客術』
　　　　　　　　　　　　　　　　　　日本能率協会マネジメントセンター）

いかがでしょうか。思いやりと気配りを持って、困っているすべての人をサポートしていこう、手を差し伸べていこう、これが**「ユニバーサルデザイン時代」のユニバーサルサービス**です。

　　　＊同書には、視聴覚障害、肢体不自由、高齢、その他の人たちへの接客事例が、イラスト付きで詳しく紹介されている。『接客サービス基本テキスト』（キャリア総研著、日本能率協会マネジメントセンター）とともに参考にされたい。重要なスキルとマインドである。

④第Ⅰ章のコラム「よろしかったら背負いましょうか？」（P.27）を再読してください。「ユニバーサルサービス」最適の事例です。

Column

社会貢献とホスピタリティー

ニューヨーク大停電のとき

　1977年，ニューヨークで大停電が起こりました。当時，窪山哲雄さん（ザ・ウィンザー・ホテルズインターナショナル社長）は，ウォルドルフ・アストリアホテルに勤務していましたが，「この日，忘れられない体験をした」と，次のように語っています。「日本経済新聞」からのものです。

　普段ならホテル内で決して見かけることのないホームレスの集団が、街の混乱から逃げるため玄関から入り込み、ロビーに腰を下ろしてしまいました。宿泊客は驚き、スタッフはうろたえました。総支配人に指示を仰ぐと、全く動じず「ホテル中のロウソクを集めろ」と言います。「彼らに明かりと食事を提供せよ」。驚いて「火事を出したらどうしますか」と聞くと、彼は私の目を見て言いました。「暗闇の中で食事と明かりを与えられた人が、火をつけたりしないだろう。もしそうなったら皆で消せばいい」

　電気がつくと彼らは感謝して退出しました。高級じゅうたんに残ったロウは、清掃係が新聞紙とアイロンを使い、あっという間に取ってしまいました。大学でも教えない裏技です。コーネル大で「ホテルとは人を助ける公的な役割を持った存在だ」と教わりましたが、ワンゲマン氏は実際に「高級ホテル」が一瞬で「公共の場」に変わる瞬間を見せてくれたのです。

　　　＊ウォルドルフ・アストリアホテルは，各国の元首が宿泊することで有名なホテル。
　　　＊コーネル大学（ニューヨーク州イサカ市）の「ホテル経営学部は設立以来、優れたホテリエを世界中に輩出し続けている。いわば世界最高峰のホテル経営者養成機関である」（久保亮吾著『ザ・ホテリエ』オータパブリケイションズ）。

　　　　　　　　（『日本経済新聞』から「ホテルに憑かれた男②」
　　　　　　　　　　　　　　　　　　　2007年8月28日付夕刊）

「全く動じず」即断したフランク・ワンゲマン総支配人。この背景にはどのようなことがあるのでしょうか。その辺の事情を奥谷啓介さん（元プラザホテル　マネージャー）は，『世界最高のホテル　プラザでの10年間』の中で，こう語っています。

　アメリカ人はホームレスへの同情心が大きく，お金を寄付することも多い。地下鉄に乗ると，頻繁にホームレスが缶を片手に回ってくる。こちらでは，彼らに対して〝働かざる者，食うべからず〟という考え方はしない。その中にはベトナム戦争に行き，精神障害などを起こして働けなくなった人も多くいる。いわば，国のために犠牲となった人々だ。アメリカ人は彼らを助ける義務を感じている。

　　　　　＊プラザホテルは，1985年9月の「プラザ合意（プラザ・アコード）」で有名。宿泊客は各界を代表する著名人が多い。かつて，ザ・ビートルズも宿泊した。
　　　　（奥谷啓介著『世界最高のホテル　プラザでの10年間』小学館）

●

新潟県中越地震のとき

　では，日本でのホテルの**ホスピタリティー**はどうでしょうか。それを，小山薫堂さん（放送作家）監修の『サービスの「正体」』から見てみましょう。2004年10月に起きた新潟県中越地震で，「国内グループのホテルニューオータニ長岡も被害を受けた」のときの話です。

　地震発生の数日後，レスキュー隊がホテルをベースキャンプとして利用し，被災者救援に当たることになった。
　このとき，スタッフたちが率先してレスキュー隊のフォローを買って出た。自分たちもオーバーワークで疲れてはいるものの，救出活動は想像を絶するほど大変だろうから，自分たちができることは何だろうかと考えたのだそうだ。
　10月といえども，夜になれば寒さで悩まされる。きっと，温かいお風呂に入りたいに違いない。とは言うものの，ライフラインは壊滅状態だから，お風呂にお湯は出ない。
　ならば，スープをつくる大きなアルミ製の鍋に水を入れ，コンロで沸かせば，相当量のお湯ができあがる。それを繰り返し行ない，客室

内にあるバスタブに注ぎ足していけば、レスキュー隊のみなさんにお湯につかってもらうことができる。
　こうして、バトンリレーのように、その作業を行なった結果、レスキュー隊の隊長は涙を浮かべて喜んでくれたという。

　人間も企業もうまくいっているときは、他人のことをかまう余裕はいくらでもあるものだ。しかし、うまくいっていないときに、他人に対して思いやりの心をもつのは容易なことではない。

　にもかかわらず、こうした行動がとれたのは「お役に立ちたい」という気持ちが共通のものとしてスタッフ間に浸透していたからであろう。

　お客様からお金をもらって、もてなすことだけがサービスではない。いざというときには、損得勘定や欲得を捨て、チームで「人の役に立つ」ことも、大切なサービスの一つであり、これこそが「目に見えないサービス」とも言えるかもしれない。
(小山薫堂監修，ＨＲＳ総合研究所編著『サービスの「正体」』
　　　　　　　　　　　　　　　　　　　　　　　　すばる舎リンケージ)

●

　いかがでしょうか。
　そういえば、かの『佐賀のがばいばあちゃん』(島田洋七著, 徳間文庫)は、「**本当の優しさとは、相手に気づかれずにすること**」と、含蓄のある言葉を残しています。持つべきは、「心優しきおばあちゃん」でしょうか。
　ホスピタリティーの神髄は、**役に立ちたいという強い思いと奉仕の精神（無償の行為）**にあります。この**無私の精神**が根底にあって初めて、**普通を超えたサービスの提供**もできるのでしょう。その意味で、「**たいせつなことはね、目に見えないんだよ**」(サン＝テグジュペリ作, 内藤濯(あろう)訳『星の王子さま』岩波書店)ということなのかもしれません。
　そう、ホスピタリティーの心は。

# IV

対人技能

1 人間関係
2 接遇知識
3 話し方
4 服装

1 人間関係

① 人間関係の対処について，発揮できる能力がある。

1　人間関係の対処について，発揮できる能力がある

　人間関係の対処の基本は，**良識**と**協調性**にあります。別の言葉で言えば**社会的知性**です（『ガイド2』）。そして1級では，このことを踏まえての出題になります。それを，次の事例から検討してみましょう。

事例研究①　人間関係の対処について，発揮できる能力がある　case study

　多岐川恵子はマネキンの教育を担当している。マネキンは，若い人から高年者まで年齢に関係のない歩合制のため，お互いの人間関係がよくない。このような場合，人間関係をよくするために，最低必要なことを指導するためにはどのようなことを言うのがよいか。箇条書きで三つ答えなさい。

事例解説　instructions

考え方のポイント

良好な人間関係を築くための基本を考える

　職場で気持ちよく仕事をするための基本は，あいさつにあるのではないか，などと考えていきます。すると，次はどうでしょうか。仕事の仲間同士です。手が空いていたら，忙しい人を手伝う。自分と考えの違う人がいても，その人の考え方を尊重する。付き合いは，特定の人に偏らないようにする。などが挙がってくるのではないでしょうか。

　では，以上のことから，人間関係をよくするために，最低必要なことを，箇条書きでまとめてみてください。

人間関係の対処例

①年齢の上下に関係なく，自分からあいさつすることを心掛ける（皆によい感じを与えるため，誰に対しても，会ったらすぐにこちらからあいさつする）。

②よい人間関係で仕事ができるように，付き合いは，特定の人に偏らないようにする。
③お互いが気持ちよく仕事ができるように，手が空いていたら，忙しい人を手伝うようにする。

いかがでしょうか。

解答例の他に，「考え方のポイント」で挙げた「自分と考えの違う人がいても，その人の考え方を尊重しながら仕事をする」「お互いが楽しく働けるように，親しみやすいと感じられる雰囲気の話し方をする」などもよいでしょう。

　　＊記述の仕方は，ポイントを押さえて書けばそれで十分。文章力は問わない。
　　＊「考え方のポイント」で述べたような書き方でもよい。が，解答例にあるように，「年齢の上下に関係なく……」とか，「お互いが楽しく働けるように……」などと，文章の初めに導入の文を入れて書き表すと，1級としてベストな解答になる。そして，この意識が重要。
　　＊「お互いが楽しく働けるように，先輩とか後輩とかいうことは気にせず，皆と気さくに話をするようにする」は，いけない。先輩後輩は，序列の上下だからである（『ガイド3』P.74）。

要点整理　the main point

■人間関係の対処について，発揮できる能力がある

感じのよいサービスの裏には、必ず感じのよい職場があります。
感じのよい職場は常に積極的です。
お互いに競いながら励まし合っているからです。
そして感じのよい職場には、すぐれた能力を持つ人が集まってきます。
大切なのは、職場に「感じのよいサイクル」を作ることです。

　　＊著者の加藤健二さんは，元キャピトル東急のエグゼクティブコンシェルジュ。「ミスターシェイクハンド」の異名を持つ伝説のホテリエ。
　　＊キャピトル東急の前身は，東京ヒルトンホテル。業界内で，「ヒルトンホテル学校」と呼ばれていた。ザ・ビートルズが来日した際に，宿泊したのもこのホテルである。「以後，キャピトル東急には海外のスターやアーティスト達が次々と訪れる」ことになる。

（加藤健二著『お客様がまた来たくなる極上のサービス』日本実業出版社）

一般的に人間関係がよい職場というのは，明るい雰囲気で活気があり，お互い協力し合って仕事をしているものです。協調性(チームワーク)です。そして，これが**「お客さまに期待以上の満足を提供する（感じのよいサービス）」**ことにつながっていきます。だからこそ，対人関係を意識した態度と行動（人間関係の対処について，発揮できる能力）が重要になってくるのです。出題の意図もここにあります。

> ＊職場における成熟した人間関係の一例。「伊勢丹でさえ、腹が立った、怒りを覚えたというクレームがお客さまから寄せられます。たった一人のお客さまの声でも、伊勢丹は危機感を持ち、恥ずかしさで身がすくむ思いをします。他の従業員の接客によって発生しても、わがことのように責任を感じる風土があります。自分には関係ないと思ったら自分の心が貧しくなっていきます」（国友隆一著『伊勢丹に学ぶおもてなし』日本実業出版社）。この意識があって初めて，従業員が一丸になれる。これが本当の大人の人間関係であり，協調することの基本精神でもある。
> ＊協調性(チームワーク)の事例については，コラム「組織の期待に応えるということ」（P.45～P.48）と「新潟県中越地震のとき」（P.116～P.117）を参照のこと。ここにも，「ワン・フォー・オール，オール・フォー・ワン（一人は皆のために，皆は一人のために）」というラグビーの精神が生きている。

▌出題の視点

　検定問題では，事例研究①の「職場における人間関係」のほか，**「お客さまとの人間関係」**なども出題されています。これは，どのように対処すれば，お客さまと良好な人間関係を築くことができるかというものです。それを，次の二つの事例から見てみましょう。

▶ ①初めての介助利用者への対応

> 初めて担当した利用者だが，入浴の介助をしようと手を出したら，いきなり手を払いのけられた。結局その日は介助できなかった。どうすればよいか（特別養護老人ホームのケース）。

●考え方のポイント

　初めての人には，誰でも警戒心を持つだろう。手を払いのけられたのもそのせいではないか。であれば，まず警戒心を解くことが必要になるのではないか。まずはこのようなことから考えていく。そして，ここから「では，**警戒心を解く**にはどうしたらよいか」，その方法**（例えば，柔**

和な表情であいさつと自己紹介をするなどは，好ましい人間関係を築くための基本）をイメージしていく。
●好ましいコミュニケーションの取り方
　◆利用者は，初めての人（介助者）に何をされるのか分からなくて，嫌がったり警戒したりするのであろうから，まず警戒心を解くことが必要。
　◆介助しようとするときは，最初に**親しみを持って明るいあいさつと自己紹介**をし，介助をしに来たことを話して，**警戒心をなくする**ようにする。
　◆介助は，しながらでも，**満足の度合いを尋ねながら相手の要望に合わせてするようにし，介助の仕方に信頼を持ってもらえる**ようにする。
　◆入浴介助は身体に触れるのだから，まず**仲良くなろう**などと言って，**握手から始める**などの方法もある。
　　　　＊設問で，「箇条書きで三つ答えなさい」とある場合は，以上の項目から三つ記述していけばよい。また，「いつも親しみのある言葉で話し掛け，安心して何でも話せるような雰囲気と関係をつくる（その人の立場や気持ちを思いやって，話したり行動したりする）」「相手の話は，どのようなことであっても，遮ることなく耳を傾けて最後まで聞く」などもよい。要は，人間関係をつくるための基本を押さえておくことである。
　　　　＊青年介護福祉士の話である。「老人のしもの世話をするのに，従来はマニュアルどおりに紙オムツを処理し，そのあとを温かいタオルで清拭し，また紙オムツをあてがってきた。あるとき一人の老人に『お便所でしょうか』と言ってみたところ，うなずくので，連れて行って便座にすわらせたところ，ごく自然に排便をした。『ああ，これが福祉なんだな』と直観的に会得した。人間の持っている能力をひき出してあげる，人間と人間らしいことをするのを手伝ってあげる。それを介護というのだ，と彼はそのときに自己創造をしたのである」（草柳大蔵著『日本人のお行儀』グラフ社）。これは勤めて３年目のことであるという。老人の身になって，その思い（心）を大切にする。これが人間関係の基本を踏まえた介護の心の好例。なお，清拭とは，病気の人などの体をタオルで拭いて清潔にすることである。
　　　　＊そして，日本語学の山口仲美さんも「『誇り』という言葉には『プライド』とは違った品格がある。『プライド』には虚栄心が入り込むが，『誇り』には，マイナスイメージはない。一人の人間であることを『誇り』に思って生きるのを支援するのが介護の基本。『誇り』は，どんな人間にとっても自分を支える最後の砦なのだ」（山口仲美著『新・にほんご紀行』日経ＢＰ社）と語る。

②親しみを表す応対の仕方

> 親しみを感じてもらおうと,気軽に話しながらお客さまを案内していたら,「それは,友達と話すときの言い方だ。注意するように」と言われた。スタッフは,どのようなことに気を付け,応対していけばよいか(観光旅館のケース)。

● **考え方のポイント**

　親しみが持てる話し方をすることは必要である。が,相手はお客さまである。スタッフとしての立場をわきまえて,ほどほどにしないといけないのではないか。これが**お客さまとの人間関係**だろう。まずは,このようなことから考えていく(第一段階)。次に,遠慮のない言い方は,お客さまにどのような影響を及ぼすだろうかと推論し(第二段階),そして,このようなことがないようにするためには,どのような応対の仕方がよいかの結論を,三段論法的に導き出していく(第三段階)。

● **親しみを表す応対の仕方**

◆ 親しみを感じてもらおうとして話すと,遠慮のない(なれなれしい)話し方になる。それが親しみを表す一つの方法ではあろうが,友達と話すときの言い方だと言われた原因でもあるのではないか(第一段階)。

◆ 遠慮がないとは,控えめなところがないということ。相手はお客さまだから,遠慮のない言い方をすれば,客として意識されていないと受け取られる(第二段階)。

◆ 親しみを感じてもらうことは必要なのだから,相手はお客さまであることを意識して,話すときの遠慮のなさを加減すればよいのではないか(第三段階)。

　　　　　＊上例のほか,「丁寧さ」にポイントを置いた記述の仕方もある。これも人間関係の基本である。

　　　　　　◆なれなれしいとは,遠慮のない間柄での話し方や態度のことで,お客さま応対に丁寧さが欠けていると言われたのではないか。気軽な話し方をしているというのは,話し方だけでなく態度なども丁寧でないということではないか。

　　　　　　◆スタッフのお客さまに対する話し方や接し方は,いつの場合でも丁寧さを欠いてはいけない。

　　　　　　◆お客さまがスタッフに親しみを感じるのは,丁寧な応対をしてこそではないか。自分で気軽な話し方をしているといっても,自分の思い込

みだけでは駄目だ。人の見方にも耳を傾けてみることも大切だ。
* 第Ⅰ章の「良識を持ち，素直な態度がとれる」の事例研究①と，当該事例は連動している。再確認しておくこと。良識ある態度は，お客さまとの関係を十分に意識して行動することが大切だからである。
* 客室係として，60年近いキャリアのある竹谷年子さんは，その著『帝国ホテルが教えてくれたこと』（大和出版）の中で，「私の性格として，いつもきちっとケジメをつけたいという気持ちがあります。お客さまはお客さま，私は私です。／先代の犬丸社長からも，『お客さまと自分の間に，いつも一本の棒を置いて考えるようにしなさい』と教えられました。／必要以上に自分を卑下することはないし，もちろん，人間としてはお客さまと対等です。けれども，客室係のプロの心構えとして，いつも『一本の棒』を忘れることはできません。／『一本の棒』をいつも自覚し，自分の分をわきまえることが，礼儀の始まりになるのではないかと思います。」と語る。そして，竹谷さんは，「どんなに親しくなっても，いえ，親しくなればこそ，礼儀というものが大切ではないでしょうか」と，お客さまとの基本的な関係の在り方を述べている。ことわざにもある「親しき仲に垣をせよ」（親しい仲であっても礼儀は守ること）ということであろう。
* ホテルニューオータニに長期滞在の経験を持つ小山薫堂さんは，「すごくフレンドリーで，あたかも『寮』のような感覚。そこに行けば，寮長さんなり，友だちなり，誰かが待っていてくれている。でも，彼らは決して，超えてはいけないラインをまたがない。／このちょうど良い距離感が，ホテル生活を長引かせた一因だと思います」（小山薫堂監修『サービスの「正体」』すばる舎リンケージ）と言う。好ましい人間関係をつくる上で，人と人との間に適度な距離感を保つことは，重要なマインドである。

▮確認事項

① 『ガイド3』の「人間関係」（P.74〜P.76）を確認してください。3級での選択問題が記述問題にアレンジされて出題されています。

② 『ガイド2』の「人間関係」（P.70〜P.74）から，対処の仕方などについて，その認識を深めておいてください。

③ 『ガイド3』の「良識ある態度」（P.24〜P.27）から**良識と対人関係**を，「適切な行動と協調性」（P.28〜P.29）から**職場の人間関係（チームワーク）**を再確認してください。相互に関連している内容です。
　　　　* サービス接遇従事者にとっては必要不可欠な資質である。確実に理解しておくこと。

④ 『ガイド3』のコラム「自分のことしか話さない人」（P.77）を再読してください。そして，ここから**「好ましい人間関係の基本的態度」**であ

る「**人は人に対して，もっと謙虚であるべきだ**」ということを再認識してください。
⑤『ガイド2』の「良識ある態度」（P.24〜P.25）からお客さまとの人間関係を，「適切な行動と協調性」（P.28〜P.29）から職場の規範と協調性，対人関係を再確認してください。互いに協調することが，好ましい人間関係をつくり，感じのよいお客さま応対ができる第一歩であることを述べています。
⑥本項と次のコラムから，よい人間関係をつくる基本は，明るさと誠実さ，良識ある態度と協調性，謙虚さ，公平さ，礼儀正しさ，人のために尽くす心などにあることを確認してください。サービス接遇検定の重要なファクターです。
⑦お客さまとの人間関係は「商いを通した関係」であることを確認してください。それはこうです。

　　個人的な生活シーンで結べる人間関係は限られています。その点、会社や店で結ぶことができる縁は多彩です。商いを通して深い信頼関係も築くことができます。／ 伊勢丹でそういう関係を築いている従業員は少なくありません。／「私の場合、一番長くお付き合いさせていただいているお客さまとは、約20年になります。幼かったお嬢さまが成人式を迎え、花嫁となり、今では立派な母親に。そして、ご実家のお母さまとお子さま連れで来店されます」／と呉服営業部の女性チームのリーダーは言っています。／こういう関係をたくさんつくることによって人生を多彩に豊かにすることができます。
　　　　　　　　　（国友隆一著『伊勢丹に学ぶおもてなし』日本実業出版社）

いかがでしょうか。これが「**商いという舞台の上で人間的な関係を築く**」（前掲書）ということです。もちろん，そのためにはお客さまへの「**良識のある謙虚な態度（礼儀）**」が，必要になってくるのは言うまでもありません。

Column
お客さま応対の基本原則

金額の多寡でお客さまを区別しない

　お客さま応対の基本原則は,「**親切・丁寧・迅速・公平**」ですが,これを,ないがしろにすると,どうなるでしょうか。その一例を,久保亮吾さんの『ザ・ホテリエ』から見てみましょう。

　カピタンの常連客で,スタッフたちの間では「2時に来るおじいさん」で通じるゲストがいた。ニックネームのとおり,その老人は毎日午後2時になると来店し,コーヒー1杯を飲んで帰るのである。
　しかし,ある日を境に,老人がカピタンに来なくなった。荒木は気になっていた。
　数日後,朝礼でレストラン課長は渋い顔で言った。
　「2時のおじいさん,なぜ来てくれなくなったのか,君たちは分かっているのか」
　課長は言う。大金を使ってくれるＶＩＰが来店していると,カピタンのスタッフは皆,そのＶＩＰを中心に動いてしまう。一度,そんなＶＩＰが2時ごろに来店していたことがあった。その日,老人は自分が相手をされないことに気分を害して帰ったという。
　「年に一度,100万円を使ってくれるお客さまと,毎日500円使ってくれるお客さま。うちにとって本当に大切なのは500円のお客さまだぞ」
　課長はそう言って朝礼を締めくくった。
　100万円使ってくれる金持ちも確かに大切だ。しかし,そのゲストはほかのホテルに行っても100万円使っているわけだし,次にいつカピタンに来てくれるのかも分からない。一方で500円のゲストは,毎日ここへ来て時間を使ってくれるわけだから,ほかのホテルに行っている暇がない。それこそ本当にカピタンを愛してくれている客なのだ。
　そのとき荒木はホテル業の奥の深さを痛切に感じた。

　　　＊カピタンとは,ザ ヨコハマ ノボルテ にあるレストラン名。
　　　＊荒木とは,ハイアット・リージェンシー・サイパン 副総支配人の荒木真人氏。国際観光専門学校卒業後,カピタンに勤めていたときの話である。

（久保亮吾著『ザ・ホテリエ』オータパブリケイションズ）

私たちがゲストを判断してはいけない

では、お客さまに不愉快な思いをさせないためには、どうしたらよいでしょうか。

ザ・ペニンシュラ東京のトンプソン総支配人は、「どんな人でも歓迎する親しみのある世界を実現したい」。そして、「たとえば高級ブティックで、店員が客を品定めするような不快感は、ペニンシュラでは決してありえない。（中略）コーヒー１杯飲みに来た客にも、スイートの宿泊客にも、同じもてなしができるホテルにする」（桐山秀樹著『頂点のサービスへようこそ』講談社セオリーブックス）と語っています。サービススタッフは、お客さまを判断する立場にないということです。これが**分をわきまえる**（身の程を知る）ということです。

外見（第一印象）だけでお客さまを判断しない

また、京都の老舗旅館「柊家」で仲居60年の田口八重さんは、「ともすれば人間というのは、外見やふと耳にした噂話だけで相手を判断し、その価値を決めてしまいます。じっくりとお付き合いをしてみると、第一印象とまるで違うことも多々あります。／第一印象、直感もたしかに大切ですが、それに頼りすぎると、ことの本質を見誤ることは少なくありません。とくに、仲居という仕事をしていると、第一印象に重きを置きすぎる傾向が出てしまうものです。その上、人を見抜くというプロ意識がどこかにあるのは正直なところです。それだけに、間違えるという陥し穴に落ちる危険もあるわけなのです」（田口八重著『おこしやす』栄光出版社）と、自戒を含めて語っています。とても、重要な教訓です。

　　　　　　　　＊スタッフが第一印象をよくするために身だしなみを整えるのは必要とされる要件の一つ。ここで言っているのは、お客さまを見掛けだけで判断するなということ。ある新人ホテルマンは、ラフな服装で来館したお客さまに失礼な態度をとり、顰蹙を買う羽目になったという。そのお客さまはセレブの常客だった。人は見掛けだけでは分からないことの好例。
　　　　　　　　＊苦沙弥先生の飼い猫も「呑気と見える人々も、心の底を叩いて見ると、どこか悲しい音がする」（夏目漱石作『吾輩は猫である』岩波文庫）と独白している。

いかがでしたか。この3事例から、お客さま応対の基本原則の中で「**公平**」であることが、いかに重要であるかが分かります。これができて初めて、「**親切・丁寧・迅速**」というサービスも生きてくるからです。

　サービス接遇検定は、この「公平である」ことを重要視しています。この公平無私の精神は、ホスピタリティーの心です。全てのお客さまに、思いやりと気遣い、優しさと親しみを込めて丁寧に、しかも迅速にもてなしをする。これが、**人間関係の基本をわきまえたサービススタッフの良識であり、役割である**からです。そして、このことがお客さまに期待以上の満足を提供することになるのです。

　だからこそ、サービス接遇検定問題では、次のように問い掛けます。

　販売店勤務の栗原みどりはスタッフの新人教育で、お客さまの基本原則は、「親切・丁寧・迅速・公平」であると教えた。このうちの「公平」とは、お客さま応対をどのようにすることを言うのか。

　解答例としては、①服装や持ち物でお客さまを判断して、特別扱いをしない（お客さまを外見だけで判断しない）②一般のお客さまと、高額の商品を買ってくれたお客さまを区別するようなことをしない③顔見知りのお客さまということで、特別の扱いをしない、などがありますが、いかがでしょうか。

　　　　＊ちなみに、伊勢丹では「ひやかしのお客さまも下見のお客さまである、というのを基本的な姿勢にしている」そうだ。「それによって、ひやかしのお客さまが下見のお客さまに変わる可能性がある」からである（国友隆一著『「伊勢丹のようなサービス」ができる本』成美堂出版）。

　偏ることなく、すべてのお客さまに対して、公平なもてなしをする。これが人間関係の基本であり、お客さま応対の基本原則です。これなくして、普通を超えたサービスの提供はあり得ません。

　そしてこれが、次節の「**顧客心理を理解し、十分能力を発揮することができる**」ことにつながっていきます。

2 接遇知識

① 顧客心理を理解し，十分能力を発揮することができる。
② 一般的なマナーを，十分発揮できる。
③ 接遇者としてのマナーを，十分発揮することができる。

1 顧客心理を理解し，十分能力を発揮することができる

顧客心理を熟知したお客さま応対の仕方とは何か。
スタッフへの不満の理由（真意）はどこにあるのか。
お客さまは，スタッフにどのような応対を望んでいるのか。
1級では，この顧客心理の理解とその実践力が問われます。その一つを，次の事例から検討してみましょう。言うまでもなく，基本はお客さまの気持ちを慮って応対するということです。

事例研究① 顧客心理を理解し，十分能力を発揮することができる　case study

病院の受付担当岡田奈緒は新人のKから，「診察を2時間も待っているという患者さまに，笑顔で何度もわびたら，『あなたはいいわね，にこにこしていればいいから』と言われた。どうすればよいか」と，相談された。このような場合，岡田はどのように応えるのがよいか。箇条書きで三つ答えなさい。

事例解説　instructions

考え方のポイント

① 「あなたはいいわね，にこにこしていればいいから」を，キーワードとして考える

2時間も待たされていらいらしている患者さまに，笑顔でわびたらどうなるだろうか，かえって，患者さまの気持ちを逆なでることになりはしないだろうか。だから，「あなたはいいわね，にこにこしていればいいから」と，皮肉を言われたのではないか。まずはこのようなことから推理していけばよいでしょう。そうすると，何度わびようが「笑顔は

不要。ここは、患者さまの気持ちを察した表情が必要」ということになります。

　　＊言うまでもないが、「あなたはいいわね」は皮肉と受け取ること。決して「あなたはいいわね、うらやましいわ」と言っているわけではない。「にこにこしている場合ではないでしょ。わたしは、もう２時間も待っているのよ（プンプン）」が本当のところ。
　　＊『ガイド３』のコラムから「飲食店の事例」（P.110～P.111）を参照のこと。お客さまの苦情（皮肉）に対して、とんでもない応対をしたスタッフの事例を紹介している。
　　＊笑顔を「封印」して対応しなければならないときもある。例えば、注文の料理を出すのに時間がかかった場合などがそうである。笑顔は「万能」ではないということである（江澤博己著『接客サービスの達人』大和出版）。
　　＊「目当ての商品がなかったとき、『おあいにくさま』という事務的な切り口だけでは客はがっかりしてしまいます。『せっかくいらしてくださいましたのにあいすみません、すぐに取り寄せます』などの言葉とともに、すまなそうに目を伏せ、まばたきをして申し訳なさを表現しました。これを『おあいにく目つき』といいました。あたたかいそのしぐさに納得した客は、素直にあきらめ、『また来よう』と思うわけです」（越川禮子著『暮らしうるおう江戸しぐさ』朝日新聞社）。

②いらだたしい気持ちを和らげるための対応を考える

　でも、申し訳ないという表情だけで、本当に患者さまのいらいらは治まるだろうか。待つことは仕方ないとしても、あとどのくらい待てばよいのか、時間の予想を伝えておくことが必要なのではないか。これを伝えるだけで、いらだたしい気持ちも少しは治まるかもしれない。このように推論していきます。そして、これが設問にある「どうすればよいか」の結論になります。

　　＊「電車やバスを待っているとき、『前の駅を出発しました』という表示が点滅すると、少しほっとしないだろうか」（小山薫堂監修『サービスの「正体」』すばる舎リンケージ）などのケースから、そのときの自分の心理的な傾向を探ってみるとよい。
　　＊そして、小山さんは前掲書の中で、「これは『待つ』ことのストレスを軽減するサービスと言ってもいい。／いわゆる、『セカンド・ラインへの気遣い』だ」と述べている。待つ時間が分かるだけで、心理的に落ち着きを取り戻すことができるというわけだ。
　　＊同様のことが、『なぜこの店で買ってしまうのか』（パコ・アンダーヒル著、早川書房）の中でも取り上げられている。「うまいやりかたである」と。

③考え方をまとめる

　以上のことをまとめると，①最初に，「申し訳ないとわびる気持ちは，笑顔では伝わらない。申し訳なさを伝える表情が必要」だということを，導入部（序）として書く②そして，待つことが納得できるような説明事例を二つ挙げる。この二段階構成になります。

　胸中を察して余りある事例です。**あなたが待たされたときのことをイメージして，箇条書きでまとめてみてください。これが，顧客心理を理解するための基本**です。

顧客心理の理解とその対処法

①待たされている患者さまに，申し訳ないとわびる気持ちは笑顔では伝わらない。気持ちを察した表情が必要。
②このような場合はただわびるだけでなく，順番が来るまでの人数とか，待ち時間の予想を伝えるのがよい。
③待つ時間が長いようなら，おおよその時間を言って，その時間に戻ってもらうように言うのもよい。

　いかがでしょうか。以上の解答例から，皮肉を言った患者さまの心理を理解し，長時間待っていることへの申し訳なさを表す。そして，いらだたしい気持ちを少しでも解消してもらうために，納得のできるような説明をしていくのがよいということになります。

　　　＊記述の仕方は，ポイントを押さえて書けばそれで十分。文章力は問わない。
　　　＊「考え方のポイント」で述べたような書き方でもよい。が，解答例にあるように，「待たされている患者さまに……」とか，「このような場合はただわびるだけでなく……」などと，文章の初めに患者さまの心理状況を踏まえた書き表し方をするとよい。これが，1級としてのベストな解答。
　　　＊解答例③は，「用事があるので出掛けたいと言う患者さまには，戻ったら受付に声を掛けてください。順番が過ぎていたら，すぐ受診できるようにします」でもよい。この言い方で，「出掛けた後，わたしの順番はどうなるだろう」との不安心理は間違いなく解消される。これも，顧客心理を理解し，十分能力を発揮することができることの一例。

要点整理　the main point

■ **顧客心理を理解し，十分能力を発揮することができる**

　顧客心理を理解しているということは，**お客さまの期待を裏切らない応対**ができるということです。するとお客さまは，そのサービススタッフに全幅の信頼を置きます。「あのスタッフは，きちんと期待に応えてくれた。気配りは完璧，感じもよい。言うことなしだ」というわけです。

　この期待を裏切らないお客さま応対は，感じのよい病院（店舗でも同じ）として評判になります。スタッフの評価も高まります。そして，出題の意図もここにあります。

　　＊顧客心理を理解する上で基盤となるものが「お客さまは今，何を望んでいるのか。何をして差し上げればよいのか」の役割意識である。このために，田口さんは「自分をお客さまに置き替えて」考えていると言う。「もし，自分がお客さまとしてあのお座敷にいたら，何をしてほしいだろうか。他人事ではなく、我が身のこととして思ってみるわけです。／いつも、こうして考えていると、いつか神経の回路がお客さまの回路と同じになって、つながるのでしょう。『いまこうしてほしいと思っていたんだ』ということに、ぴったり合うようになるのです。／念じれば通じるということなのでしょうか、人間とは不思議なものです。考えてもみないところが発達してくるのかもしれません。そして、それが役に立つのです」と語る。そして田口さんは，いつも考えていると「第六感が鋭く」なってくる。その「勘働きに休日はない」と戒める。「勘を鈍らせないためには、気ばたらきが必要」であり、「思いやることが、勘を養ってくれる」からだ（田口八重著『おこしやす』栄光出版社）。

　　＊顧客心理を理解する上で，もう一つ重要なセンスが観察力である。俳聖芭蕉も「よく見れば薺花咲く垣根かな」と詠む。「『よく見れば』に花の姿態が言いこめられ、自然の微細な営みを凝視する観照態度が出る」（今栄蔵校注『芭蕉句集』新潮社）というわけだ。では，その観察力の具体例を，小山さんの『サービスの「正体」』から紹介しよう。「料理を出すタイミングの基準」である。

　　　プロは基本的に、身なりと仕草を一つの基準にする。／たとえば、朝のラウンジなどで、背広を着て、ネクタイをつけているお客様がいたとしよう。よく見ると、片手で朝刊を読みながら食事をとっている。そういう人に対しては「これからビジネスで戦闘モードに入る可能性が高い」と考え、必要以上に間をおかないで、若干ハイテンポで料理を出すようにする。／逆に、平日に、ラフな格好をしているお客様がいるとする。よく見ると、両手で朝刊をじっくりと眺めている。新聞を読み終えても、ぼんやりと窓の外を眺めている。／こういったお客様は、オフの可能性が高い。あるいは、アポイントが遅めなのかもしれない。そういう人に

対しては、ややスローテンポで料理を運ぶ。／この他にも食べる早さなどを観察して、料理を出すタイミングを考えるわけだが、重要なのは、「ゆっくりと食事をとりたがっているのか」、それとも「先を急いでいるのか」を瞬時に的確に見極めることである。／相手のニーズによって、まったく同じ料理であっても、出し方が違ってくるし、出し方一つでお客様の気分が違ってくる（小山薫堂監修『サービスの「正体」』すばる舎リンケージ）。

＊サービス接遇検定は、この「勘」（センス）を重要視している。感じのよいお客さま応対は、絶え間ない気遣い・気働き（想像力）と、観察力の結晶にほかならないからである。

出題の視点

検定問題では、事例研究①の「お客さまの心理を慮った応対の仕方」のほか、**「スタッフへの不満の理由」**などが出題されています。そして、この出題は**「お客さまはスタッフにどのような応対を望んでいるか」**と、連動する内容（表裏の関係）になっています。それを、次の事例から見てみましょう。

①お客さまからの不満の声

「あのスタッフお高く留まっている感じね」と、お客さまが小声で言っているのが聞こえた。このようなことを言われたスタッフは、今後どのようにすればよいか（ブティックのケース）。

●考え方のポイント

　お高く留まっているとは、人を見下ろしている感じのすることで、これは接遇の基本に反する態度ではないか。これでは不満を言うのも当たり前だ。お客さま応対の基本は、腰の低い態度と柔和な表情、親しみのある言い方にあるからだ。お客さまがスタッフに望んでいる応対もこのようなことだろう。まずはこのことを基本に考えていく。そして、接客対応の場面をイメージして、「このジャケットは、今、お召しのブラウスによく似合う」と褒めたり、試着したジャケットの着こなしを整えてあげたりするなど、具体的な事例を挙げていく。

●感じのよい応対

　◆お高く留まっているとは、人を見下ろしたような態度をとることをいう（気取っているとか、「つん」と取り澄ましているような態度のこ

と)。
> お客さまと関わりを持ちたくないと受け取られても仕方のない態度。

◆お客さま応対のときは，腰の低い態度，にこやかな表情で親しみを持たれるような言い方を心掛ける。
> 愛想と愛嬌である。

◆お客さまの特長を，お客さまの機嫌を取るような言い方で，実際以上に褒めるように心掛ける。
> 褒められて悪い気はしない。これが人情。だが，見え透いた嘘はいけない。すぐに分かる。すると，商売もうまくいかない。このお客さまの心理過程を理解しておくこと。重要な接遇知識の一つ。
> なお，褒める対象としては，服装，着こなしのセンス，服飾品，化粧などがある（お客さまが他と比較して自信を持っていそうなところを褒めるのがポイント）。

◆お客さまの求めには，待っていましたというようなタイミングで，即座に応える，または，行動をするように心掛ける。
> ＊設問で，「箇条書きで三つ答えなさい」とある場合は，以上の項目から三つ記述していけばよい。また，「考え方のポイント」で挙げたような書き方でもよい（最初に，「お高く留まっている」意味から始めると書きやすくなる）。
> ＊類問として，「横柄な態度」「無礼な態度」「感じの悪い接客」などが出題されているが，記述の基本は「お客さまを高く位置づけ，スタッフを低く位置づけた応対」にある。記述の仕方の基本は同じというわけである。
> ＊お客さまがスタッフに望んでいる応対の第一は「感じのよさ」である。そして，その具体的な事例（解答）は，第Ⅰ章の「サービススタッフの資質」と第Ⅱ章「専門知識（サービス知識）」にある。再確認のこと。
> ＊前項の「人間関係」の中で，「お客さまと話すときは，立場をわきまえた話し方をすること」を取り上げた。このテーマを，「顧客心理」の視点から出題される場合もある。「失礼な言い方」「なれなれしい言い方」などがそうである。これを言っているお客さまの真意（理由）はどこにあるかを問っているわけだが，解答の基本は同じ。スタッフとしての立場をわきまえた態度と話し方をすることである。お客さまも，そう望んでいる。

②お客さまの要望を察して行動する

「お客さまは，フットワークの軽いスタッフに好印象を持つ」。それはなぜか（婦人服専門店のケース）。

●考え方のポイント

　フットワークが軽いスタッフとは，お客さまの要望を察して，また，要望に気軽に応じてすぐに行動できる人のこと。また，お客さまに関わる中で生ずる全てのことに身軽に対処することができる人。まずは，このようなことから考えていく。次に，婦人服店をイメージしながら，その具体例を挙げていく。例えば，試着して，気に入り方がいまひとつだったら，すぐに他の服を何着か持ってきて比較する，などがそうである。そして，この具体例から類推して幾つか事例を挙げていく。

●フットワークのよい応対

◆フットワークが軽いスタッフとは，お客さまの要望を察して，また，要望に気軽に応じてすぐに行動できる人のこと（前提）。

◆お客さまが荷物を持っていたら，「お預かりしましょうか」と言って，受け取る（具体例①）。

　　お客さまが来店したときから考え始めるとイメージしやすい。

◆試着して，色違いの方が似合いそうなら，すぐにメーカーに確認してお客さまに知らせる（具体例②）。

　　お客さまの魅力を引き出すために，「色違いの方が似合いそうだ」と判断したスタッフの「心のフットワーク」は軽い。お客さまが「本当は色違いの物を着てみたいのだが」との思いがあれば，なおさらである。ちなみに，伊勢丹では「お客さま自身が，『自分の要望やニーズはこうだ』と思っていても，じつは，その奥に本当のニーズや欲求が隠されていることがある。／そういったニーズや要望をコミュニケーションを通じて引き出し，そういったファッションが似合いそうなら，さりげなく背中を押してあげる」（国友隆一著『「伊勢丹のようなサービス」ができる本』成美堂出版）という。

◆寸法直しなどは，先にお客さまに出来上がり日の要望を聞いて，それに合わせる（具体例③）。

◆スカートの寸法は，仮止めで，幾つか試してみるなどをする（具体例④）。

◆服飾についての相談を，この店の販売商品でなくても気軽に引き受けること（具体例⑤）。

　　＊以上の5例が，お客さまが心から望んでいるフットワークのよい応対。このてきぱきした応対は，見ていても気持ちのよいものである。そして，この「てきぱき応対」は，サービス接遇検定が重要視している接遇の一つでもある。

＊設問で,「箇条書きで三つ答えなさい」とある場合は,以上の項目から三つ記述していけばよい(「考え方のポイント」で挙げた事例も含む)。
＊このフットワークのよい応対は,再来店してもらうため(リピーター客になってもらう)にも有効なスキルになる。なお,場合によっては「再来店してもらうには,どのようなことをしたらよいか」との出題もあり得る。そのときは,この「フットワークのよい応対」を基本に記述していくとよい。

確認事項

① 『ガイド3』の「対人心理」(P.78～P.81)から,その基本を確認してください。
② 『ガイド2』の「顧客心理」(P.75～P.80)から,その対処の仕方を確認しておいてください。
③ お客さまがスタッフに望んでいる応対の第一は**「感じのよさ」**です。そして,その具体的な事例が,＜Ⅰサービススタッフの資質＞と＜Ⅱ専門知識(サービス知識)＞にもあります。再確認してください。
④ 過去に,「お客さまの行動から察して,タイミングよく声を掛けるにはどうすればよいか」などが出題されています(婦人服専門店のケース)。次にその対応例を示しておきますので,参考にしてください。
   ◆ 服地を触って見ているときだったら,素材の話から声を掛けるきっかけをつくる。
   ◆ 離れて品定めをしているようだったら,形や色の話から声を掛ける。
   ◆ 値札を見ているようだったら,他の服との差などから声を掛ける。
   ◆ あれこれと決めかねているようだったら,着る目的などを尋ねる。
   ◆ 気に入った物を見つけたようだったら,お似合いですと,声を掛ける。
      ＊行動から察したタイミングとは,今,お客さまが心を動かしていそうなものに声を掛けて,きっかけをつくるということになる。行動とはお客さまの動きのことで,見ている物とか手にしている物などのことになる。
      ＊また,「探し物」をしているようなお客さまには,「何をお探しですか」などと声を掛け,次に話をするきっかけ(タイミング)をつかむ,などがある。
⑤ 本項の「要点整理」から,**感じのよいお客さま応対は,絶え間ない気遣い,気働き(想像力)と,観察力の結晶**にほかならないことを再確認しておいてください。

Column
お客さまに心から共感する

慎み深さが応対の心を表現する

　お客さま応対は本当に難しい。特にお客さまが，尽きせぬ悲しみの思いを抱きながら，仏事の相談で来店してきたとき。
　さて，あなたならどのような応対をするでしょうか。

　お客さまが接客を受け，その締めとして，「ありがとうございました。またよろしくお願いします」といわれたらどうだろう。心配りの行き届いた接客であれば，わるい気はしない。
　しかし，サービスの種類によっては，「またよろしくお願いします」といってはいけないことがある。結婚や仏事に関わるサービスである。結婚式や披露宴，葬儀でそう挨拶されたらどうだろう。
　サービスするほうとしては，ついウッカリですませても，お客さまはキズつく。
　当然，こういったブライダルや仏事に関するサービスのプロとなれば，「また」という言葉は厳禁である。
　伊勢丹でいえばギフト営業部が担当している。香典返しを中心に仏事を担当している女性は，この道20年近いベテランだ。
　ふつう，お客さまのお宅を訪問し，焼香を上げさせてもらってから打ち合わせに入る。しかし，中には伊勢丹に，直接，いらっしゃることもある。仏事担当になりたての頃，そういう例があった。ご主人を亡くされた女性の娘さんの発案だという。実際に品物を見，手にとりながら打ち合わせしたかったのだ。
　その際，ご主人に先立たれた女性はサロンでお客さま用の椅子に3時間近く，じっと正座されていた。80歳ということだ。それから，数回お伺いして仏事をすませましたが，そのお客さまのためにどれくらい役立つことができたか，ずっと不安だった。
　それから10年の歳月が流れる。
　ある日，突然，その娘さんから電話が入った。お母さんが逝かれたのだ。その前に，「自分の死後のことは伊勢丹の○○さんにお任せするように」と，10年前の名刺を渡されたという。

つまり、10年間、まったく音沙汰なかったものの、その間、お客さまは、「自分の仏事を託すならこの人」と思ってくれていたということではないか。10年間、名刺を大切に持っていてくれたということだ。
　なぜ、わずか数回会い、仏事のサービスをしただけで、10年もの間、全幅の信頼をおきつづけてくれたのだろう。
　ありきたりの心配りではこうはいかない。二、三年すれば信頼感は日常の細々したことの中で色褪せていく。ここまで心配りし、行き届いた対応をしてくれるのか、という驚きがあったにちがいない。
　そうであっても、事務的になされたのであれば、五、六年するうちに色褪せる。
　その根底には夫に先立たれた女性の悲しみに対する共感があったはずだ。大きな共感をお客さまは感じとったにちがいない。労りの言葉を仰々しく並べるわけではない。むしろ、ありきたりの言葉を短く伝える。言葉や態度によって悲しみが飾り立てられ濁ることなく、悲しみに対する大きな共感がより鮮明になる。
　悲しみは人を孤独にする。悲しみが深いほど、閉塞感が強くなる。自分の生命がそこへ流れ込んでいくように感じる。そんな時、家族が悲しみを共有し、関係者が悲しみに共感してくれることによって、悲しみは悲しみのままでありながら、孤独な気持ちは薄らぐ。閉塞感は弱まる。生命に火がともされる。
　多くの人が悲しみを共有し共感してくれる中で、その女性は伊勢丹の担当者が、本当にまじり気なしで人間としての自然な心の動きとして、悲しみに大きく共感してくれたことを感じ取ったにちがいない。その共感にのっとりながら、舞台裏の役割に徹し、万事控え目に、しかも、思いもかけないほどのキメ細かさで対応してくれた。だから、その後一切、交流がなかったにもかかわらず、10年もの間、全幅の信頼をおきつづけてくれたのである。
　つまり、お客さまが大きな共感を覚えるおもてなしとして、次の三つの条件が整わなければならない、ということだ。
　一つは共感できる力である。そのためにはお客さまがどういう心の状態にあるのか、敏感に鋭く的確につかむ感性を磨いていなくてはならない。
　一つは感情が豊かであることだ。喜びや楽しみ、哀しみや怒りが勁（つよ）

く、かつ、多彩に生起することである。これは感情過多とはまったく次元が異なる。
　一つは、その共感を源としながら、具体的にどうおもてなししたらいいか、考え、実行する力だ。
　このうちの一つも欠けてはならない。
　感情が貧困では人間味がなくなる。ギスギスしてしまう。具体的なおもてなしも事務的な印象を与える。感性が鋭く的確でなければどんなに感情が豊かでも場違いな反応をしかねない。的を外れたおもてなしをしかねない。
　感性が鋭く的確であっても、具体的にどう心配りしおもてなしをするか工夫し実行できなければ、お客さまを大切に思う気持ちは溢れんばかりにあるのに、料理のメニューが極端に少なく、味も大味なシェフのようなものではないか。
　だから、感性、感情、創意工夫の三つがより大きく、より緊密に、よりバランスよく揃うことが必要だ。
　つまり、ワントゥワンマーケティングとは、マーケティングを超えた人間関係ができて初めて可能になる。
（国友隆一著『伊勢丹恋しくなるサービス』
　　　　　　　　　インデックス・コミュニケーションズ）

2 一般的なマナーを，十分発揮できる

　一般的なマナーを，十分に発揮できるとは，人間関係の基本を理解し，周囲への気遣い（配慮）が万全であるということです。これは，その場その時の雰囲気を壊さないという，いわば**全体への目配せ**です。その事例を，次の問題から見てみましょう。

事例研究②　一般的なマナーを，十分発揮できる　　case study

　和泉奈々が勤務する高級レストランにはドレスコードがあり，来店のお客さまには「ネクタイの着用」をお願いしている。そんなある日，和泉は後輩Kから，「店の都合だけで，お客さまにドレスコードを押し付けてよいものか，服装はお客さまの自由であるし，何より，そのようなことをお客さまに言うべきではないのではないか」と言われた。これに対して和泉は，①ドレスコードの必要性②ドレスコードは店側の都合ではなくお客さまのためにあること③ドレスコードは社会的マナー（良識）の反映であること，の三つの視点から説明しようと考えた。もし，あなたが和泉なら，これをどのように説明をしていくか。箇条書きで三つ答えなさい。

　　（注）ドレスコードとは，パーティーや高級レストランなどにおける服装の規則（ルール）のこと。

事例解説　　instructions

▍考え方のポイント

　設問に挙げた三つの視点を，項目として立て，それに従って説明をしていけばよいでしょう。このとき，論理が整合するように心掛けてください。

①ドレスコードの必要性

　華やかなパーティーや高級レストランに，ノーネクタイのシャツにブルゾンを羽織って出掛けていったらどうなるか。間違いなく，**「空気が読めない人」**と揶揄されてしまうだろう。他のお客さまはきちんとした服装でいるのに，一人だけラフなスタイルをしていては**全体との釣り合いが取れない**からだ。これではその場の雰囲気を壊してしまうし，周囲の人を不快にしてしまうだけだ。ここに，ドレスコードの必要性がある。まずは，このようなことから考えていけばよいでしょう。

＊外出する際は，誰でも服を着替える。このような視点から考えを進めてもよい（『ガイド３』から「身だしなみの基本」P.23）。

②ドレスコードは店側の都合ではなく，お客さまのためにある

従って，ドレスコードは店側の都合で決められているのではなく，**全てのお客さまが快適に過ごしてもらうためにある**。このように論理を展開していけばよいでしょう。

③ドレスコードは社会的マナー（良識）の反映である

ドレスコードの趣旨は，お客さまが快適に過ごしてもらうためにあるが，その底に流れているのは**社会的マナー（良識）**である。周囲の人に**迷惑を掛けない，互いに気遣う・思いやる**，などがそうである。**レストランは公共の場**であるから，マナーを守るのは当然のこと。これが，良識のある態度である。こう結論づけていけばよいでしょう。

社会生活を快適に送るための潤滑油，それが**良識を背景にしたマナー**であるというわけです。

では，以上のことを踏まえて箇条書きでまとめてみてください。これが，「**一般的なマナーを，十分発揮できる**」ための基本です。

▌ドレスコードの存在理由

①ドレスコードの必要性

華やかなパーティーや高級レストランには，皆，盛装して出掛ける。日常とは別世界の華やいだ雰囲気で食事や会話を楽しみたいからだ。そこに，ノーネクタイでラフな服装のお客さまが来たらどうなるか。それまでの楽しいひとときが一変し，お客さまは興ざめしてしまうだろう。このようなことが起こらないようにするために決められたルールがドレスコードである。これは，全てお客さまのためであり，ドレスコードの必要性もここにある。

②ドレスコードは店側の都合ではなく，お客さまのためにある

従って，ドレスコードは店側の都合で決められているのではなく，全てのお客さまが快適なひとときを過ごしてもらうために存在しているものだ。そして，これはお客さまの意思でもあるといってよいだろう。このドレスコードによって，互いが不快にならずに華やいだ雰囲気で食事や会話を楽しむことができるからである。

③ドレスコードは社会的マナー（良識）の反映である

社会的マナーの基本は，周囲の人に迷惑を掛けない，互いに気遣う，思いやる，ということである。レストランも公共の場なのだから，ドレスコードというマナーを守って良識ある態度をとる必要がある。その意味で，ドレスコードは社会的マナー（良識）の反映であるといえるだろう。

> ＊記述の仕方は，ポイントを押さえて書けばそれで十分。文章力は問わない。「考え方のポイント」で示したような書き方でも構わない。
> ＊「一般的なマナー」の基本は，周囲に迷惑を掛けないことである（他者への気遣い）。そして，このことに基づいて適切に行動をとることができる。これが，1級としてのベストな考え方。

要点整理　　　　　　　　　　　　　　　the main point

■ 一般的なマナーを，十分発揮することができる

マナーとは人や社会に迷惑を掛けないため，長きにわたって培われてきた知恵の結晶であり文化です。そして，その根本にあるものが，自分が嫌がること，不快に思うようなことは，他人にもしないということです。「己の欲せざる所を、人に施すこと勿れ」（吉川幸次郎著『論語（下）』朝日選書）というわけです。出題の意図もここにあります。

■ 出題の視点

検定問題では，事例研究②に見られるように，一般的マナーの根本を踏まえた出題が中心になります。そして，この考え方を押さえておけば，検定問題には十分に対応できるでしょう。

■ 確認事項

① 『ガイド３』の「一般的なマナーを心得ている」（P.82〜P.84）から，その基本を確認してください。

> ＊テーブルマナーの「根底には、まわりにいる人たちとの調和が、企図されている」（田崎真也著『接待の一流』光文社新書）ということを，認識しておくこと。1級の視点として重要。
> ＊レストランで，とあるお客さまがバナナの皮をむいてそのままかぶりつき，周りのお客さまから顰蹙を買ったそうだ。越川禮子さんの『商人道「江戸しぐさ」の知恵袋』（講談社＋α新書）には，「実芭蕉（バナナのこと）は江戸っ子の大好物で、ふだんは皮をむいて、中身を包丁で切っ

て箸で食べた。実をかじるのはネズミやリス、サルのすることで、人間のすることではないと考えていた」とある。この一つ一つの丁寧さがマナー全般を洗練させる基本になるのであろう。

②『ガイド2』の「一般的なマナーを発揮できる」（P.81～P.84）から，その対処の仕方を確認しておいてください。

＊「伝統や格式を重んじるホテルは接客・接遇そのものを『商品』としている。このため、その接遇マナーは他の業界でも見習う点が多く、最近は銀行、ゴルフ場、パチンコ店など様々な業界が、ホテルマンを社員講師に迎えている」（『読売新聞』から「職場のマナー学」）。

＊また，「ザ・リッツ・カールトンホテル」では，「リッツカールトン研修」を開講。そのサービス・ノウハウを公開している。トヨタ自動車では「170名のGM全員にリッツカールトン研修を課した」（『頂点のサービスへようこそ』講談社セオリーブックス）という。

③次のコラムから，一般的なマナーの根底にある**「思いやりの心（慈愛）」**を再確認してください。**「良識（社会性）」**です。そして，これがあって初めてマナーを発揮することができます。しかも心底から。1級として重要な視点です。

Column

マナーは思いやりの心から

身なりを整える気遣い

　田崎真也さんは「ドレスコード」について，こんなエピソードを紹介しています。ある超高級店での話です。

　そこは、かなりドレスアップしてでかけてもおかしくないフレンチでした。タキシード姿の男性やドレス姿の女性も珍しくない、華やかな雰囲気の店です。

　ところがそんな雰囲気のなか、一つのテーブルのカップルがあまりにもカジュアルな服装で驚きました。男性はTシャツにカジュアルなパンツ姿。女性も彼と似たり寄ったりです。それでいて二人は10万円以上する超高級ワインを飲んでいる。非常にチグハグで滑稽な図でした。

　とくに女性の気持ちが華やぐのは、ドレスアップしたときです。気

合いの入ったファッションとヘアメイクで、日常から離れた高級レストランなどの空間にでかけるなら、男性も女性の雰囲気に合わせて、タキシードを着るなりお洒落をして、エスコートすべきです。

　ドレスアップしたカップルが集まるようなレストランであれば、店がドレスコードを指定しようがしまいが、自分のモラルで服装を考えて店に行くべきです。それが大人の判断です。

（中略）

　明らかにTシャツのカップルは周囲と調和がとれていないのですが、おそらく彼らにとってレストランは公共の場ではなく、二人の世界なのでしょう。ですから、まったく周囲の目を気にしようともしない。そして、だれよりも高価なワインを飲んでやっているんだという自負もある。

　ヨーロッパの高級店にカジュアルな洋服ででかけると、断られはしなくても、ほかのお客様から見えない、非常に悪いテーブルに案内されるはずです。

（中略）

　なぜ、スーツを着てネクタイをしめて、高級店にいくのか？　それは、非日常的な空間に身をおいて、皆が華やかで優雅な時間をすごすためです。そこに集う全員が一定のルールをもってドレスアップしないと、その時間が台無しになるので、互いに気遣うということなのです。

　これが本来のドレスコードの意味であり、目的です。

（田崎真也著『接待の一流』光文社新書）

　そして、田崎さんは「公共スペースであるレストランでのマナーは、周囲に迷惑をかけないことが第一です。もっといえば、一緒に行った相手だけでなく、周囲の人にも快適な印象を与えることが大切です」（前掲書）と語っています。

●

譲り譲られる気配り

　マナーを考える上で、**譲り譲られる気配り**も重要です。江戸しぐさ語りべの会の越川禮子さんは、こう語ります。

　優先席でなくても、お年寄りや、体の不自由な人が前にいらしたらさっと席を譲る、たまにそんな若い人を見ると「かっこいい」と思い

ます。願わくは、譲られた方は素直にその好意を受けて欲しいのです。せっかく勇を鼓してどうぞと譲った小学生に、「次、降りるから」とにべもなく断らないでください。「ありがとう」と言って座り、降りるときにもまた「ありがとう」と言えばいいじゃありませんか。あのはずかしさと失望の入り交じった少年の複雑な表情が忘れられません。

（越川禮子著『暮らしうるおう江戸しぐさ』朝日新聞社）

＊『絵で見る 明治・大正礼儀作法事典』（綿抜豊昭・陶智子編著，柏書房）には，公衆の礼法や日常の礼法，訪問などの礼法，授受の礼法，食事の礼法（和洋），茶や花などに関する礼法など，数多くの事例が挿絵付きで紹介されている。

例えば，乗り物の事例（乗車中）では，「電車内では正しく着席する」「車中ではステッキや傘の持ち方に注意」「座席は譲り合うこと」「席を譲られたときは会釈するなどして感謝の意を示すこと」「少年でも，幼少の子どもには席を譲る」「座席に荷物を置いたり，横になってはいけない」「電車内では腰掛けている人が立っている人の荷物を持ってあげるのが好ましい」「見苦しい服装や雨に濡れた服装で他人の衣服を汚したりしないこと」「他人の容貌を盗み見したり冷笑したりしないこと」などがある。

同書には，明治以降に取り入れられた礼儀マナーもあるが，その根底には，日本文化の伝統に根ざした「礼儀の心（思いやり）」の原形と，社会生活における「規範意識の高さ」がうかがえる。

なお，編著者は「描かれる多くの人が帽子をかぶっていることが注目される」と解説している。当時は，外出する際，帽子をかぶることがマナーの一つであったのだろうか。そして，ホテルのロビーなどで，男性が女性と擦れ違うときなどは，帽子を揚げてあいさつしたという。もちろん，全くの他人であってもである。「等しく対するのが礼法の本位」というわけだ。

●

マナーとデリカシー

　小泉信三さんの『平生の心がけ』から，その随想の一部を紹介しましょう。人に恥をかかせないための心遣いです。

　何時か外国の雑誌でこういう写真を見た。
　イギリスの、たしかバッキンガム宮の園遊会か何かの折りの場面であった。広い庭園の中の道路を、多数の着飾った男女が、長く続いて参入するところである。一人の、やはり客の一人と見える婦人が、脳

貧血でも起したのか、路傍に倒れている。同行者、また係員と覚ぼしき二三人の者が、それを介抱している。こういう晴れの場での、この不時の出来事に、当人は勿論、同行のものの困惑は、察するに余りある。ところが、その前を通過する多くの男女が、誰れ一人その方を見向いているものがない。それがハッキリ写真で分る。編集者も、特にこういう場合のイギリス人の訓練を認めたのであろう。説明書きに、その事に注意を促す文言があった。

　これがデリカシイというものであろう。

　デリカシイという名詞の本であるデリケエトという形容詞は、繊細とか微妙とかの意味があり、デリカシイは、かくあることを意味するのであるが、それから進んで、人の当惑や赤面に対する心遣い、人を当惑させず、赤面させず、赤面するような場面に臨んでは、赤面する人の方を見向かぬというような、平生の心がけを指していう言葉ともなった。人前で倒れている婦人の方を振り向かないのは、何も冷淡で不親切だからではない。自分がその身になって見れば、こういう場合、一人でも人に見て貰いたくない。人も同様見られたくないに極まっているから、その方を見ない。よし見ても見ない振りをする。これが文明社会の人の当然の心づかいである。この心づかいの欠けた行為が、即ち心なき振舞といわれるものである。心なき振舞という適切な言葉があるのをもって見れば、日本の社会も、嘗てそういう心がけを尚んだのであろう。それが今は屡々忘れられているように見える。

（中略）

　昔、故穂積重遠君がロンドン滞在中の或る日、公園で可愛らしい子供とすれ違った。あまり可愛らしいので後を振り向いたら、その子供も珍しい東洋人に振り向いた。母親がいきなりその子の耳を引っ張って、顔を向け直させたのを見て、こっちが恥じた、ということが、同君の著書の何処かに書いてあった。

　見たいものを振り向いて見て何が悪い、というものもあろう。また、流石にイギリスの母親は感心だ、というものもあろう。私は後者の一人であり、そうして、自分と同じ考えの人が多くなることを願っていることをここに記したい。

（小泉信三著『平生の心がけ』講談社学術文庫）

いかがでしたでしょうか。
　人に不快な思いをさせないための**気遣い**。親切にしてくれた人の厚意を素直に受ける**篤実さ**。そして，相手に恥ずかしい思いをさせないための**心遣いと配慮**。この**三つの心**が一つになって「**思いやり**」という**名のマナー**が生まれます。そして，サービス接遇検定では，この三位一体の心を重要視しています。伝統ある文化の一つでもあるマナー（礼儀）こそが，「**思いやる心**」**を**育んでいくと考えているからです。

3 接遇者としてのマナーを,十分発揮することができる

　一般的なマナーの基本は,周囲の人に迷惑を掛けない,互いに気遣う,思いやる,ということでした。ここでは,その基本を踏まえて,さらに接遇者ならではのマナーが発揮できるかどうかを問うています。それを,次の事例から検討してみましょう。

事例研究③　接遇者としてのマナーを,十分発揮することができる　case study

　料理店のスタッフ秋葉良子が来店したY氏を迎えたところ,「今日は私の部下にもここの味を知ってもらいたいと思って,わざわざ連れてきたよ」と言われた。見ると,時々来店してくれるK氏だったが,K氏は秋葉の顔を見ても何も言わない。このような場合秋葉は,Y氏とK氏にどのように対応するのがよいか。箇条書きで三つ答えなさい。

事例解説　　　　　　　　　　　　　　　　　　　　　　　　instructions

▌考え方のポイント

　設問にあるY氏とK氏への対応を項目として立て,それに従って説明をしていけばよいでしょう。このとき,Y氏とK氏の心理分析を試みながら考えてみてください。

①Y氏への対応

　Y氏がわざわざ部下を連れてきたのは,自分だけが知っているなじみの店を部下に教えるという得意な気持ちがあるからだろう。一方,K氏は秋葉の顔を見ても何も言わない。何も言わないということは,Y氏（上司）の立場を察してほしいということなのだろう。ではどうするか。Y氏に,部下を連れてきてもらったことへのお礼の言葉を言うのが,接遇者としての対応ではないか。まずは,このようなことから考えていけばよいでしょう。

　　＊「隠し事はいけない」などと考えないこと。これはY氏を不快にさせないための「愛想」である。

②K氏への対応

　秋葉が「いらっしゃいませ,K様」と,親しくあいさつをしたらどうなるか。Y氏の面目は丸つぶれだろう。従ってK氏には,初めて見えた

お客さまに対するように「ようこそおいでくださいました」などとあいさつするのが無難。その場の雰囲気を壊さないことが肝心だからだ。このように話を展開していけばよいでしょう。

> ＊「あら，Ｙ様とＫ様は同じ会社だったのですね。存じませんでしたわ」などとは言わないこと。もっての外である。

③注文を取る

設問は「箇条書きで三つ答えよ」とあるので，もう一つ考えていかなければなりません。さて，あなたが秋葉なら，この後どのように対応していきますか。そうです。席に案内して注文を取りますね。この場面をイメージしながら考えていけばよいでしょう。そして，この場合も，部下を連れてきたＹ氏を立て，Ｙ氏に注文を尋ねて決めてもらうようにするべきだろうなどと，結論づけていけばよいでしょう。

> ＊このとき，「今日は，Ｋ様大好物のカツオのたたきがありますが，いかがなさいますか」などと，野暮な物言いはしない。

では，以上のことを踏まえて箇条書きでまとめてみてください。これが，**「接遇者としてのマナーを，十分発揮することができる」ための基本**です。

■お客さまを立てた応対

①Ｙ氏への対応
Ｙ氏には，Ｋ氏が時々来店していることには触れずに，部下を連れてきてもらったことに礼の言葉を言う。

②Ｋ氏への対応
Ｋ氏には，「ようこそおいでくださいました」などとあいさつし，普段来てもらっていることは触れないようにする。

③注文を取る
出す料理や酒などについては，Ｙ氏に尋ねて決めてもらうようにする。

> ＊記述の仕方は，ポイントを押さえて書けばそれで十分。文章力は問わない。「考え方のポイント」で示したような書き表し方でもよい。
>
> ＊「私の部下にもここの味を知ってもらいたいと思って」と言うＫ氏の体面を考えながら全体をまとめていくこと。

要点整理

■接遇者としてのマナーを，十分発揮することができる

　マナーとは，気遣いであり思いやりです。この裏付けがあって初めて「接遇者としてのマナー」が発揮できます。お客さまが店に見えたときの状況などから，その雰囲気を察し適切に対応する。これが楽しい会食のひとときを演出する第一歩です。そして，その雰囲気を壊すことなく帰路に就いてもらう。その意味で**接遇者としてのマナーとは，人間関係の理解であり，対人心理の理解であり，配慮である**というわけです。そして，このことを十分にわきまえていれば，接遇者としてのマナーを，十分発揮することができるというわけです。出題の意図もここにあります。

> ＊部下であるK氏も上司を立て，「とてもおいしくいただきました。ありがとうございます」と言うに違いない。これが大人の交際であり礼儀である。

■出題の視点

　検定問題では，事例研究③のほか，**「接待場面での応対」**などが出題されています。それを，次の事例から見てみましょう。

▶得意客とその接待客への応対

> 得意客Mと，Mが仕事上で接待するDの二人の席に就いたスタッフは，MとDにどのように応対するのがよいか（料理店のケース）。

●考え方のポイント

　接待客Dへの応対と得意客Mへの応対の二つに分け，その応対の仕方を幾つか考えていく。

①**接待客Dへの応対**

　料理店にとってMは得意客だが，この場合は，**M側になってDを接待するのが料理店としての立場**になろう。であれば，主客として好みを尋ね，お酒はDを主にしてMより先に勧めるなどした方がよいだろう。また，Dの優れているところなどを探して，Mの前で褒めるなどしてもよいのではないか。Dへの応対は，このように考えていく。

②**得意客Mへの応対**

　Mは得意客ではあるが，Dの前で，特に親しげに接することは避けた

方がよいだろう。Dだけ仲間外れにされたような雰囲気になってしまうからだ。従って，この場はDを主に接待し，Mを得意客として扱うのは別の機会にするべきだろう。Mへの応対はこのように考えていく。

● 得意客とその接待客への応対
  ① 接待客Dへの応対
  ◆ 主客として好みを尋ねる，酒を勧めるなどは，Dを主にしてMより先にする。
  ◆ Dの優れているところ特別なところを探して，Mの前で褒める。
    ＊「対人心理」でも述べたが，褒められて悪い気はしない。そして，ここから，Dの話題を中心に宴席の場を盛り上げていく。褒める対象には，服装や着こなしのセンス，話の仕方など多々ある。
  ② 得意客Mへの応対
  ◆ 得意客ではあるが，Dの前で，得意客であるという特別な扱いや接し方はしない。
  ◆ Mが得意客であるという扱いや礼は，Dが帰った後，または別の機会にする。
    ＊設問で，「箇条書きで二つずつ答えなさい」とある場合は，以上の項目から二つずつ記述していけばよい。また，「考え方のポイント」で挙げたような書き方でもよい。
    ＊銀行の例として，「特別なお客さまへの丁寧な応対の仕方を書け」なども出題されているが，この場合は，①特別なお客さまだから，事務的な応対はせず，お客さまに特別な客と意識してもらえるような丁寧な応対をする②座っていてもあいさつは立ってする。座って話すときも，お客さまより立場は下と感じられるような話し方をする③机上で書類をやりとりするにも両手でする。話すときもこちらからの一方的な言い方はせず，常に伺いを立てるような言い方にする，などと記述していけばよい。

確認事項

① 『ガイド3』の「接遇者としてのマナーを心得ている」（P.85〜P.88）から，その基本心得を確認してください。
② 『ガイド2』の「接遇者としてのマナーを，発揮することができる」（P.85〜P.87）から，その対処の仕方を確認しておいてください。
③ 一般的なマナーに裏付けられたもの，それが接遇者としてのマナーです。そして，その根底にあるのは思いやりと気遣いです。この基盤なくしてマナーは成り立ちません。このことを，本項から再確認してください。重要な事項です。

Column

粋なソムリエ

テイスティングのマナーを知らないお客さま

　上前淳一郎さんの『読むクスリ』から、ちょっと粋なソムリエの話を紹介しましょう。タイトルは「ソムリエの機転」です。

　ソムリエ、ってわかりますね。／ちょっと高級なフランス料理店で、客にワインの注文を聞いたり、すすめたりする係のことだ。／ワインについて深く広い知識を必要とする、誇り高い職業とされる。／そのソムリエの重要な仕事の一つに、ホスト・テイスティングの切り回しがある。／「このワインを」／と注文したテーブルのホストに、持ってきたボトルのラベルを見せ、コルク栓を抜き、まずホストのグラスに少量のワインを注ぐ。／「どうぞ味見をしてください」／というわけだ。／「ところが、あるテーブルのホストが、テイスティングのマナーを知らず、少量のワインが注がれたグラスを前に、ポカンとしていました。／と日本能率協会コンサルティングＣＳ経営事業部のコンサルタント、江渡康裕さん（30歳）。そのテーブルでは、さる会社の部長とその部下が、取引先の幹部たちを接待していた。／大事な取引先との、ちょっとかしこまった席なので、部下も、／「部長、味見するんですよ」／とはいいにくい。

　まして取引先は、部長に恥をかかせるようなことをいうはずがない。／「さあ、あなたがソムリエなら、この場をどうしますか」／「味見してください」／あるいは、／「テイスティングはなさいませんか」／とうながすのも、一つの正解だ。／ふつうホスト・テイスティングは無言で進めていくが、ホストが味見してくれなければ次の段階へ行けないので、こういう場合には声をかけるソムリエが多いだろう。／「しかし、この部長はテイスティングを知らないのです。知らない客にやらせようとしても、当惑するだけでしょう。部長にますます恥をかかせることにもなります」／そのソムリエは、しばらく間を置いただけで、黙ったままあたかもそれが当然であるかのように、取引先の幹部たちのグラスになみなみとワインを注ぎ始めた。／続いて部長と部下のグラスにも。／「じゃ、このプロジェクトの成功を祈っ

て、乾杯！」／部長はグラスを持ち上げて機嫌よくいい、先方もそれに和して、席にはなごやかな会話が飛び交いだした。／「このソムリエの行動は、満点です」／マニュアルにはきっと、ホスト・テイスティングをすませてから、順に客のグラスにワインを注いでいくこと、と書いてあるだろう。

　その手順がきちんと踏めなければ、ソムリエとして失格といわれかねない。／「しかし、現実のレストラン内では、マニュアルに書いてないことがしばしば起きます。そのときどうするかは、知識では解決できません。知恵が必要になってくるのです」／このソムリエには、経験に裏打ちされた知恵があった。／だから、あえてマニュアルを無視して、何食わぬ顔で全員のグラスにワインを注ぎ、気まずい雰囲気になるのを防いだのだ。／「このソムリエは一流です。こういう人がいる店は繁盛しますね。いえ、フランス料理店に限った話ではありませんよ」

（上前淳一郎著『読むクスリ』文藝春秋）

Column

粋なウエイター

左手にナイフ，右手にフォーク

　では，もう一つ「**接遇者ならではの対応**」を江澤博己さんの『接客サービスの達人』から紹介しましょう。「お客様に喜んでいただくための『理屈』はマニュアルより大切」という話です。

　ナイフ＆フォークのセッティングは、ご存知のように、お客さまの右側にナイフ、左側にフォークを置くのが基本。肉料理でも魚料理でも右手のナイフで切り、左手のフォークで口に運ぶのが西洋料理の食事マナーだからです。

　もちろん、どんなお客さまにサービスするときも、このセッティングは変わりません。しかし、お客さまによってはナイフは右、フォークは左というセッティングでは使い勝手がよくないということもあるのです。おわかりですか？

「利き腕の違いかなぁ？」

　正解。ナイフは右、フォークは左というセッティングは、お客さまが「右利き」だということを前提にしています。ですから、「左利き」のお客さまにはどうも使いにくい。実際、左利きのお客さまはナイフを左手、フォークを右手にもって（もち替えて）食事をされていることが多いものです。

　さて、ここからが問題です。最初に出した料理をお客さまがナイフを左手、フォークを右手にもって召し上がっていたとしたら、次に出す料理のためのナイフ＆フォークをどうセッティングしますか？

「テーブルセッティングの基本を守ることはサービスする側の決まりごとだから、やっぱりナイフ右、フォーク左にすべきじゃないか」

　たしかに、サービスは基本を守ることが大切です。基本ができていないサービスはお客さまを満足させることはできません。このケースで、基本どおりにナイフを右、フォークを左に置いたとしても、お客さまがそれを逆にもち替えるのに手間がかかってしかたがないということもないでしょう。

　また、お客さまからナイフ＆フォークの置き方にクレームがつくと

いうことも、まず考えられません。
「だったら、基本どおりでいいわけだな」
　わたしの考え方はこうです。基本どおりがいけないということはありません。しかし、お客さまが左利きであることがわかっているなら、ナイフ＆フォークのセッティングを逆にするのが、より心配りのあるサービスではないか。
「お客さま、ナイフはこちらに置かせていただいたほうがよろしいでしょうか？」
　さりげなく言葉をかけ、ナイフを左側、フォークを右側に置く。逆に持ち替えるのが面倒だと感じていたお客さまは、瞬時にその心配りの意味を理解されるでしょうし、無意識に持ち替えていたお客さまも、ほどなく、
「えっ、ナイフを左側に？……そうか、わたしが左利きだから、そのほうが使いやすいだろうと考えてくれたんだな」
　と気づくに違いありません。そのとき、お客さまが感じるのは、もち替えるわずかな手間を省いてくれたということだけでしょうか？わたしはそうではない、と思っています。自分がゲストとして大切に扱われているという感覚をお客さまはもつはずです。
　ナイフ＆フォークをもち替えたという、ちょっとした所作を見逃さず、自分の使い勝手がいいように置き換えてくれた。その心配りは必ず、お客さまの心にひびき、印象深く残ります。
　それまでどんなレストランに行っても、一度もそんなサービスを受けた体験がないというお客さまなら、印象がさらに深いものとなることは疑いを入れません。サプライズの「**印象点**」は高い。
　サービスする側にとっては、基本どおりに置くのも逆に置くのも「労力」としては同じです。しかし、お客さまに与える印象は決定的に違います。前者は「まぁ、ふつうのサービスの店」と受け止められるのに対して、後者は「お客さま一人ひとりに目配りをし、ふさわしい心配りをしてくれる店」と受け止められるのです。
　同じ労力を使いながら、こうした印象度の差が生まれるのがサービスの楽しさであり、また怖さでもあります。

（江澤博己著『接客サービスの達人』大和出版）
＊この事例は、林田さんの著書でも紹介されている。そこで林

田さんはこう語る。「こうしたちょっとした心配りでも、左利きのお客様はいままで感じられなかったスムーズさに、感動なさるかもしれません。／担当のウェイターとまったく会話をしていなかったとしても、心の中で『自分のことをきちんと見ていてくれたんだな』と思い、心地よく食事を楽しんでいただけるでしょう。／こういったサービスは、お客様をきちんと観察し、それぞれのお客様のお役に立とういう意識があれば、誰にでもすぐにできることです。／そして、そうした小さなサービスでも、お客様に感動を与えることはできるのです。／小さな気づきを積み重ね、それをみんなで共有することができれば、個人で行っていた感動サービスが、お店にいるすべての従業員に広がります。／すると、お客様に『あのお店はサービスがよくて、気持ちがいい』と感じていただけるようになります。それがチェーン全体、系列のお店などに拡大して、サービスの質が向上していくのです」（林田正光著『伝説ホテルマンだけが知っている！サービスで小さな奇跡を起こす方法』ダイヤモンド社）。

3 話し方

① 接遇用語を知っている。
② 接遇者としての高度な話し方ができる。
③ 提示，説明，説得ができる。

1 接遇用語を知っている

ここでは，事業体の「格を考えての丁寧な言葉遣い」の実践力が問われます。それを次の事例から検討してみましょう。

事例研究① 接遇用語を知っている　　case study

観光ホテル勤務の小田みどりは支配人から，お客さまに対して丁寧な言葉遣いができるように，従業員に指導してもらいたいと言われた。このような場合，次のことの言い方をどのように教えたらよいか。その言葉を答えなさい。

(1) よく来てくれました。

(2) 今案内しますので，少し待ってください。

(3) 荷物を持ちます。

(4) これに名前を書いてください。

(5) 飲み物は何にしますか。

(6) 時間までゆっくりしてください。

(7) 用があれば，何でも言ってください。

事例解説

■考え方のポイント

　ここは,「ホテルの格を考えた丁寧さ」の視点から考えていけばよいでしょう。

①訂正個所を探す

　探すポイントは,**普段の言葉遣いをしている箇所**です。そして,その箇所にアンダーラインを引いていきます。その一例が「今案内しますので, 少し待ってください」になります。このように, チェックしていけばよいでしょう。

　　　＊全てに下線を引く場合も出てくる。言葉の一つ一つをよく吟味すること。
　　　＊なお,設問の言葉遣いが「よく来てくれた」「今案内するから少し待ってくれ」などとなる場合もあるが,解答の仕方は同じ。

②丁寧な言葉遣いに直す

　丁寧な言葉遣いには,**丁寧な言葉遣いとしての調子（格）**があります。このことを念頭に置いて,「ただ今ご案内いたしますので, 少々お待ちください（ませ）」などのように, 書き改めていきます。

　　　＊丁寧な言葉の調子とは,「今」を「ただ今」などように言い改める（整える）ことをいう。

　では,以上の要領で7つの問題を, 丁寧な言葉遣いに直してみてください。これが,次項の**「接遇者としての高度な話し方ができる」ための基本**にもなります。

■お客さまを意識した丁寧な言葉遣い

（1）ようこそお越しくださいました。
（2）ただ今ご案内いたしますので, 少々お待ちください（ませ）。
（3）お荷物をお持ちいたします。
（4）こちらにお名前をお書きください（ませ）。
（5）お飲み物は何になさいますか。
（6）お時間までごゆっくりおくつろぎください（ませ）。
（7）ご用がおありでしたら, 何なりとお申し付けください（ませ）。

＊丁寧な言葉遣いとしての調子を崩さないように記述していくこと。
＊設問にある言葉遣いと対応させながら記述していくと，冗長にならずにスマートに記述できる。
＊(1)は「いらっしゃませ」などでもよいが，設問との対応からすると，解答例の方が1級としてベストな書き方になる。

要点整理　the main point

▌接遇用語を知っている

　接遇用語は，接遇者としての丁寧さ（配慮と気遣い）を表す基本です。そして，この基本が備わっていれば，次項で解説する「接遇者としての話し方」が的確にできるようになります。用語の正しい理解があって初めて，**「心のある話し方」**が成立するからです。そして，これができれば，後輩への丁寧な言葉遣いの指導もできます。出題の意図もここにあります。

＊1級では「言葉遣いの指導能力」も大切。接遇用語を知り，言葉を適切に使うことができて初めて，スタッフに指導できるからである。このとき，接遇者ならではの配慮ある言葉遣いを全体の印象（模範）として示すことができれば完璧である。もう一つの出題の意図がここにある。

▌出題の視点

　検定問題では，事例研究①に見られるように，接遇用語に書き改める形式が中心になりますが，次の「確認事項」を押さえておけば，この記述問題には十分対応できるでしょう。

▌確認事項

①『ガイド3』の「接遇用語を知っている」（P.89～P.93）から，丁寧な言葉遣いを確認してください。接遇用語とともに，その用例を示しています。

②『ガイド2』の「接遇用語を知っている」（P.88～P.91）から，「接遇用語の根底には，配慮と気遣いがある」ことを確認しておいてください。

③次の事例から**「言葉には格がある」**ことを確認してください。

　　奇妙に感じる「さんづけ」がある。書店のサイン会告知だ。「＊＊書店，＊月＊日より，＊＊さんサイン会」。うっかりすると「＊＊先生」と

さえなっている。確かに、書店にとってサインをする人物（著者）は、敬語を使うべき相手だろう。しかし、サイン会のお客である読者にとっては、出版社・書店・著者三者まとめて「売る側」だ。ゆえに、読者に対する告知で、同じ売る側の身内に「さん」だの「先生」だのつけるのは、いかがなものか。／最近新聞に載った東京の大型書店8店のサイン会告知をサンプルとして切り取ってあるのだが、これを見る限り、著者名に「さん・先生」をつけていないのはわずか3店。有隣堂さん、青山ブックセンターさん、ジュンク堂さん。……しまった、書店に「さん」をつけてしまった。

（太田直子著『字幕屋は銀幕の片隅で日本語が変だと叫ぶ』光文社新書）

④次の接遇用語から「店の格を考えた丁寧な言葉遣い」を確認してください。

接遇用語のアンソロジー
はい，何でございましょうか。
いかがなさいましたか。
どちらへおいでですか。
お待ち合わせでいらっしゃいますか。
こちらでお待ちくださいませんか。
いつもごひいきにあずかりありがとうございます。
ご自由にご覧くださいませ。
ご希望の品はお決まりになりましたか（お目当てのお品はございましたでしょうか）。
お気に召したものはございますか。
どなたかに差し上げるものですか。ご進物でございますか。
お買い上げいただきありがとうございます。
またのご来店をお待ちいたしております。
ご予約はいただいておりますでしょうか。
どちらへご連絡を差し上げれば（すれば）よろしいでしょうか。
ただ今お調べいたしますので，少々お待ちくださいませ。
お席へご案内いたしますのでこちらへどうぞ。

＊接遇用語は，全領域にわたって示されている。これを，『ガイド』と『実問題集』などから確認しておくのもよい。語彙が確実に広がる。
＊接遇用語を身に付けるには，その文例を音読するに限る。これで，基本的な敬語の使い方も身に付く。
＊接遇用語を，「しょせんは決まり文句だろう」と決め付けないこと。その背景には対人関係への深い配慮と心遣いの意味があることを認識すること。これは，サービス接遇の先達がお客さま応対の中で，努力し作り上げてきた，いわば接遇用語のアンソロジー（佳句集）である（次項の「接遇者としての話し方」も同様）。

Column

接遇の言葉に心を込めて

言葉のセンスを磨く

　接遇の言葉は、配慮と気遣いがあって初めて、お客さまの心に響きます。そして、そのためには日々の言葉の点検も必要です。もちろん、「わずか一言であっても」です。そんなホテルマンの実践事例を紹介しましょう。

　ホテルニューオータニのマニュアルをめくると、そこに接遇用語がいくつか記されている。「いらっしゃいませ」「ありがとうございました」「かしこまりました」「少々お待ちくださいませ」「恐れ入りますが」「申し訳ございません」といった言葉だ。
　さらに、それぞれの用語には言い替えの表現がいくつか示されている。
　「今日はご利用いただきまして、ありがとうございました」
　「今日はお越しくださいまして、ありがとうございました」
　「ありがとうございました」という言葉一つとっても、その場に応じて使い方が異なる。宿泊されているお客様なのか、それとも食事をされているお客様なのか、現在の時間帯にふさわしい言い方はどちらか。こうした点を考慮し、臨機応変に判断する。
　わずか一言であっても、その重みは大きい。場面を考慮しない物言い、心の込もらない言い方は厳禁だ。
　また、常に正しい言葉、美しい言葉を再確認し、言葉の陳腐化も防

いでいく。ホテルニューオータニでは、ホテルマンが集まり、定期的に「正しい言葉遣い」をテーマにして討論し合う。
「〜させていただきます」
「お荷物は大丈夫ですか」
「〇〇様でございますか」
　謙譲語は、自分がへりくだり、相手を敬う気持ちを込めて用いるが、その分、必要以上に使い過ぎる傾向があり、「使い勝手のいい敬語」になる恐れがある。
　通常は、「お荷物をお持ちいたしましょうか」が適切だろう。お客様の荷物を気遣うときは「大丈夫ですか」と言うべきかもしれないが、状況によって判断する必要がある。それに、「〇〇様でございますか」は間違いであり、「〇〇様でいらっしゃいますか」が正しい。
　こうした話し合いを数多く設け、言葉のセンスをより磨き上げていく。それは、言葉に対する気遣いの診断と言い替えてもいい。
(小山薫堂監修，ＨＲＳ総合研究所編著『サービスの「正体」』
　　　　　　　　　　　　　　　　　　　　すばる舎リンケージ)

2 接遇者としての高度な話し方ができる

既に述べたように，接遇者としての話し方とは，接遇用語を基本にした丁寧な話し方のことをいいます。話し方といっても**問われるのは，用語ではなく表現される気遣い**です。では，その表現される気遣いを，次の二つの事例から検討してみましょう。

事例研究②-1　接遇者としての高度な話し方ができる　case study

レストランのスタッフ北条恵子は後輩に，「スタッフはいつもお客さまの気持ちを考えて言葉を掛けることが必要」と言ったところ，次のような場合はどのように言うのがよいかと聞かれた。それぞれどのように言うのがよいか，その言葉を答えなさい。

(1) 誰かを探しているように店内を見回しているお客さまに

(2) 頼んだ料理はまだかと催促されたお客さまに料理を出すとき

(3) わざわざ来たが，満席なのであきらめて帰ろうとするお客さまに

事例解説②-1　instructions

■ 考え方のポイント

①誰かを探しているように店内を見回しているお客さまに

誰でもそうだが，約束している相手が見つからないと不安になる。広い場所ならなおさらだ。このような場合は，そのお客さまの気持ちを慮って「待ち合わせですか。その人を呼び出しますか」などと，優しく声を掛けていかなければならないだろう。まずはこのように考えていくとよいでしょう。

＊お客さまが困っている様子だったら，スピーディーに対応すること。これが気遣い。
＊接遇用語を用いて丁寧に言い表すこと。

②頼んだ料理はまだかと催促されたお客さまに料理を出すとき

催促されていたのだから，例えば「お待たせいたしました。スモーク

チキンとフルーツトマトのパスタでございます」などと事務的な言い方ではいけないだろう。ここは、「待たせてしまって本当に申し訳ない」という気遣いを添えた謝罪の言葉が必要になる。このように段取りをしていけばよいでしょう。

　　　　　＊催促されていたのだから，このことを気に掛けての言葉遣いが必要。

③わざわざ来たが，満席なのであきらめて帰ろうとするお客さまに

　店の評判を聞き付けての来店かもしれない。いずれにせよ，ここはせっかく来てくれたお客さまであることを意識した丁寧な応対が必要になるのではないか。例えば「わざわざ来店してくれたのに，満席で申し訳ない。これに懲りずに次回ぜひ来店してくれ。待っている」などはどうだろうか。このように考えていけばよいでしょう。これで，「わざわざ来てくれたお客さまに対する気遣いを表すこともできます。

　では，以上のことをまとめてみてください。

お客さまを気遣った丁寧な言葉遣い

（1）どなたかをお探しでいらっしゃいますか。
　　　どなたかとお待ち合わせでいらっしゃいますか。
（2）大変お待たせをいたしまして申し訳ございませんでした。
（3）せっかくお越しくださいましたのに，満席で本当に申し訳ございません。これに懲りずに次回よろしくお願いいたします。当店は，水曜日なら比較的お席に余裕がございます。ぜひ，ご来店くださいませ。お待ちいたしております。

　　　　＊丁寧な言葉遣いとしての調子を崩さないように記述していくこと。
　　　　＊（3）は，「わざわざご来店いただきましたのに申し訳ございません。次回のご来店をお待ちいたしております」などでもよい。

要点整理　　　　　　　　　　　　　　　　　　　　　the main point

接遇者としての高度な話し方ができる

　お客さまの心理を十分に理解し，その気持ちにかなった気遣いを話の仕方と言葉遣いに表すことができる。これが接遇者としての話し方です。
　例えば（3）の事例。「**せっかくお越しいただきましたのに**」と，お客さまをいたわった言い方をし，「**申し訳ございません**」と，期待に応えるこ

とができなかった非礼をわびることができる。そして、**「水曜日なら比較的お席に余裕がございます」**などの気遣いを示し、お客さまを大切にしている気持ちを伝えることができる。そうです。これがプロの接遇者としての気遣いのある話し方であり、出題の意図もここにあります。

> ＊例えば、混雑時のピークが過ぎるまで、あと１時間近くある店に来たお客さまの場合。このとき、スタッフはお客さまにどう対応するか。近くに書店などがあればそれを伝える。そして、「お時間近くになりましたら、お客さまの携帯電話にご連絡いたしましょうか」などと言う。これも気遣いのある応対。もちろん、並んでいなければ店に入れない場合は、また別の対応が必要になる。

出題の視点

検定問題では、事例研究②－１にある通り、「誰かを探しているように店内を見回しているお客さまに」どのように言うのがよいか、という形式で出題されています。次の「接遇者としての気遣いある話し方」から、その言葉遣いの根底にある気遣いの一つ一つを確認しておいてください。第一の視点です。

接遇者としての気遣いある話し方
銀行の事例
窓口を探しているらしいお客さまに
「ご案内いたしますが、どのようなご用件でしょうか」
ＡＴＭの操作に慣れていないので心配だというお客さまに
「お手伝いいたしますので、いつでもお声を掛けてください」
多くの人が待っているとき、順番札を取ろうとするお客さまに
「だいぶお待ちいただくことになると思いますが、よろしいでしょうか」

レストランの事例
グループで入ってきて、どこに座ろうかと店内を見回しているお客さまに
「いらっしゃいませ。どのような席がよろしいでしょうか」
お客さまに呼ばれていく途中、他のお客さまから呼ばれたときそのお客さまに
「すぐに伺いに参ります。申し訳ありません」

飲み物の注文を受け，料理の注文をしようとしながら決まらないでいるお客さまに
「どうぞごゆっくりお選びくださいませ。お飲み物を先にお持ちいたします」
禁煙席で，たばこを吸おうとしているお客さまに
「お客さま，こちらは禁煙席でございます。申し訳ございません，喫煙席にご案内させていただきますがよろしいでしょうか」

確認事項

① 『ガイド3』の「接遇者としての基本的な話し方が理解できる」（P.94～P.99）から，丁寧な言葉遣いの基本事例を確認しておいてください。
② 『ガイド2』の「接遇者としての話し方ができる」（P.92～P.101）から，その基本を確認してください。「愛想のある話し方」「セールストーク」「アナウンスの仕方」の三つのキーワードで解説しています。
③ 『ガイド準1』のコラム（P.67～P.68）から，「気遣いのある話し方」を確認してください。ここでは「マンダリン オリエンタル 東京」の事例を紹介しています。「少々，お待ちいただいても**よろしいでしょうか**」という言い方に代表される言葉遣いです。そして，これが，お客さまを第一に考えた話の仕方です。
④ 接遇者には，心地よく響く言い表し方や優しく柔らかな物の言い方が大切ですが，その言い方に表現されるのは気遣いです。このことを肝に銘じてください。重要なスキルとマインドです。

事例研究②-2　接遇者としての高度な話し方ができる　　case study

　ビジネスホテルのスタッフ星野彩子は後輩たちに，お客さまに対する言葉遣いは，お客さまの気持ちを酌んで丁寧にすることと指導したところ，次のような場合はどのように言うのがよいかと質問された。この場合の「　」内のことはどのように答えるのがよいか，答えなさい。

（1）明日は朝早く出たいというお客さまに，「よければモーニングコールをすることもできるが」

(2) 近くにイタリア料理の店があるはずだがと尋ねられ,「分からないので, ○○で聞いてもらいたい」

(3) チェックアウトのとき隣室がうるさかったと言われ,「連絡してくれれば行ったのに。不愉快なことですみませんでした」

事例解説②-2　instructions

■ 考え方のポイント

　ここは,前項の「接遇用語を知っている」で述べたポイントに従って考えていけばよいでしょう。なお,ここで留意すべきことは,設問にもある**お客さまの気持ちを酌んだ（気遣いのある）言葉遣い**です。その代表例が,「モーニングコールを承ります」ではなく,お客さまに伺いを立てるように,「モーニングコールを承りますが,**いかがでしょうか**」というものです。もちろん,全てがこのような言い方になるとは限りませんが,重要なキーワードの一つであることは間違いないでしょう。
　では,以上の要領で三つの課題を,気遣いのある丁寧な言葉遣いに直してみてください。

■ お客さまの気持ちを酌んだ丁寧な言葉遣い

（1）「よろしければモーニングコールを承りますが,いかがでしょうか（いかがなさいますか）」

（2）「私どもでは分かりかねます。恐れ入りますが,○○でお尋ねいただけますでしょうか」

（3）「ご連絡をくださればお伺いいたしましたのに。ご不快な思いを掛けて申し訳ありませんでした（ございませんでした）」

　　　＊記述する際の条件は整っているので,一つ一つ丁寧に書き表していくこと。
　　　＊丁寧な言葉遣いとしての調子を崩さないように記述していくこと。
　　　＊接遇用語を適切に用いて（基本に置いて）記述していくこと。

要点整理

■ 接遇者としての高度な話し方ができる

②－1で述べたように，「お客さまの気持ちを十分に理解し，その気持ちにかなった気遣いを話の仕方と言葉遣いに表すことができる」。これが接遇者としての話し方として重要なことです。

例えば（1）の事例。「**よろしければ**モーニングコールを**承りますが**」と，お客さまの都合を尋ねる言い方をし，「**いかがでしょうか（いかがなさいますか）**」と，押し付けがましくならないような言い方をする。そして，この言葉遣いから，「どうもありがとう。それではお願いするとしよう。よろしく頼むよ」と，お客さまから気遣いへの感謝の言葉ももらえる。これがサービス接遇者としての気遣いのある話し方であり，出題の意図もここにあります。

　　　　＊「よろしければ～でしょうか」は，表現された気遣いの一例。
　　　　＊『ガイド3』のコラム「二度目のモーニングコール」（P.19）を参照のこと。モーニングコールの役割などについて紹介している（帝国ホテルの事例）。

■ 出題の視点

検定問題は，事例研究②－2に見られるように，普段の言葉遣いを「接遇者としての話し方」に書き改める記述形式になります。次の「接遇者としての気遣いある話し方」から，その言葉遣いの根底にある気遣いの一つ一つを確認しておいてください。第二の視点です。

　　　　＊従って，「接遇者としての高度な話し方ができる」では，事例研究②－1と事例研究②－2の二つの形式での出題が中心になる。

接遇者としての気遣いある話し方
ホテルの事例
　　予約したい日にちと相手の名前
　「ご予約のご希望日とお名前をお聞かせいただけませんでしょうか」
　　当日参加する人数とレストランの利用の有無
　「当日ご参加なさる人数と，レストランのご利用についてお聞かせいただけますでしょうか」
　　予約金をもらうことになっているが，請求書は送った方がよいか
　「ご予約金を頂くことになっておりますが，請求書をお送りした方が

よろしいでしょうか」
贈答品売り場の事例
　よければ品選びの相談を受けるがどうか。
　「お差支えなければ（よろしければ），お品選びのご相談をお受けいたしますが，いかがでしょうか」
　これはどの家でも喜ばれている，うちのオリジナル品だ。
　「こちらはどのご家庭でも喜ばれております，当店のオリジナル商品でございます」
　今の時期は混んでいるので，届けるまで2週間ぐらいもらっている。
　「ただ今の時期は混雑しておりますので，お届けまで2週間ほどちょうだいいたしております」

確認事項

①前出②－1の「確認事項」（①〜④）を再確認しておいてください。
②過去に，「A子は店長から，K子の窓口応対には**丁寧さ**が感じられない，君から注意しておいてくれと言われた。A子はどのようなことを注意すればよいか」などが出題されています。次にその対応例を示しておきます。これは，**話をする際の基本**を問うているもので，次項の「提示，説明，説得」にも関連する基本事項です。

◆窓口での丁寧さというのは，自分の都合だけで事務処理をするのではなく，お客さまに合わせてすること。
◆例えば，お客さまから尋ねられたことを説明するときは，お客さまが理解されたかどうかを確かめながらすること。
◆言葉遣いは，敬語などに注意することはもちろんだが，言い方の柔らかさなどにも注意すること。
◆丁寧さは，例えば記入用紙などの受け渡しのときの動作にも表れるので，受け取り方，渡し方がいいかげんにならないように注意すること。

Column

丁寧な言葉遣いは，相手を尊重する心から

スタッフ同士でも丁寧な言葉遣いをする

　接遇者としての話し方を身に付けるための基本には、どのようなものがあるのでしょうか。その一つを、林田正光さんの『ホスピタリティの教科書』から見てみましょう。

　あなたが現場のリーダーだとします。部下の一人が、お客様の見えるところでミスをしたとします。このようなとき、普段どう注意していますか。
「バカ、しっかりしろ！」
と荒々しく命令口調で言うのだけは、避けたほうがいいと思います。
　あなたが普段お客様に丁寧な言葉で話していればいるほど、それを聞いたお客様はショックを受けるからです。
「私にはあんなに親切なのに……。部下には厳しいのね。何だかこの店、居心地悪い」となってしまうからです。
　もしあなたに家庭があって、家族がよくケンカをしているとしたら、どう思いますか。「なんだかこの家、居心地悪い」となり、おのずと帰宅する時間が遅くなるのではないでしょうか。サービス業も同じことで、部下に注意する仕方ひとつで、お客様がお店に寄りつかなくなってしまう可能性があるのです。
　では、どのように注意すればいいのでしょうか。
「どうしたんですか。気をつけてくださいね」
と、敬語で注意するのです。注意を受けた部下も気分を悪くしませんし、お客様も居心地が悪くありません。
　敬語はお店の基本です。注意するときだけでなく、お客様の前で従業員同士がする会話は、すべて敬語が基本です。マナーのなっていないお店というのは、従業員同士が普段話している言葉がそのまま、お客様の目の前で出てくるものです。
　たとえば、あなたがアパレル店で働いているとします。お客様から、店の奥に陳列してあるスカートを見たいと言われ、そこには部下がいたので、頼みました。

「ちょっと、そのスカート取ってくれ」
　極端ですが、これを聞いたお客様はどのように感じられるでしょうか。気に入って自分が購入するかもしれないスカートなのに、言葉ひとつで自分のものがいい加減に扱われている気がしてしまうのではないでしょうか。
　従業員同士の上下関係というのは、お客様にはまったく関係のないことです。

　　　　　　　（林田正光著『ホスピタリティの教科書』あさ出版）

●

　いかがでしょうか。
　この事例から、「接遇者としての話し方」を身に付ける基本は、自分の周りにいる全ての人を尊重して接することが、何より大切であることが分かります。そして、この気持ちが心底あれば、おのずと誰に対しても丁寧な言葉遣いになることも分かります。何せ、心と言葉は一体なのですから。
　もちろん、誰に対しても言葉遣いを丁寧にして、この言葉遣いから人を気遣う心を育むこともできるでしょう。「心は形を求め、形は心を促す」からです。

　　＊心は形を求め、形は心を促すとは、「形を学ぶことによって、その形の背後にある心を知り、それを通じて自分の心を耕していくことができる。耕された心は、さらに形を深めていくことになる」（木村尚三郎著『作法の時代』ＰＨＰ研究所）ということ。
　　＊言葉遣いやあいさつを形式だけで捉えるのではなく、その背景にある対人関係への深い配慮と心遣い（意味）にまで、考えを及ぼす必要があるということ。

3 提示，説明，説得ができる

お客さまの要望をきちんと聞き，その上でそのお客さまに見合う商品を勧めることができる。それを問うているのが次の事例です。

事例研究③　提示，説明，説得ができる　　　case study

紳士服売り場のスタッフ近藤啓介は後輩たちに，「お客さまに勧めるときは，お客さまに見合う商品を勧めるように」と言ったところ，次のような場合はどのようにするのがよいかと質問された。それぞれ箇条書きで二つずつ答えなさい。

(1) 夫婦での来店客に

(2) 就職で必要になったという学生に

事例解説　　　instructions

■考え方のポイント

設問にある夫婦での来店客と学生への対応を項目として立て，それに従って説明をしていけばよいでしょう。さて，あなたなら，どのような勧め方をイメージするでしょうか。

①夫婦での来店客に

　奥さま同伴での来店です。もうお分かりですね。奥さまが一緒ということは，スーツを選ぶ際に，奥さまの影響が大きいということです。従って，ここは奥さまの意見も聞きながら勧めていくのがポイントだろう。まずはこのように考えていけばよいでしょう。

　そして，希望を尋ねながらスーツを選んでいくわけだが，このとき，手持ちのものとは重ならない方がよいのではないか，などと言いながら勧めていく。このようにまとめていけばよいでしょう。

　　　＊夫婦での品選びとなると，二人の納得が一つの納得という面があるので夫人の同意も得た方がよいということである。また，新調なのだから手持ちのものとは重ならない方がよいことになる。もちろん，今までのものと似たような傾向を選ぶ場合もあるが，それはご夫婦次第。

3 ■ 話し方　　173

②就職で必要になったという学生に

　社会人になっての初めてのスーツは，ダーク系の物から選んだ方が無難。通勤だけでなく，冠婚葬祭など着られる範囲が広いからだ。まずはこのような勧め方を考えていけばよいでしょう。

　そして，お客さまは学生で若いのだから，流行に合わせた方が新鮮な感じがしてよい，などとまとめていけばよいでしょう。

> ＊学生の就職用の新調なので，多目的対応の服がよいことになる。また，若い人は流行に合わせた方が，新鮮な感じがするのでよいということである。そして，これがお客さまに見合った商品の勧め方。

　では，以上のことを踏まえて，それぞれ二つずつ箇条書きでまとめてみてください。このときの視点は，言うまでもなく**「お客さまに見合った商品の勧め方」**です。

■ お客さまに見合った商品の勧め方

（1）　夫婦での来店客に
　①勧めるときは，夫人にも尋ねたり同意を得るようにする。
　②希望を尋ねながら勧めるが，手持ちのスーツと同じような色・型にならないようにする。

（2）　就職で必要になったという学生に
　①ダークカラーの方が，着られる範囲が広いのでよいと勧める。
　②若い人向けに流行の型があるので，特に好みがなければその方がよいと勧める。

> ＊記述の仕方は，ポイントを押さえて書けばそれで十分。文章力は問わない。「考え方のポイント」で示したような書き表し方でもよい。
> ＊お客さまに見合った商品を紹介するには，お客さまの一般的な特性を知らなければならない。その特性に基づいて質問をして，ニーズに合った品を勧めることになる。さまざまなお客さまに，そのお客さまに合わせて対応できるのがプロというわけである。そして，この視点から記述できれば1級としてベストな解答になる。

要点整理　　　　　　　　　　　　　　the main point

■ 提示，説明，説得ができる

　説得は，提示と説明がお客さまの心にきちんと届いたとき，初めてその

効果を発揮します。その意味で，提示，説明，説得は三位一体となった一連の接遇行動とでもいえるでしょう。だからこそ，**「一生懸命に、お客様の気持ちや気分を理解して一生懸命に対応する」**（加納光著『あなたから買いたい』日報出版）ことが大切なのです。丁寧な商品提示と商品説明です。そして，お客さまに心から納得してもらう。これが説得でありセールストークです。出題の意図もここにあります。

では，「販売は，お客さまのことを一生懸命理解することから始まる」その実例を一つ。新人へのアドバイスから始まるストーリーです。

「〇〇ちゃん。あのね、今日の接客良くないわ。
あなた、順番を勘違いしているんじゃないかしら…
確かに売上を上げなきゃいけないって責任感は認めるわよ。
ただね…。お客さんって、あなたから買った後に仲良しにはならないの。
仲良しになったあなただから買い物もして良いと思うのよ。
あなたが一生懸命に、そのお客さんを理解する。
売るとか買うとかの前に何か役に立てることを探すの。
心配するとか一緒によろこぶとか…。そのお礼がお買い物なのよ。
あのね、売ろう！売ろう！ってリキンでも売れないのよ。
さっきも結局、私から買うってことになっちゃったでしょう？」
私が話を聞き終わって立ち上がると達人は私に目配せをした。これは、その子にではなく私に聞かせたかった話だったのだろうと思った。

（加納光著『あなたから買いたい』日報出版）

▍出題の視点

検定問題は，事例研究③のほか，案内の仕方全般が出題されています。次の事例から，それを確認しておいてください。1級の視点として重要な事例です。

デパートの総合案内の事例
売り場を尋ねられたとき
- ◆売り場を尋ねられたときは，階数や場所を教えるだけでなく，より近くにあるエレベーターやエスカレーターの場所も教えるようにする。
- ◆品物の売り場を尋ねられたときは，売り場を答えるだけでなく，そ

の品を扱っているかどうかをその場で問い合わせてあげるようにする。
◆教えられて行ってみたが，売り場が分からないというお客さまには，少し待ってもらって売り場に連絡し，迎えに来てもらうようにする。
　　＊お客さまは，分かればそれで済むというわけではない。尋ねたことに関連するいろいろなことがある。売り場に行くなら経路，品ならその品が確実にあるかなど，それらについても一緒に答え切ることが，お客さまの身になって答えるということになる（尋ねられたことにただ答えるだけではいけない）。これがプロならではの親身になった提示の仕方であり説明の仕方。

▌確認事項

①『ガイド3』の「提示，説明の仕方が理解できる」（P.100〜P.101）から，その基本を確認しておいてください。
②『ガイド2』の「提示，説明ができる」（P.102〜P.105）から，「提示，説明」と「セールストーク」，そして「愛想」について，その認識を深めておいてください。そして，ここから「話し方に心をプラスさせる方法」，普通を超えた新しいサービスの在り方を研究してください。
③『ガイド2』の「接遇者としての話し方ができる」（P.92〜P.101）と前項の「接遇者としての高度な話し方ができる」（P.164〜P.170）を確認してください。「提示，説明」と組み合わされて出題される場合もあります。相互に関連している内容だからです。

Column

フォローサービス

リピーターを多く獲得するために

　フォローサービスとは何か。初めて店にお見えになったお客さまに，もう一度，来店してもらうための販売スキルです。それを，林田正光さんの『サービスで小さな奇跡を起こす方法』から見てみましょう。

　たとえば、美容室を例に考えてみましょう。あるお客様が、美容室にいらして、満足してお帰りになったとしても、それで満足してはい

けません。

電話やFAXで、
「その後はいかがでしょうか。どこか、お気に召さない点はございませんか？」
とフォローの連絡を入れるのです。

あなたは、美容室では新しい髪型に満足していたのに、家に帰って鏡を見てみたら、どうもしっくりこないという経験をされたことはありませんか。特に女性の方なら、一度や二度はそういった経験があるのではないでしょうか。

そんなことがあれば、その美容室には二度と行かないと思うのです。気になるところがあるから、もう一度同じ美容室に行って直してもらうという人は、めったにいないでしょう。

美容室からのフォローがまったくなければ、そのお客様にリピーターになっていただける可能性は、残念ながらゼロでしょう。

でも、もし美容室からお客様にフォローの電話をかけて、
「その後いかがですか？気になるところはございませんか？」
と聞いてみたら、「ちょっと、自分でも似合っているかどうかわからないんですよね」などと、本音の部分を聞かせていただけるかもしれません。

そのとき、
「よかったら、お時間がよろしいときに、もう一度お越しください。無料で調整させていただきますよ」
と伝えれば、再度来店していただける可能性は高まります。

そして、もう一度お越しいただいた際、満足いただける調整ができれば、そのお客様にリピーターとなっていただけるかもしれません。

こういった話をすると、いちいち無料で調整なんてしていたら、店側が損をしてしまうじゃないか、と考える人もいるでしょう。

しかし、そうとも限りません。美容室のようにガラス張りの店舗には、お客様が入っているということも大きな宣伝の一つになります。

店の前を通る人たちに「流行っているな」と思われれば、新規のお客様を増やすきっかけにもなります。

フォローには、もう一つ大きな役割があります。

それは、普段、満足していただいているお客様へのフォローです。満足されているお客様へのフォローと言うとあまりピンとこない方も多いと思いますが、ここにも大きな意味があります。

そもそも、満足されているお客様は、サービスの余韻を感じられているものです。いい映画を観た後に、その世界にしばらく浸っているように、「おいしい料理だったなぁ」とか、「親切にしてもらったなぁ」とか、「気に入った髪型にしてもらえてよかった」など、何かしらの余韻が続いているものです。

そこにフォローの連絡があると、この余韻の期間を引き延ばす効果があります。

ところが、ショップやレストランなどで、24時間以内にフォローサービスを行っているところは、とても少ないのが現実です。

おいしい料理を食べて、楽しい時間をすごした翌日に、電話やメール、FAXなどで、

「**昨日は、お越しいただきまして、本当にありがとうございました。私たちの料理はいかがでしたか？　何かお気づきの点がございましたら、何なりとお伝えくださいませ。それでは、またのお越しを心からお待ちしております**」

というフォローサービスがあったらどうでしょうか。

改めて、その店の料理や雰囲気を思い出していただけるのではないでしょうか。それだけでなく、フォローサービスによって、さらに印象が強くなり、再度お越しいただく可能性も高まるでしょう。

(林田正光著『伝説ホテルマンだけが知っている！サービスで小さな奇跡を起こす方法』ダイヤモンド社)

●

もう一つのフォローサービス

化粧品メーカーから、デパートへ派遣されてきた販売スタッフの話です。そして、加納さんは、このスタッフを「本当にカッコイイ」と言います。その実例を、『あなたから買いたい』から見てみましょう。

1階の化粧品売場。メーカーからの派遣でこられている達人。この人はお客さんの顔は絶対に忘れない。絶対の記憶力…そして、いつごろ何を買ったかをいちいち覚えている。

何度かお越しになってお買い物をされたお客さんの名前も、フルネームで覚えてしまっているという凄い人だった。天性の記憶力という才能もあるのだろう。
　化粧品売場を偵察で巡回していた時のことだった。コーナーの横を通りかかったお客さんがいた。その時、
「あらぁ！　○○さま。先日のクレンジングはどうですか？」と、達人の声がした。お客様は立ち止まり達人のほうを見て
「ありがとう。良いみたいです。ごめんね。今日はちょっと急いでいるから…」
「あら、ごめんなさい。お急ぎのところ…。何かお気づきのことがありましたら、また教えてくださいね」
という会話をしていた。そこに別のお客さんが通りかかった。
「あらぁ！　△△さま。ありがとう。シャドウの色お似合いね」
「ありがとう。この色、評判良いのよ…。おかげさま。また…」
「はい。何か足りなくなりましたら、またお寄りくださいませ。」
そこに別のお客さんが通りかかった。
「◇◇さん！　お探しのものは見つかりました？」
「ありがとう。あった！　あった！　教えてもらった通り４階に…」
　ものの10分で８人の人に声をかけた達人…。達人は少ししてカウンターの中に入り書類を引っ張り出した。私が近寄ったことに気づかない。そのとき「ちくしょう！」と達人の小さな声が聞こえた。「そうよ…☆☆さんよ！　私、頭悪いなあ」とつぶやくなり私に気がついた。
　達人はカルテを見てお客さんの名前を一生懸命覚えていた。一生懸命な姿を見られた達人は、はずかしそうな顔をした。その姿を見て、本当にカッコイイと思った。

　　　　　　　　　　　　（加納光著『あなたから買いたい』日報出版）

4 服装

① 接遇者としての適切な服装ができる。

1 接遇者としての適切な服装ができる

　接遇者としての適切な服装とは，**店舗や会社の格を意識した服装**のことです。そして，1級では，その意義とそれによる効果とは何かを問うています。次の事例を見てください。

事例研究① 接遇者としての適切な服装ができる　case study

　デパートでパートスタッフの教育を担当している前川れい子が，スタッフに（1）ユニホームを着て勤務すること。（2）身だしなみに注意することと指導したところ，なぜ，ユニホームを着て勤務しないといけないのか。なぜ身だしなみに注意しないといけないのかと質問された。このような場合，前川はどのように答えるのがよいか。それぞれに箇条書きで二つ答えなさい。

事例解説　instructions

考え方のポイント

　設問にあるスタッフの質問二つを項目として立て，それに従って検討していけばよいでしょう。さて，あなたなら，スタッフにどのような答え方をするでしょうか。

①なぜユニホームを着るのか

　ユニホームとは「制服」のこと。そして，制服はお客さまを迎える（もてなす）ための「盛服」でもある。これによって**清潔感と爽やかさ，凛とした態度を演出し，デパートのイメージアップ**を図る。まずは，このように考えていけばよいでしょう。

　なぜユニホームを着用するのか。そのもう一つの理由は，**社員同士に一体感**が生まれるからではないか。同じ制服を着ることによって，**心を一つにして仕事ができる**からだ。そう考えていけばよいでしょう。

＊「ニューオータニでは制服のことを『コスチューム』と呼ぶ。／もてなしの気持ちの表れの一つとして、きちんとコスチュームを身につけ、清潔感あふれる身だしなみでいることは、当然のこと」だからだ。（小山薫堂監修『サービスの「正体」』すばる舎リンケージ）

②なぜ身だしなみに注意しないといけないのか

　身だしなみとは，服装などの身なりや言葉遣い，態度，振る舞いを整えること。では，第一の注意点は何か。スタッフは，服装を整え，丁寧な言葉遣いと感じのよい態度，振る舞いなどで，お客さまに好印象を与えなければいけないからだ。そう，考えてみるとどうでしょうか。

　第二の注意点は，これによって，お客さまに快適に心地よく買い物をしてもらわなければならないからだ。ここは，このように展開していけばよいでしょう。

＊橋本保雄さん（ホテルオークラ顧問）の『感動を創るホスピタリティ』（ゴマブックス）によると，「オークラ独特の髪型」があるという。ホテル業界でも有名な「オークラカット」である。男性の基本は七・三分け（10余りの型がある）。女性は髪をリボン（色も決めてある）でまとめているそうだ。服装も同様だ。男性は「黒のスーツと縞のズボンというヨーロッパスタイル」。女性は「矢がすり，麻の葉模様の和服」。これによって，「すがすがしさ」と「爽やかさ」を，表そうとしているわけだ。ちなみに，同ホテルではこの服装を「ユニフォームと言わずに，コスチューム（衣装）」と呼んでいるそうだ。「ホテルマンは自分自身を，動く商品であると意識しなくてはならない。そのための演出として美しく身を包むもの」だからである。

　では，以上のことを踏まえて，それぞれ二つずつ箇条書きでまとめてみてください。ここでの記述のポイントは，「感じの良いお客さま応対をするための身だしなみ」です。

感じのよいお客さま応対

　（1）　なぜユニホームを着るのか
　　　①デパートのイメージアップのため。
　　　②社員（店員）が連帯意識を持って仕事ができるようにするため。
　（2）　なぜ身だしなみに注意しないといけないのか。
　　　①スタッフはお客さまによい印象を与えないといけないから。
　　　②お客さまが気持ちよく品選びができ，買い物ができるから。

＊記述の仕方は，ポイントを押さえて書けばそれで十分。文章力は問わない。「考え方のポイント」で示したような書き表し方でもよい。
＊解答例にある文末表現，「〜のため。」「〜から。」に注目。これが，質問に対する解答の書き表し方であり，1級としてベストな書き表し方。なお，このような質問形式での出題の場合は，最初に「〜できるようにするため。」「〜いけないから。」などの文を作り，その後で，「〜」の箇所にその理由を埋めていくと，スマートで簡潔な文になる（解答が導き出しやすくなる場合もある）。

要点整理　the main point

■ 接遇者としての適切な服装ができる

きちんとした服装（制服）は，言葉遣いや態度・振る舞いをきちんとしたものにします。これによって全体が調和してくるからです。そして，これが**「十分に満足してもらえるサービスを提供します」**という店側からの**メッセージ**になります。そのメッセージが，制服の**一糸乱れず整然とした統一感**に表れているわけです。そして，ここに**気品さ**を醸し出すことができればベストです。出題の意図もここにあります。

■ 出題の視点

検定問題では，事例研究①に見られるように，「接遇者としての適切な服装ができる」ことによる効果（意義）を中心に出題されています。この内容と次の「確認事項」を押さえておけば，検定問題には十分に対応できるでしょう。

■ 確認事項

①『ガイド3』（P.102〜P.104）と『ガイド2』（P.106〜P.108）の「接遇者としての適切な服装」から，その内容を再確認しておいてください。ここに，1級問題を記述する際の手掛かりがあります。
②「接遇者としての適切な服装」の基本は，「身だしなみ」と「清潔感」にあります。従って，この3項目を一連のものとして通読しておいてください。総合的な理解が得られます。特に，対人技能では，総合的に出題される場合もありますので，なおさらです。

　　　＊本項の「事例研究①」が，そのケース。「身だしなみ」を基本理解として，総合的に「接遇者としての服装」を問うている。また，本書の「清

潔感」で取り上げた制服着用の目的も同様である。

③『ガイド3』のコラム「ウェブサイトに載ったお客さまの声」(P.88)を再読してください。接遇者としての服装は，態度・振る舞いと密接不可分の関係にあることが分かります。またここから，**きちんとした服装は，接遇者らしい雰囲気を醸し出す第一歩**であることも確認してください。

V

実務技能

1 問題処理
2 環境整備
3 金品管理
4 金品搬送
5 社交業務

1 問題処理

① 問題処理について，効率よく対処できる。

1 問題処理について，効率よく対処できる

　問題処理には，苦情や問い合わせ，相談，要望などのほか，いろいろなケースがあります。それに対し，**効率よく対処できる実践実務能力**が1級では問われています。それを次の事例から見てみましょう。

事例研究① 問題処理について，効率よく対処できる　case study

　富田俊夫の勤務する菓子店にお客さまから，インターネットで注文した品物がまだ届かないという電話があった。調べてみると，台風で交通機関が乱れていて配送が止まっていた。今日から配送可能になったが，お客さまのところに品物が届くのは明後日の予定になるという。このような場合富田は，このお客さまにどのように対応するのがよいか。箇条書きで三つ答えなさい。

事例解説　instructions

考え方のポイント

①配送が遅れていることをわびる

　「品物がまだ届かない」という苦情の電話があった場合，担当スタッフは「さようでございましたか。ご迷惑をお掛けいたしまして大変申し訳ございません。至急お調べいたしますので，少々お待ちくださいませ」と，対応していくのが普通。そして，調べた結果（遅延理由と配送予定日）を申し訳ない気持ちとともに伝えていくことがスタッフの役割。まずは，このように考えていけばよいでしょう。

　　＊お客さまに対して，「インターネットで調べれば，今の配送状況が分かります」などと言わないこと。「届かない」と尋ねられているのは菓子店である。事情説明の責任が店側にあるということである。
　　＊「苦情を言われたときの基本的な対応」（『ガイド3』P.107～P.108）を参考に考えていけばよい。

② **お客さまへのお願い**

　さて，遅延の理由と配送予定日は伝えたが，でも，それだけでよいのだろうか。「申し訳ないが，明後日まで待ってもらえないか」と，お客さまに承諾を得る必要があるのではないか。このように考えを進めていけばよいでしょう。

　　＊「台風による交通機関の乱れだから，仕方がない」などと考えないこと。不可抗力の出来事であっても，待たされているのはお客さまだから，その気持ちを第一に考えて対応することが必要。

③ **待たせていることへの配慮**

　苦情の了承を得た後，「それではよろしくお願いいたします」と，対応していく場合もあるだろうが，しかし，お客さまは菓子が届くのを心待ちにしているのである。何かもうひとつ，お客さまへの配慮があってもよいのではないか。こう考えていきます。すると，明後日の配達時間帯を尋ねて，その時間に合わせる，届いた菓子にもし破損などの問題があったらすぐに取り換えるなど，気遣いのある言い方が思い浮かんできます。これによって，お客さまに，これ以上の不安や心配を掛けないで済みます。そして，ここには「いつでもお客さまのことを気に掛けている」メッセージがあります。

　さて，イメージできたでしょうか。

　　＊お客さまに，これ以上迷惑（心配）を掛けない気遣いこそが「問題処理について，効率よく対処できる」ための基本。

では，以上のことを踏まえて箇条書きでまとめてみてください。

効率のよい対処の仕方

①**品物の到着が遅れていて大変申し訳ないとわび，次のことを伝える。**
　　a．理由は，台風による交通機関の乱れであること。
　　b．今日発送できそうだが，お客さまの元に届くのは明後日の予定だということ。
②**明後日まで待ってもらいたいとお願いする。**
③**希望の配達時間帯を尋ね，その時間に合わせると言う。**

　いかがでしょうか。

解答例の他に,「届いた菓子にもし破損などがあったら遠慮なく言ってもらいたい,すぐに取り換えると言う」などもよいでしょう。

　　　　　＊記述の仕方は,ポイントを押さえて書けばそれで十分。文章力は問わない。
　　　　　＊解答例①のように,二つに分け簡潔にまとめていくことが1級としてベストだが,そのまま文章を続けて書いても構わない。
　　　　　＊お客さまのことを第一に考えながら全体をまとめていくこと。この積み重ねが,サービスマインドを醸成し,書き表し方(記述問題)にも好影響を及ぼす。

要点整理　　　　　　　　　　　　　　　　　　　　the main point

■問題処理について,効率よく対処できる

「お客さまに,これ以上の迷惑や心配を掛けません」。このメッセージをお客さまに伝えるための基本がスタッフの**気遣いのある対応**です。そして,これができて初めて効率よく対処できたということになります。出題の意図もここにあります。

■出題の視点

検定問題では,事例研究①のほか,お客さまからのさまざまな苦情や要望,トラブルなど,幾つかの視点から出題されています。それについては,次の「確認事項」を押さえておけば,検定問題には十分対応できるでしょう。なお,ここでは,過去に何度か出題された「万引防止を目的としたお客さま対応」について見てみましょう。

万引防止を目的としたお客さま対応
◆店内にお客さまが入ってきたら「いらっしゃいませ」と声を掛けて,お客さまの行動に関心を持っていることが分かるようにすること。
◆商品を手に取ったお客さまを見掛けたら,何かあったら気軽に尋ねてくれと誰ともなく言って,気に掛けていることを知らせるようにすること。
◆店内で商品を手にしているお客さまには,ごゆっくりどうぞと声を掛けて歩きながら,店内の様子に注意すること。
◆監視されていると見られないように,いつも柔和な表情をしていること。

＊万引が多ければ，スタッフは，万引防止のための注意や目配りが必要になる。基本的なことは，来店客に，スタッフに隙がないことを感じてもらうことであろう。
＊スタッフが現場にいて，お客さまの買い物を助けているような雰囲気があれば，万引を防ぐことができる。が，お客さまに目障りと感じられるようなやり方は避けなければならない。
＊「万引きを防ぐもっとも簡単な方法は，かならず店員から客に声をかけて，客の存在を認めることだそうだ。ウォルマートの創業者サム・ウォルトンの素朴な観察によれば，やさしそうな年輩の女性店員を雇ってお客に挨拶させれば，誰も盗みをはたらかないという」(パコ・アンダーヒル著，鈴木主税訳『なぜこの店で買ってしまうのか』早川書房)。
なお，ウォルマートは，アメリカに本部があるスーパーマーケットチェーンである。

確認事項

① 『ガイド3』の「問題処理」(P.106～P.113)から，その基本を確認しておいてください。特に，**「問題処理の基本」4項目**は重要です。
② 『ガイド2』の「問題処理」(P.110～P.119)から，その内容を確認しておいてください。
③ 『ガイド3』(P.48～P.53)と『ガイド2』(P.44～P.46)の「サービスの種類」から，応対の仕方を確認してください。問題を処理する上での基本的な考え方を解説しています。
④ 『ガイド3』(P.78～P.81)と『ガイド2』(P.75～P.80)から，「対人心理」と「顧客心理」の基本を確認してください。問題処理と顧客(対人)心理は密接不可分の関係にあるからです。
⑤ 『ガイド2』の「問題処理」(P.120～P.121)から，**掲示文**の書き表し方の基本を確認してください。1級ではこの形式を踏まえて出題されています。
では，過去に出題された**掲示文の模範文例**を次に紹介しておきます。丁寧さを旨としながら，効率よくスピーディーに作成(問題処理)していくためには，この模範文例を自家薬籠中の物とすることが一番だからです。そして，自家薬籠中の物とするには音読するに限る。これが，1級対策としてベストな方法です。文章力も身に付きます。

＊掲示文は，お客さまにお知らせ(案内)することが最大の目的である。従って，文体は丁寧さを旨としながらも，ここでは，簡潔な表現が求められてくる。出題の趣旨もここにある。

年末年始休業のお知らせ(料飲店のケース)

> お客様各位
> 　　　　　年末年始休業日のお知らせ
> 　毎々お引き立てをいただきありがとうございます。当店は，12月31日から1月5日まで休業させていただきます。
> 　なお，翌6日からは平常通り営業させていただきます。ご来店をお待ち申し上げております。
> 　　　　　　　　　　　　　　　　　　　　　　　店長敬白

＊「お客様各位」やタイトルの「年末年始休業日のお知らせ」などは，書く位置が決まっている(基本書式)。覚えておくこと。

＊全てはあいさつから始まる。これはサービススタッフの基本姿勢でもある。そして，あいさつは，営業を意識した「毎々お引き立てをいただき(まして)ありがとうございます」となる。より丁寧に言うなら，「毎々格別のお引き立てを賜り，厚く御礼申し上げます」となるが，この場合は文例通りでよい。なお，「毎々」は，「毎度」や「いつも」でもよい。

＊あいさつの後は，休業日を知らせる。

＊休業日を知らせた後は，6日から営業を始めることを知らせ，そして，来店を促す言葉で締める。これを書き表すことができて初めて，ベストな「休業のお知らせ」となる。なお，ビジネス文書には「またのご用命(注文)をお待ちいたしております」などの書き表し方があるが，その趣旨は同じ。お客さまへのお願いの言葉である。

＊「敬白(けいはく)」とは，「謹んで申し上げました」という意味。

＊模範文例から，丁寧な書き表し方を確認しておくこと。

携帯電話使用禁止のお願い（病院のケース）

> 　各位
> 　　　　　携帯電話の院内使用禁止のお願いについて
> 　携帯電話は，院内では医療機器に影響を与えますので，電源をお切り下さい（マナーモードも不可）。やむを得ずご使用の場合は，院外でお願いいたします。
> 　　　　　　　　　　　　　　　　　　　　　　　　　　院長

＊宛て名は「各位」だけでよい。院内にいるのは患者さまだけに限らないからである。

＊この場合，あいさつは不要。これは，内容的にもお願いしたいことを優先して書き表していく必要があるからである。だが，これは病院だからというわけではない。例えば，セルフサービスのガソリンスタンドで「当店では，お客さまサービスとして，車内清掃用の小型掃除機をご用意いたしました。他車の給油の邪魔にならない場所で，ご自由にお使いください。店主」などの掲示もある。

　要は，店側の都合で迷惑や不便を掛ける場合は，丁寧にあいさつから書く（「店舗の改装工事中の営業案内」や「臨時休業のお知らせ」など）。そして，社交性よりも実務的内容の通知を優先させる場合は，あいさつを省いて用件から入る，ということになる。もちろん，あいさつ文を書き入れた方がよい場合もあるだろうから，これはケースバイケースということになる。

＊サービススタッフは，掲示文の作成に限らず，お客さまにお礼の手紙を書いたり，得意客にＤＭ（個人宛ての案内状）を出したりしていかなければならない。問題処理である。このようなとき，「秋の新作を取りそろえました。○○様のお越しをお待ちいたしております」「○○様に秋の新作を先取りしていただきたいと，ご案内をいたしました」などのフレーズは，効率よく作成したい。

＊このようなとき，参考になるのが『ビジネス文書検定ガイド』である。ここで書き表し方の基本スキルを習得し，能力を発揮されたい。自己研鑽である。

Column

いろいろな問題処理

お客さまの勘違いによるクレーム処理

　お客さまのちょっとした勘違いよるクレームが起きました。さて、あなたならどのように対処していくでしょうか。勘違いであることを分かってもらうために、時間を掛けて丁寧に説明していきますか。「いや、そうではない」。そう語るサービスのプロフェッショナルがいます。その事例を、林田正光さんの『サービスで小さな奇跡を起こす方法』から紹介しましょう。

　お客様からクレームを受けるケースの中には、お客様の勘違いが原因で発生しているトラブルというのもあります。
　箱の表面に「二個入り」と書いてある商品を、お客さまが「三個入り」と勘違いして、「それなら最初から買わなかった」と言うこともあれば、デザートは付いているがドリンクは別料金と書いてあるのに、そのことに気づかずドリンクも無料だと勘違いされるケースもあるでしょう。
　そのほか、割引券の有効期限が切れているとか、小学生以下だけが対象となる割引を大人も同様だと思っているパターンなど、実に様々です。
　こちらのサービスに非がなくても、クレームとなれば、もちろん対応しなければなりません。
　この種のクレームについては、お客様に冷静になっていただき、勘違いであることをご理解いただこうと、じっくり説明するという対応をされる方も多いと思いますが、**江澤**さんの対応はちょっと違います。

　　　　お客様の勘違いによるクレームというのは、意外と多いものです。
　　　お客様に冷静になっていただいて、こちらがきちんとご説明すれば、勘違いに気づいていただくことも可能かもしれません。
　　　過去に私が対応させていただいたお客様の中にも、話の途中で勘違いに気づいて、謝られた方もいらっしゃいます。

そんなとき、
「いいんですよ。よくあることですから」
「お気持ちはよくわかりますよ」
などと、お客様より優位に立っているような言い方をときどき耳にしますが、これはよくないと思います。
お客様にバツの悪い思いをさせているのですから、サービスとしては大きな問題ではないでしょうか。
お客様の勘違いによるトラブルだったとしても、お客様に勘違いをさせてしまったこちらが悪いという姿勢が基本だと思います。
「誤解を招くような、あいまいな言い方をして申し訳ございませんでした」
「わかりにくい表記で、ご迷惑をおかけして申し訳ございませんでした」
「もっとはっきりとご案内しておくべきでした。大変失礼いたしました」
などと、こちらの非を詫びることが第一だと私は思います。
そうすると、お客様としても、「こっちが悪いのに、謝るなんてすごいな」と思っていただけたり、場合によっては「いやいや、もともとは俺が悪いんだから……」とおっしゃる方もいます。
どちらにしても、誤解をさせてしまう店側に問題がまったくないということはあり得ません。誤解を招かないように工夫をすれば、解消できる問題だってたくさんあるのです。それを怠っていたのですから、お客様に謝罪するのは当然のことだと思います。

お客様の勘違いを指摘して、バツの悪い思いをさせてしまうというのは、クレームに対する認識が違っているとも言えるのではないでしょうか。

そして、林田さんは「ミス、トラブル、クレームはサービスを改善する機会だととらえることが大切だ」と述べ、こう続けています。

その視点で考えれば、「**なぜ、お客様に勘違いさせてしまったのか**」「**どうすれば、今後同じような問題が起こらなくなるか**」と検討しなければなりません。

その場で、こちらの正しさを主張する必要など、どこにもないのです。

ましてや、お客様に気分の悪い思いをさせてしまっては、そのお客様はもう二度と来店されないかもしれません。そんな事態を招く対応では、何のメリットもないでしょう。

それよりも、お客様に勘違いさせてしまったことを謝罪して、改善する機会を与えてくれたことに感謝するくらいの気持ちを持つようになって欲しいものです。

「**次回、お越しいただくときには、必ず改善しておきますので、安心してご来店くださいませ**」

と言って、お客様をお見送りすれば、また足を運んでいただける可能性も高まるでしょう。そして、次の機会にきちんと改善されていれば、おそらくそのお客様にはリピーターとなっていただけるのではないでしょうか。

*江澤さんとは、チームラボサービスコンサルティング・江澤博己氏（以前は浦安ブライトンホテルに勤務）

(林田正光著『伝説ホテルマンだけが知っている！
　　　　サービスで小さな奇跡を起す方法』ダイヤモンド社)

いかがでしょうか。この**志の高さ**。そして、これが**普通を超えたサービスのプロの対応**です。

●

財布がない

これは機内で「財布がなくなった」と騒ぎ出した乗客の話です。それを、上前淳一郎さんの『読むクスリ』から見てみましょう。

アンカレッジ経由ヨーロッパ便にパックで乗った中年婦人が、財布が失くなった、と騒ぎ出した。ハンドバッグにたしかに入れておいたのに、ない、という。

旅客機の中では、めったに盗難は起きない。盗んでも逃げる場所がないからだ。盗まれた、というのはたいてい、家から持ってこなかったか、空港での買い物のときに置き忘れたかだ。

　ともかくその婦人、20万円入った財布がない、とうろたえきっている。スチュワーデスが手分けして座席の周囲やトイレを探したが、見つからない。騒いでいた婦人はいつか黙りこくり、がっくり肩を落として坐り込んでしまった。

　亀田さんは、見るにしのびなかった。初めての海外旅行、浮き浮きと出てきたのに、あの様子ではせっかくのヨーロッパも楽しくないだろう。なんとかしてあげたい。

　目的地も近くなったころ、亀田さんは乗務員たちにわけを話し、1人1ドルの募金をした。ジャンボ機には15人が乗務している。そこへ少し足して20ドルにし、封筒に入れて、外人機長のサインをもらった。

　「これは20万円にはとても足りません。でも、げん直しと思ってとっておいて下さい。どうか、楽しいご旅行を」

　うつむいたままだった婦人は、話しかける亀田さんのほうへ上げた顔を、ぱっ、と輝かせた。3週間ほどして、旅行を終えて帰ってきた婦人から、日本航空へ鄭重（ていちょう）な手紙が届いた。そこにはこうあった。

　「私は失くした財布よりもっと高価なものを、機内で拾った気持がしています」。

　　　　　　　　　　　（上前淳一郎著『読むクスリ』文藝春秋）

　お客さまと心の痛みを共有した客室乗務員の対応。これが**情のあるプロフェッショナルな対応**です。そして，亀田さんの「どうか、楽しいご旅行を」は，お客さまの胸にじんとくる高価な言葉だったのでしょう。本当に，万感の思いを託す亀田さんの言葉でした。

2 環境整備

① 環境整備について，十分対処できる。

1 環境整備について，十分対処できる

　環境整備の真の目的はどこにあるのか。そのためにスタッフは何をなすべきか。1級では，このことを総合的な視野から問います。それを，次の事例から見てみましょう。

事例研究①　環境整備について，十分対処できる　　　case study

　池田ゆり子が勤務する旅行代理店では，来店のお客さまの快適さのために，月1回スタッフ全員参加で店の環境整備をすることになっている。ところが社員から，業者が毎日清掃しているのに，なぜわれわれが環境整備をしないといけないのかと尋ねられた。このような場合，池田は環境整備の必要性をどのように答えるのがよいか。箇条書きで三つ答えなさい。

事例解説　　　instructions

■ 考え方のポイント

　ここで，池田が社員に指導していかなければならないことは，①スタッフが環境整備を行う目的（意味）と業者の店内清掃との違い②環境整備をしたことによるお客さまへの影響（お客さまからの反応），などになります。従って，この指導の手順で考えていけばよいでしょう。
　①環境整備と清掃との違いを考える
　　環境整備の目的は，店内で，お客さまが快適な環境である，心地よい雰囲気であると感じてもらうことにある。もちろん，そのためには業者が行う店内清掃も必要だが，これだけでは不十分なのではないか。社員として，やるべきことが別にあるのではないか。まずは，このように考えていけばよいでしょう。導入部です。

* 設問にある「来店のお客さまの快適さのために」が，考えていく上での大前提。すると，環境整備は，ごみやほこり，汚れなどを取る清掃業者の掃除だけではないことが分かる。社員として，「お客さまの快適さのために」しなければならないことが他にあるというわけである。もちろん，ごみなどが落ちていたら，スタッフとして拾うのは当たり前のこと。
* 設問に「月1回スタッフ全員参加で店の環境整備をすることになっている」とある。これは会社の決まり事である。同調して，この意義を見出すことが正解を導くための第一歩。

②お客さまへの影響

では清掃以外に，快適な環境である，心地よい雰囲気であると感じるものには何があるだろうか。案内表示板がきちんと置かれている。観葉植物の手入れは万全。来客用の椅子はきちんとカウンターの中に収まっている。パンフレットも雑然と置かれていない。これが整然ということであり，**清潔感の源**であろう。このような見方で，考えていけばよいでしょう。これが，導入部を受けての第二段階の展開です。

* 「整然」とは，全体がきちんと整っている様子をいう。これが清潔感を醸し出し，お客さまから「快適だ。とても感じがよい」との評価を得ることになる。環境整備の必要性のゆえんである。言うまでもなく，ここには接遇者の服装や応対なども含まれる。
* 店内全体の明るい雰囲気づくりの総仕上げは，社員の仕事であって清掃業者の仕事ではない（別物）。

③旅行代理店としての環境整備の必要性

さて，この事例は旅行代理店です。そこで旅行代理店ならではの環境整備を，販売促進（営業）の視点から検討してみましょう。お客さまが旅行をしようという気分を高揚させるためのセールスプロモーション（雰囲気の演出）です。例えば，ポスターは来店客によく見える位置に掲示されているか，パンフレットは，お客さまの目に触れやすい場所に置いているか，などはどうでしょうか。ビジュアルな効果を期待しての販売促進です。そして，これが環境整備の大きな狙いであり，本問題の結論ということになります。

* 旅行代理店に出向いたときのことを考えてイメージしていくとよい。店内を見渡すつもりで。
* とある代理店で「ピサの斜塔」のポスターが斜めに掲示されていた。鐘塔をまっすぐにしようとのことらしいが，これはいただけない。何より，斜塔でなくなる。同様に，破れたポスターやセロハンテープでべたべた張り付けてあるポスターなども論外。

では，以上のことを踏まえて箇条書きでまとめてみてください。

■環境整備の必要性

① 環境整備は，お客さまの店内での居心地のよさを目的にするものなので，ごみやほこりを取る清掃業者の掃除とは別物である。
② 店内での居心地のよさは，清潔感はもちろんとして，整然としているとか，お客さま応対の動線が快適であるとかが必要。
③ 旅行代理店だから，ポスター，パンフレットなども，旅行をしようという気分を高揚させてくれるような，掲示の仕方，置き方が必要。

いかがでしょうか。
解答例の他に，「環境整備は，社員の普段の心掛けが大切だが，心掛けも，日々のことだから緩みが出る。それらの見直しをするため月１回の全員参加がある」などもよいでしょう。

　　　＊記述の仕方は，ポイントを押さえて書けばそれで十分。文章力は問わない。「考え方のポイント」で示したような書き表し方でもよい。
　　　＊解答例②の「お客さま応対の動線」は的を射た表現だが，実際には難しい。ここは「考え方のポイント」で示した「案内表示板」程度でよい。
　　　＊なお，「お客さま応対の動線」とは，エレベーターなどの場所(方向)を，お客さまに分かりやすく案内するための表示(標識)のこと。病院などでは，廊下に目的の場所(例えばレントゲン室)までの行程を連続して矢印等で表示している。これも動線である。お客さまが目的の場所までスムーズに進めるようにしているわけである。
　　　＊解答例③のような記述は出にくいかもしれない。が，これができて初めて１級としてベストな解答になる。環境整備の目的をきちんと押さえているからである。

要点整理　　　　　　　　　　　　　　　　　　the main point

■環境整備について，十分対処できる

環境整備の目的は，店内の清潔感あふれる雰囲気のもとで，お客さまに楽しく買い物をしてもらうことにあります。**お客さまをもてなす雰囲気づくり**です。そして，この雰囲気をベストなものに仕上げていくのは，**接遇者の美的感覚とスマートな応対**です。出題の意図もここにあります。

出題の視点

検定問題では，事例研究①に見られるように，**環境整備の目的（意義）**を問う出題が中心になりますが，時に環境と応対を絡ませた問題が出る場合があります。**もう一つの視点です。**それを，以下に紹介しておきましょう。

きれいで感じのよい診療所にするために，スタッフ全員で患者さま応対や環境整備に注意する

- ◆患者さまと擦れ違うなど出会ったら，軽く会釈するなどを皆がするようにする。
- ◆待合室の整理整頓，照明の明るさ，全体の汚れ具合に気を付け，観葉植物はいつも生き生きしているように皆で気を配る。
- ◆トイレの汚れ具合に気を付け，清掃担当者の掃除だけでは間に合わない汚れに皆で気を配る。
- ◆待合室用の週刊誌や雑誌など，古びたら捨てるとか交換するなどに，皆で気を付ける。

　　＊きれいで感じがよい病院というのは，病院全体が明るく清潔感が感じられ，スタッフは皆愛想よく患者さまに接している病院のこと。その意味で，感じのよい応対は環境（雰囲気）づくりの要。いくら院内がきれいで清潔であってもスタッフの応対がおざなりでは，「きれいで感じのよい病院」にはならないからだ。

確認事項

①『ガイド3』の「環境整備」（P.114～P.117）から，その基本を確認しておいてください。そして，ここから**「環境整備に気を配るということは，お客さまに気を配ること」**であることを再認識してください。

　　＊「かつてオークラでこんなことがあった。トイレの洗面所で手を洗われていたお客様が，手をふいた備え付けのハンドタオルで周りの水のはねたところをきれいにされているのを見たのである。私はそのとき，このお客様もきれいなことが明るく楽しいことだと知っていらっしゃるすばらしい方だなと思ったのだった。そして，そのお客様が振り向かれたお顔を見て，あっと驚いた。なんと吉田茂元首相その人だったのである。偉い人というか，きちんとした人というものは，エチケットも含め，さりげないところにもホスピタリティ・マインドある行為が自然とできるものだと感心したものである。／お客様をお迎えするからには，店はいつもきれいにしておくこと。備品や調度品，食器類も同じだ。不潔な店には誰だって行きたがらない。きれいな店にはきれい好きな素敵なお客が集まる。（中略）店をきれいに保っておくのは，サービス業の基本である」

(橋本保雄著『感動を創るホスピタリティ』ゴマブックス)。

② 『ガイド2』の「環境整備」(P.124～P.129)から，その対処の仕方を確認してください。**「四角い売り場を丸く掃かない」**ためにも。

  ＊「新人のホテルマンには『ゴミが落ちていたら拾いなさい』という指導を行う。初めは先輩の後をついて行き，実際にゴミを拾う姿を見ながら，その重要性を学んでいく。／ただし，これはあくまでも入り口に過ぎない。／もしも何年も働いているホテルマンが，ゴミに気づかなかったり，お客様から『そこにゴミが落ちてますけど』などと指摘されたら，これほど恥ずかしいことはない。／ホテルマンの右ポケットは『ゴミ箱』だ。どんなに館内の清掃が行き渡っていても，小さなゴミが落ちていることがある。そのようなとき，無意識にかがみ，自分のポケットにゴミを放り込む。お辞儀や挨拶と同じように，自然と行う」(小山薫堂監修『サービスの「正体」』すばる舎リンケージ)。

③ 『ガイド3』(P.32～P.33)と『ガイド2』(P.33～P.34)の「清潔感」から，その基本を確認しておいてください。

  ＊ソムリエの田崎真也さんは「必ずトイレに行き，掃除の状態を見ます。掃除が隅々まで行き届いていない店は不合格です。トイレの設備の新しさや古さに関係なく，掃除がきっちりされていない店は，志が低いと僕は思っています」(田崎真也著『接待の一流』光文社新書)と語る。

④ 本書の「清潔感」(P49～P.53)から，**サービス接遇者としての繊細な感覚と美意識**を再確認しておいてください。

  ＊「私がもしガソリンスタンドの店長だったら，最初に取り掛かるのは徹底的にトイレをきれいにすることである。タイルのねじをきれいにして香りも気持ちよくして，トイレを『ガソリンスタンドの応接室』と呼べるくらいに磨き上げる。ときどきガソリンスタンドであまりに汚いトイレに入ると思わず掃除してあげたくなるほどだ」(窪山哲雄著『サービス哲学』インデックス・コミュニケーションズ)。この美的センス，重要です。

Column

プロならではの環境整備

付加価値空間をつくる

 「ニューヨークでも随一の格式を誇るウォルドルフ・アストリアホテル」。ここで窪山哲雄さんは，「付加価値空間のつくり方」を学んだそうです。それを，久保亮吾さんの『ザ・ホテリエ』から紹介しましょう。

窪山がウォルドルフで学んだこと、それは「付加価値空間のつくり方」だった。例えば、繁忙期のチェックインの最中でも、「どういうやり方をすれば、最も心地よい空気が流れるか」ということに最優先に気を使うのがウォルドルフ流だ。

　ザ・ウィンザーホテル洞爺のロビーでも、仕事に追われて焦っているスタッフを見つけると、「ここでは急ぐ姿を見せるな」と窪山は注意する。放っておけば、彼の体から発生する「焦りの空気」がたちまちロビーに充満してしまうからだ。

　今という時間における最高の「付加価値空間」、すなわち心地よい空気を提供すること。これがホテルにとって最も大切なことなのだ。

　ある日、窪山と上司が5番街のサックスフィフスアベニューの交差点で当時の総支配人フランク・ワンゲマンと擦れ違ったことがある。その次の日、窪山の上司はワンゲマンから解雇通知を突き付けられた。

　窪山はワンゲマンに尋ねた。

　「何がまずかったのでしょうか」

　答えは一言だった。

　「彼の立ち居振る舞いと出で立ちはウォルドルフの空気（ambience）に合わない、幹部たる者、ウォルドルフの周囲10マイルは顧客の固まりだと思うことだ」

　徹底している。たとえ館内にいないときでも、ウォルドルフの近隣ではウォルドルフの空気を維持すべきなのである。しかるべきタイトルを有する人物は風体風采までもが空気に影響することを理解し、顧客と遭遇する可能性を意識すべきなのである。《厳格な人だと思いましたよ。そういう理由で解雇なんて、当時駆け出しホテルマンの自分としては想像もつかないことでした》

　　　＊窪山哲雄さんは，その著『サービス哲学』（インデックス・コミュニケーションズ）の中で，「私はお客さまの空間を品よく保つために、スタッフには『館内ではどんなに急いでいても走ってはいけない』と言い聞かせている。いくらお客さまをお待たせしていても、お客さまとの距離が3メートルを切ったらあとは早歩きにするほうがよい。／ロビーなどのパブリックスペースは常にお客さまに見られている空間であり、スタッフの振る舞い方一つで空間や雰囲気が壊れてしまうからである」とも語る。この意識なくして，本当の環境整備（環境づくり）は完結しないということなのだろう。

＊厳格なるワンゲマン氏も「神に変わる場面」が何度かあったという。その一つが，本書第Ⅲ章「一般知識」で引用した「ニューヨーク大停電」である。参照されたい。

(久保亮吾著『ザ・ホテリエ』オータパブリケイションズ)

●

スタッフは動くオブジェ

さて，場面は変わってホテルニューオータニ。

ホテルニューオータニは千代田区紀尾井町という都会のど真ん中に位置している。六本木や赤坂、永田町といった街に囲まれている紀尾井町の日常の姿は、首都高速や国道を車がひっきりなしに通り、行き交う人も途絶えることがない。

そこから一歩、ホテルの館内に足を踏み入れると、都会の喧噪と異なる空間が迎え入れてくれる。非日常空間といってもいいだろうか。

リラックスできる時間を求めて、上質な高級感を期待して、お客様はホテルを訪れる。

だからこそ、「形の美しさ」にこだわる。それはお客様に対する最低限の気遣いだと、ホテルマンたちは心得る。

もしも、外の喧噪と変わらぬ慌ただしさで動き回るスタッフが目に入ったら、お客様はいっぺんに興醒めしてしまうだろう。どんなにホテルの外観、内装や調度品が素晴らしくとも、ホテルマンの所作がそれらとミスマッチであっては、すべてが台無しになってしまう。

超一流のサービスを提供する空間において、スタッフは〝動くオブジェ〟としての役割を担っている。優雅な立ち居振る舞いが、欠かせない大事なピースとなる。

(小山薫堂監修，ＨＲＳ総合研究所編著『サービスの「正体」』
すばる舎リンケージ)

●

モーツァルトとビバルディが

ラストステージは帝国ホテルから。

帝国ホテルのロビーに足を踏み入れて耳を澄ませてみてください。最初は、そこに流れるモーツァルトやビバルディに気がつかないかもし

れません。しかし、会話がふと途切れたとき、微かに流れている音楽が聞こえます。

　ホテルの中を漂う音楽に大切なことは、お客さまの気持ちとのハーモニー。隅から隅まで気持ちのいい音をお届けすると同時に、お客さまの邪魔にならない存在であることです。

　そのために、どの空間を、どれだけの音量で流すべきかじっくり考えました。たとえば、廊下は、お客さまの足取りが軽やかになる"*mp*"で。エレベーターの中は、退屈させないような"*mf*"で。そして、ロビーは大切な会話の邪魔をしない"*pp*"で。

　時には、消え、また必要なときに現れる音の技。おもてなしの基本は、BGMにもあると、私たちは考えます。

　　　　　　　　（帝国ホテル著『帝国ホテルのおもてなしの心』学生社）

●

　いかがでしょうか。**清潔できれいな館内**。スタッフの**品のある立ち居振る舞い**。そして、これにBGMが、**優雅にかかればベストな環境**になるでしょう。窪山哲雄さんも「これはお客さまの心に響くもので、最も効果的なストレス解消となる。／私は過去に、音楽がなくなるとホテル全体のクレームが増えるという事象に遭遇している。面白いことに、逆に音楽の質を高くすればするほどクレームが減り、それに伴ってお客さまの表情も豊かになってきたのである」と語り、「朝の時間帯はゆったりしているようでいて、実は気が急いていることが多い。そこで、音楽はトーンを抑えて落ち着いた曲の演奏を行なっている。楽器はハープがメインだ。／また昼からチェックインタイムにかけては、疲れが出てくる時間帯でもあるから、少し元気になるような曲を多く取り入れる。軽快なワルツやポピュラーなクラシックをピアノとバイオリンのデュオで演奏する。／そして夜。夜はやはりセクシーでムーディな感じがいい。この時間帯のロビーはまさに大人のための空間となるから、キーボードの弾き語りによるジャズナンバーやアダルトポップスなどを取り入れている」（『サービス哲学』インデックス・コミュニケーションズ）そうです。しかも、ライブ演奏で。

　まさに、**非日常空間への配慮と気遣いのある演出**です。

3 金品管理

① 金品の管理について，十分能力を発揮できる。

1 金品の管理について，十分能力を発揮できる

　金品管理の中で，特に気を付けなければならないこと。それが，お客さまからの代金の受け取り方と釣り銭の渡し方です。それを，次の事例から見てみましょう。1級として問われる，きめ細かな金品の管理能力です。

事例研究① 金品の管理について，十分能力を発揮できる case study

　販売店のレジ担当和田美紀は，戻ってきたお客さまからさっき受け取った釣り銭が足りないと言われた。1,500円の買い物で3,500円のお釣りだったが，自分は一万円札を出したはずだと言う。今後，このようなことをなくすには，代金の受け取りと釣り銭の渡し方をどのようにすればよいか。順を追って箇条書きで三つ答えなさい。

事例解説 instructions

考え方のポイント

　お客さまから預かったのは一万円なのか，はたまた五千円なのか。
　販売店では，このようなトラブルを未然に防ぐために，①紙幣を受け取るとき②釣り銭を渡すときなど，必ず確認をしています。では，このことをイメージしながら考えてみましょう。スーパーなどでのレジを参考に。

①お客さまから紙幣を受け取るとき
　そういえば，お客さまから紙幣を受け取るときは，「〇〇円お預かりします」などと言っている。そして，預かった紙幣は，そのお客さまに見えるようにレジの外に置いている。そうです。まずは，このように考えていくとよいでしょう。第一段階です。

②釣り銭の渡し方
　さて，釣り銭はどのように渡していたかしら。確か，紙幣から渡していたような気がする。そうだ。そうしてから，硬貨を渡していた。「〇

〇円のお返しです」とか言って。ここは，このようにイメージしていくとよいでしょう。第二段階です。

③レジの外に置いてあった紙幣
　そして，忘れてはいけないのが，レジの外に置いてあった紙幣だ。再度確認してレジへ収納していたようだ。第三段階はこのようにまとめていけばよいでしょう。これで完璧です。

　では，以上のことを踏まえて箇条書きでまとめてみてください。

▌金品管理の重要性

①お客さまから紙幣を受け取るときは，「〇〇円お預かりいたします」と言ってお客さまの顔を見ながら確認し，お客さまに見えるようにレジの外に置く。
②釣り銭を渡すときは，「〇〇円のお返しでございます」と言って，紙幣と硬貨を別にし，紙幣を先に渡し，硬貨は後にする。
③釣り銭を渡し終わったら，レジの外に置いてあった紙幣を，再度確認してレジへ収納する。

　いかがでしょうか。これがお客さまを不快にさせない紙幣の受け取り方と釣り銭の渡し方です。ここで確認の仕方を確実に理解しておいてください。

　　　　　　　＊記述の仕方は，ポイントを押さえて書けばそれで十分。文章力は問わない。
　　　　　　　＊「釣り銭の渡し方」については，『ガイド3』（P.119〜P.120）と『ガイド2』（P.130〜P.131）を参照のこと。この基本を押さえておけば1級記述問題には十分対応できる。
　　　　　　　＊解答例①の「お客さまに見えるように」は，なかなか出にくい表現かもしれない。が，これが1級としてベストな記述の仕方。
　　　　　　　＊解答例①の「…いたします」と解答例②の「…ございます」は，それぞれ「します」「です」でも構わない。

要点整理　　the main point

■ 金品の管理について，十分能力を発揮できる

　金銭上のトラブルは，何より信用の失墜につながります。だからこそ，慎重には慎重を期して，丁寧に対処していかなければなりません。この丁寧さが信頼関係をつくり，店の信用を高めます。出題の意図もここにあります。

　　　＊お客さまが気分を害するとか損をするなどがないようにすることこそが重要。

■ 出題の視点

　検定問題では，事例研究①に見られるように，「金銭の受け渡し」のほか，品物などの受け渡しも出題されています。が，その基本は金銭の受け渡しと同様，「**確認をすること**」です。このことと次の「確認事項」を押さえておけば，1級記述問題には十分対応できるでしょう。

■ 確認事項

①『ガイド3』の「金品管理」（P.118～P.121）から，その基本を確認しておいてください。その根底にあるのは，お客さまに対する配慮です。

　　　＊「メンバー会員登録など、本人であるかを確認するために、免許証などの証明書を取り扱う際には、現金、クレジットカードなどと同様、大切に慎重に取り扱います。受け渡しは必ず両手で行いましょう。台の上などに置いたままでその場を離れたり、ほかの作業をしたりすることは、厳禁です。確認が済んだら、すぐにお客さまへお返ししましょう。／免許証などの本人確認資料、およびこれらに記載された内容は個人情報に該当します。これら個人情報の取り扱いについては、平成17年4月施行の個人情報保護法にて法的な規制がなされました（個人情報保護法については、あらかじめ別途ご確認ください）。／お客さまのご住所やお名前、電話番号だけでなく、免許証番号を控えたり、コピーをとったりする必要がある場合も、事前にお客さまのご了解をいただくことが必須になります。『恐れ入りますが、番号を控えさせていただいて（コピーをいただいて）よろしいでしょうか』とあらかじめ了解を得るようにします。お客さまの個人情報のお取り扱いには十分に注意し、お客さまの信頼を損ねることのないようにします」（舟橋孝之編，株式会社インソース著『正しい接客マナー』日本能率協会マネジメントセンター）。

②『ガイド2』の「金品管理」(P.130～P.132)から,「金銭管理」とともに,「物品管理」の基本的な考え方を確認してください。信用性です。

　　＊岩崎峰子さんの『祇園の教訓』(幻冬舎)の中に,お客さまがハンカチを忘れたら,お店で洗濯しておき,次回,そのお客さまが見えたとき,お渡しする,そんな一節があった。お客さまのものは,どのようなものであれ,大切に扱うという教えである。林田正光さんもこう語る。「シャツをホテルにうっかり忘れたお客様がいらっしゃったとします。普通のホテルなら『わかりました』と,そのまま宅配便の着払いで送ると思います。超一流のホテルなら,どうするか——きっちりクリーニングをして,その代金と宅配便代もホテル持ちでお送りするでしょう」(『ホスピタリティの教科書』あさ出版)。

　　＊洗濯物にまつわる話をもう一つ。帝国ホテルのランドリー係は,「『私たちにとっては出された洗濯物がお客様。間違ってもランドリーバッグをほうり投げるような人間はいない』と言い切る」(『読売新聞』長期連載「職場のマナー学」から)。重要なマインドだ。

　　＊ホテルニューオータニの「スタッフはレストランや宴会場などでグラスを出したりさげたりするときも,グラスの下の部分を持つように教育されている。上の部分は口をつける箇所なので,そこを持つと不潔な印象をお客様に与えてしまうからだ。／これはお客様がいるときだけに限ったことではない。宴会の後片づけの際,すべてのお客様が帰った後でも,同じように下の部分を持ってさげる。本来なら,回転寿司店の湯呑み茶碗のように,飲み口の部分をつまんで片づけたほうが効率的で,後片づけが早く終わる。／しかし,それは厳禁だ。それをやってしまうと,お客様のいる前でも,やってしまいかねない。それを防ぐようにしているのだ。／お客様の目に触れない所でも,お客様がいるかのように振る舞う。効率性よりも,安心感や優雅さに重きを置くのである」(『サービスの「正体」』)。そして,『伝説コンシェルジュが明かすプレミアムなおもてなし』の中で前田佳子さんもこう語る。「モノをていねいに扱うことで,動作もていねいになり,心に余裕が生まれる」「反対に粗雑に扱うと,モノは壊れ,周りの人によくない影響を与え,自分の心にもさざ波が立ち,ほころびが出る。だから意識的にモノをていねいに扱う」と。これは,サービス接遇検定が重要視しているコンセプトの一つでもある。

③過去に,「レストランのレジ担当八代恵子は,戻ってきたお客さまから『さっき受け取った釣り銭が千円足りなかった』と言われた。(A)このような場合の対処と,(B)今後このようなことをなくすための方法を,箇条書きでそれぞれ二つ答えなさい」という問題処理を絡めた金品管理が出題されています。次にその対応例を示しておきます。確認しておいてください。

　　(A)このような場合の対処
　　　　◆申し訳なかったと言って謝り,レシートの確認をする。

◆そのときの状況を反すうしてお客さまに話し千円を渡す。
　　＊スタッフはまず謝らないといけない。が，真実を確認する方法はないのだから，そのときの状況を思い出しながらお客さまに確認し，千円を渡すことになる。当店の正当性だけを主張しない。これが問題処理。

(B)このようなことをなくすための方法
◆お客さまに釣り銭を渡すときは，紙幣の数が分かるようにして渡す。その後硬貨もなるべく数が分かるようにして渡す。
◆お客さまから受け取った金額は，お客さまに釣り銭を渡すまではレジの外に出しておき，精算が済んだら確認してレジに収納する。
　　＊これが事例研究①の解説で述べた「金品管理」。当然，同じ解答になる。

④次の2篇のコラムから，**何についても確認すること**の重要性と，たとえ落とし物であっても**大切に扱う心**を確認してください。

> Column
>
> ## 入念な商品管理はプロの技
>
> **お客さまに迷惑を掛けないために**
> 「念には念を」入れて，「しっかり確認」する。こう語るのは，国友隆一さんです。そんな事例を，『伊勢丹に学ぶおもてなし』から，見てみましょう。
>
> 　ギフトでは、ふつう名入れを頼まれます。
> 　その際、宅配便を使われるなら、そこに記入されている送り元の氏名を書き入れればすみますが、お持ち帰りになることもありますよね。そういう時は、口頭で名前を教えてもらうのではなく、お客さまに、メモ用紙などを差し出し、書いてもらうようにします。
> 　乱筆でわかりにくいなら、必ず確認させてもらいましょう。画数が多くて正しく書けるか不安な場合も同様です。
> 　また、その場でのし紙に名入れし、お客さまに確認してもらってください。後で、氏名を間違って書いたまま贈ったとわかったら、送り先の方に不快な思いを与えますし、贈り主に迷惑をかけてしまいます。商品についても同様です。とくにお客さまの要望に応じて贈り物を詰め合わせる時は、必ず、詰め合わせた商品、点数、詰め合わせ方につ

いて、お客さまの了解をとってください。

もちろん、値札をつけたままにしておくのは御法度(ごはっと)です。その点も、値札を取って入れた旨、お客さまにも確認してもらってください。

伊勢丹では、名入れについては、見本ののし紙(ひな型)にお客さま自身で記入していただくようにしています。また、値札はお客さまの目の前で取り除くようにしています。品物についても、お客さまの目の前でキズや汚れがないか点検し、詰め合わせについても確認してもらっています。

松戸店インテリア・寝具のお買い場では、名入れしてもらった見本ののし紙に、接客した担当者が認印を押し、責任の所在を明らかにし、さらに、第三者が違う目でもう一度チェックし、サインを入れる念の入れようです。

　　　　＊伊勢丹では,「売り場」のことを「お買い場」という。「売るほうが主役ではなく、買い物をされるお客さまが主役だから」との哲学からである。

　　　　　　　(国友隆一著『伊勢丹に学ぶおもてなし』日本実業出版社)

●

いかがでしょうか。

この「念には念」の気構えと対処の仕方が接遇者の存在価値を高めます。江戸しぐさでいう「**念入りしぐさ**」です。

また,同書で国友さんは「カウンターの外に出て商品をお渡しする」事例を紹介しています。「カウンター越しにお渡しするより温かみ、ていねいさを感じます。その際、低い位置でお渡ししたほうが商品を大切に扱っているという印象につながります。ただし、行列ができているような場合は、並んでいるお客さまに迷惑をかけてしまいますので、カウンター越しもいたし方ありません。そのへんはお客さまにわかっていただけます」と。

大切な商品を丁寧に扱う。これはプロとしての常識です。そして,「最後はお買い上げの感謝を込めて、『ありがとうございます』と笑顔でお辞儀します。『どうぞお気をつけて』」の言葉を添えて。「**迎え上手の送り下手**」(『帝国ホテル伝統のおもてなし』)にならないように。

Column

お客さまの大切なものだから

最後まであきらめずに探す

　お客さまがなくしたものは，全て大切なもの。決してあきらめずに探してあげる。こんなポリシーで，お客さまと接しているコンシェルジュがいます。前田佳子さんです。それを，『伝説コンシェルジュが明かすプレミアムなおもてなし』から見てみましょう。

　あるときお客様から「ボールペンをなくしたので探してもらえないか」と相談を受けたことがありました。
　それはお父様の形見のペンだったそうです。そのお客様は，お父様とけんか別れのようなことをしてしまったのですが，仲のよかったときにそのボールペンをもらって，「大切にしろよ」といわれていたそうです。
　「あのペンをなくすなんて，父を二度なくすようなものですよ」
　そういってお客様はわずかに涙ぐまれているように見えました。もしかしたらそうではなかったかもしれませんが，私の心にはお客様の悲しい気持ちが伝わってきました。
　スタッフ総出でホテル内をくまなく探したのですが，見つかりませんでした。

　　　　　　　　　　（中略）

　私は，お客様のその日の行動経路をすべてお聞きし，仕事が終わってから，そのコースを歩きました。お客様が立ち寄られたすべてのお店に入り，ボールペンの忘れ物がないかを聞いて回りました。
　お客様の滞在は3日間しかなく，その間，必死になって探しましたが，ペンは見つかりませんでした。お客様は「ありがとう。もういいですよ」とおっしゃったのですが，私はあきらめることができませんでした。
　それから，出勤前や帰宅時に同じコースを何度も歩き，道路やその周辺なども含めて探しました。同じお店に何度も立ち寄ったため，お店の方に，「また，あなたですか。何度来てもうちにはボールペンはありませんよ」とあきれられたこともありました。それでも「お客様の

ボールペンを何とか見つけたい」と考えて探し続けました。

　3週間後のある日、ついにボールペンを見つけました。驚いたことに、何度も「ない」といわれたお店にあったのです。

　お客様にご連絡すると大変感激してくださいました。「もうあきらめていたんですよ」と、少し涙声でおっしゃいました。

　最後まであきらめずに探せたのは、「あきらめない」というマイモットーのおかげでしょう。

　マイモットーを毎日実行することによって、マインドは高く保てますし、私の心のとげは少しずつ抜けていっているような気がします。

　　　　（前田佳子著『伝説コンシェルジュが明かすプレミアムなおもてなし』
　　　　　　　　　　　　　　　　　　　　　　　　　　　　　　　　ダイヤモンド社）

●

落とし物の一つ一つにも細かな配慮を

　これは，曾野綾子さん（作家）がホテルオークラで，泊まり込みの会議に出席したときの話です。

　その会議の出席者の一人が「紺色のジャケットについていた金ボタンなくした」と曾野さんに話したそうです。そこで曾野さん、翌朝フロントに事情を話し、探してもらうことにしました。すると、落とし物の中に、金色のボタンが一つあったそうです。そう、その人がなくしたそのものが。そして、曾野さんはこう語ります。

　ホテル・オークラは充分に一流ホテルとしての実力を見せた。まず、部屋や廊下を掃除した人のこまやかな注意。ボタン一つでも届けることになっているシステムの厳密さ。それが保管される経営管理の方法の正確さ。それを探して渡してくれた親切な人間的配慮。

　　　　　　　　　　（曾野綾子著『夜明けの新聞の匂い』新潮社）

4 金品搬送

① 送金，運搬について，能力を発揮できる。

1 送金，運搬について，能力を発揮できる

　金品の搬送とは，お客さまの希望の品を陳列棚から取り出してくる，お客さまから代金を預かりレジスターに持っていく，領収書や商品の発送，商品の運搬など，一連の行動や作業のことをいいます（『ガイド2』）。そして，この実践能力を，記述形式で問うているのが次の事例です。検討してみましょう。

事例研究① 送金，運搬について，能力を発揮できる　　case study

　宅配会社の配達スタッフ駒田和雄がお客さま宅（A）に品物を届けようと名前を見たところ，今届け終わったお客さま宅（B）の名前である。同姓だったために間違えたらしい。すぐにB宅に連絡したが，既に包装を取ってしまったと言う。このような場合駒田は，どのように対処するのがよいか。順を追って箇条書きで四つ答えなさい。

事例解説　　　　　　　　　　　　　　　　　　　　　instructions

■ 考え方のポイント

　設問にあるように，時間の経過に従って検討していけばよいでしょう。さて，あなたなら，どのような手順で対処していきますか。

　①最初に間違えて届けたB宅へ出向く

　　間違って届けてしまった。しかもお客さまは，その品物の包装を解いてしまっている。でも，責任は自分にある。すぐにB宅に出向いて謝罪し，本来届けるべき品物を渡さなければならない。そして，間違えて届けた品物を引き取る。まずは，このように考えていけばよいでしょう。第一段階です。

　　　＊「今後はお客さまの方でもご確認願います」などと言わないこと。思わないこと。

②A宅に連絡する

　さて，A宅への対応である。まずは電話で事情を話して謝り，このまま届けてよいかどうかを尋ねることが必要ではないか。ここは，このように対処の仕方を考えていけばよいでしょう。

　　＊まず，お客さまの意思を確認する必要がある。この確認をせずに包装が取れた品物を届けてはいけない。包装もきちんとしての商品（届け物）だからである。
　　＊「中身は大丈夫ですから，ご安心ください」などと言わないこと。考えないこと。

③届けてくれと言われたら

　お客さまに尋ねて構わないということなら，品物を届けて「申し訳ない」と謝る。このような対処の仕方で，考えを進めていけばよいでしょう。

④「それは駄目だ」と言われたら

　でも，中には「きれいな包装でなければ困る」と言ってくるお客さまもいるかもしれない。ここは，このような場合を想定して論を進めていけばよいでしょう。例えば，送り元に事情を話し，改めて包装し直してもらって届ける，などはどうでしょうか。

　では，以上のことを踏まえて，時系列に箇条書きでまとめてみてください。

誤配の際の対処の仕方

①間違えて届けたB宅に行き，謝って，本来届けるべき品物を渡し，間違えた品物を受け取る。
②A宅に連絡して，届け物の包装を解いてしまった事情を話して謝り，このまま届けてもよいかどうか尋ねる。
③よいということなら，品物を届けに行き謝る。
④駄目ということであれば，送り元に事情を説明し，あらためて包装し直してもらって届ける。

　いかがでしょうか。
　荷物は本来無傷で配達するものです。それに傷がついてしまったのだから，元に戻して配達するかどうかになります。この場合，事情が事情だか

4 ■ 金品搬送　213

ら，A宅に確認し，それによって対処してもよいということになるわけです。

* 記述の仕方は，ポイントを押さえて書けばそれで十分。文章力は問わない。「考え方のポイント」で示したような書き表し方でもよい。
* この事例は，「金品搬送の仕方」の視点からの出題だが，同時に問題処理の仕方も求められている。「的確に対処できる実践能力」(『ガイド2』)である。
* 解答例①②③にあるように，「謝る」を省いて記述してはいけない。これがないと，どうしても事務的な印象しか残らないからである。これは1級の記述問題である。
* 解答例①で謝ることの意味は，「お客さまには何の落ち度もありません。全て当方の責任です」ということを強調するためでもある。なぜなら，B宅のお客さまが，「確認をせずに，荷をほどいてしまった。すまなかったな」との気持ちがあるかもしれないからである。「顧客心理の理解」である。
* 解答例③と④の解答を導くためには，解答例②で示した「お客さまに意思確認」をしておかなければならない（サービス接遇従事者の基本原則）。すると，お客さまの反応は「イエス」か「ノー」かのいずれかになる。これにより，③と④の解答が出てくることになる。

要点整理 — the main point

■ 送金，運搬について，能力を発揮できる

　金品搬送は，いつでも完全な形でお客さまにお届けするのが原則です。包装もきちんとして初めて届け物になるからです。従って，本事例のように包装が解かれてしまった場合，「送り元に事情を説明し，改めて包装し直してもらって届ける」ことが基本になります。そして，この基本を踏まえてお客さまに確認します。事情を分かってもらえる場合もあるでしょうし，そうでない場合もあるからです。

　いずれにせよ，重要なことは，事務的かつ配送の都合だけで対処することよりも，「誠心誠意おわびをし，お客さまの希望を確認し，それに沿った対応をし，品物をお渡しする」，この**お客さま志向のマインド**です。「**搬送にも気遣いありき**」というわけです。そして，出題の意図もここにあります。

* この事例は，「金品搬送」に関する問題だが，その背景には誠実さ，良識のある態度などの資質と「金品管理」とが深く関わっていることを理解しておくこと。

■ 出題の視点

検定問題では，事例研究①に見られるように，「金品搬送」を中心に出題されていますが，同じ「金品搬送」でも，次のような事例もあります。検討してみてください。

何らかの手違いで注文とは違うスーツを宅配便で届けてしまったときの対処の仕方とその理由（紳士服専門店のケース）
①対処の仕方
　◆再度宅配便は使わずに，お客さま宅まで担当者が直接出向いて渡すこと。
　　　＊電話で丁重にわび，再度宅配便を使うなどと考えないこと。謝罪における基本姿勢の問題である。
　　　＊「誤送の品は着払いで送ってもらう」も不可。絶対にお客さまの手を煩わせてはいけない。

②その対処の理由
　◆出向いて丁重に過ちをわび，お客さま注文のスーツを手渡す。そして，誤送のスーツを引き取る。これが，謝罪の気持ち（誠意）を表す一連の行動であるから。
　　　＊お客さま宅まで担当者が出向くのは，会って直接過ちをわびることが，誠実で丁寧な謝罪の仕方であるから。
　　　＊この事例は，問題処理の仕方も求められている。「的確に対処できる実践能力」（『ガイド2』）である。
　　　＊この事例の背景には誠実さ，良識のある態度などの資質が深く関わっていることを理解しておくこと。
　　　＊『ガイド3』のコラム（P.110〜P.111）で，お客さまの自宅まで謝りに行く事例を紹介している。「和民」のケースである。

■ 確認事項

①『ガイド2』の「金品搬送」（P.134〜P.136）から，その内容を再確認しておいてください。ここに，1級問題を記述する際の手掛かりがあります。
　　　＊例えば，『ガイド2』の「事例研究①」（P.134）の選択肢(2)。前掲の「紳士服専門店」の事例は，この選択肢に基づいている。
②そして，「金品搬送」はお客さまのための重要な仕事であるという基本的な考え方を確認してください。
③『ガイド3』『ガイド2』と本書前節の「金品管理」を再確認しておいて

ください。総合的に出題される場合があります。
④本書前節のコラム**「入念な商品管理はプロの技」**を再読しておいてください。金品搬送と連動した内容になっています。

> ＊「壊れやすい商品の梱包は、緩衝材などを使い、特に丁寧にし、外箱にも『こわれもの』の表示をします。高価なものには保険をかけるなども必要です。食品で温度管理の必要なものは、冷蔵・冷凍便を利用します。配達日・時間はお客さまのご希望を伺ったうえで、ご希望に添えない場合はあらかじめ事情をご説明し、ご了解いただくようにします。／配送サービスは便利ですが、商品の間違いや破損、品質の劣化、配達先の間違いなどの事故が起こった場合はお客さまの信用を失うことにもつながります。お客さまのお手元へお届けするまでは責任を持って行うことも、接客サービスの基本の1つです」（舟橋孝之編、株式会社インソース著『正しい接客マナー』日本能率協会マネジメントセンター）。

Column

搬送一つにも気を配る

台車で荷物を運搬するとき

　唐突ですが、あなたは台車に載せた商品をどのように押して運搬していきますか。

　「台車の取っ手を持ち、そのまま前方に押していくわよ。当たり前じゃない。宅配便の人だって、ホテルのベルボーイだってそうしているじゃない」。

　そうじゃないんです。そう語るのは国友隆一さん。**伊勢丹の社内報**からの事例です。

　台車は前から引くのが鉄則です。重くて引きづらいなら二人がかりで引いてください。一人は後ろから押してもかまいません。

　一人で台車を後ろから押すと、台車でお客さまをよけることになり、大変失礼です。また、荷物を高く積んでいる時は、前方が見えません。

　だから、前から引く必要があります。その際、「失礼いたします」「ご迷惑をおかけします」「台車が通ります」など、お客さまに声をかけるようにしてください。たとえ、視界がよくても、通路を横切る時はお客さまがいらっしゃるかどうか必ず確認しましょう。念には念を入れ

る必要があります。万一、お客さまにぶつかったら、大変なことになります。

（国友隆一著『伊勢丹に学ぶおもてなし』日本実業出版社）

●

「アンビリーバブル」ですか。

　でも、確かに言われてみれば、台車を前に押していくことは、小林一茶の**「雀の子　そこのけそこのけ　御馬が通る」**という感じがしないでもない。「お客さん　どいてよどいて　台車が通るわよ」という構図でしょうか。だからこそ、店内で**「従業員が主役になるようなふるまいを厳に慎んで」**いるのです。これが、搬送一つにも気を配るということです。もちろん、**お客さまのためにというサービスマインド**で。

5 社交業務

① 社交儀礼の業務について，深く理解し処理できる能力がある。

1 社交儀礼の業務について，深く理解し処理できる能力がある

　社交儀礼の業務とは，慶事や弔事に関する知識に基づいたお客さま対応のことです（『ガイド2』）。そして，この処理能力を，記述形式で問うているのが次の事例です。検討してみましょう。

事例研究①　社交儀礼の業務について，深く理解し処理できる能力がある case study

　フォーマルウエア売り場のスタッフ森田雅美はお客さまから，「明日知人の葬儀に夫婦で参列するのだが，服装や持ち物などで注意しなければならないことを教えてもらえないか」と言われた。このような場合，森田はこのお客さまにどのようなことを言うのがよいか。箇条書きで三つ答えなさい。

事例解説 instructions

考え方のポイント

　設問には，「葬儀の際の服装や持ち物で注意しなければならないこと」とあるので，ご夫婦の洋服や靴，アクセサリーなどについて，それぞれ検討していけばよいでしょう。さて，あなたならどのようなアドバイスをご夫婦にしますか。言うまでもなく，フォーマルウエアですから，黒を基調にした装いになりますね。

①洋服

　「奥さまには，着こなしも多彩なアンサンブル・ワンピース・フォーマルなどはいかがでしょうか。ストッキングの色は，ワンピースの色に合わせた黒が基本です。ご主人は，ブラックスーツかその色に近い濃紺やダークグレーのスーツになります。そして，葬儀ですから，ワイシャツは白。ネクタイ，靴下は黒が基本です」。まずはこのようにアドバイ

スしていけばよいでしょう。
②靴とバッグ
そして、「靴は、ご夫婦とも黒色で光沢のないものがよいでしょう。また、奥さまのバッグは、光沢がなくショルダーではないものがよいとされています」などと勧めていけばよいでしょう。
③アクセサリー
さて、女性のアクセサリーです。ここは、「奥さま。葬儀の場ですから、アクセサリーはなるべくしない方がよいかと存じます。もし、身に着けるなら真珠の一連のネックレス程度でしょうか」などとアドバイスしていけばよいでしょう。

では、以上のことを踏まえて、イメージできたアドバイスを箇条書きでまとめてみてください。

▎葬儀に参列する際の服装や持ち物

①女性の洋服は、黒色のアンサンブル・ワンピース・スーツなどに黒のストッキング。男性はブラックスーツかそれに近い濃紺やダークグレーのスーツに白のワイシャツ、黒のネクタイ、黒の靴下が基本です。
　　＊「もともと黒い服は、あらたまったときに用いるものとされた。男性のフロックコートやモーニングは黒であるし、女性の黒留袖は色留袖より格が高い場で用いられる。そのため、凶事である葬儀にも慶事である婚儀にも、黒服が主流をしめるようになった」（武光誠著『もっと知りたい日本のしきたり』ゴマ文庫）。ちなみに「昭和10年代までは白喪服が一般的だった」という。
　　＊葬儀という改まった場では、礼服を着用するのが礼儀である。礼服で襟を正してこそ、哀悼の意が遺族に伝わるからだ。礼服はその象徴である。そして、故人の冥福を祈る思いは、この礼服によって格調高く響く。
　　＊いずれにせよ、きちんとした礼服で参列しないと、お悔やみの心がいくらあっても、遺族にその思いは伝わらないということ。これが、サービス接遇検定が重要視している「心と形」の一体化である。
②靴は、男性も女性も黒色で光沢のないものがよく、女性のバッグは、光沢がなくショルダーでないものとされています。
③女性のアクセサリーは、なるべくしない方がよく、するなら真珠の一連のネックレス程度とされています。
　　＊二連、三連のネックレスは、「不幸が重なる」を連想させるので不可。これが遺族の人を気遣うということ。

- ＊人は，荷物も担ぐが縁起も担ぐ。しかし，この心持ちを「迷信だ」と軽く見てはいけない。気にする人は気にするものである。
- ＊葬儀はしめやかに行われる儀式なので，その雰囲気を壊さない身だしなみが必要。華やかなパーティーならいざしらず，葬儀の場でのアクセサリーはそぐわない。そして，これが場をわきまえるということ。
- ＊女性は，化粧の仕方にも注意が必要。「喪服のときは片化粧」（飯倉晴武編著『日本人のしきたり』青春新書）だからである。意味は，「口紅をささない片化粧にしなさいということ」だが，今日でも，この戒めは生きている（付けるなら，薄いピンク系の口紅。香水は不可）。

　解答例の他に，**「男性は真珠のネクタイピンを着用」**などもよいでしょう。いかがでしょうか。ほぼイメージ通りにできたのではないでしょうか。

- ＊記述の仕方は，ポイントを押さえて書けばそれで十分。文章力は問わない。「考え方のポイント」で示したような書き表し方でもよい。
- ＊「考え方のポイント」で示したように，項目を立てて記述しても構わない。
- ＊三つの解答例は，話し言葉を意識しながら「です・ます」調で記述されている。これは，設問が「お客さまにどのように言うのがよいか」となっているからである。これが表現できれば1級の解答としてベストになる。
- ＊解答例①の「黒色のアンサンブル・ワンピース・スーツ」は，「黒のフォーマルスーツ」か「黒のワンピース」でも構わない。

要点整理　the main point

■ 社交儀礼の業務について，深く理解し処理できる能力がある

　社交業務の根幹にあるのは，**気遣いと心配り，そして思いやり**です。葬儀であれば，遺族や親族，知人の悲しみはいかばかりかと思いやる心。婚礼その他の祝い事であれば，末永い幸せと健康，繁栄を願う心。そして，**社交上のしきたり（文化）**に込められた思いとその意味。この心が一体となって，社交業務に反映されてくれば，**付加価値の高いサービスの提供**もできるようになるでしょう。出題の意図もここにあります。

- ＊本書＜Ⅳ対人技能＞の「2接遇知識」から，コラム「お客さまに心から共感する」（P.138～P.140）を参照されたい。「社交業務」の根幹を成す格好の事例である。
- ＊『ガイド2』の「要点整理」（P.138）から，その内容を再確認しておくこと。「社交上の『祝い』も『弔い』も，対人関係への配慮が原点にある。そして，この理解があれば，事務的なだけではない接遇者ならではの応対ができる」と解説している。重要な視点である。

■ 出題の視点

　検定問題では，事例研究①のほか，出産祝いや結婚祝い，新築祝い，長寿の祝いなどから，年中行事（中元や歳暮など）にわたるまでその範囲は広いのですが，出題内容は一般的なものに限られています。次の「確認事項」を押さえておけば，検定問題には，十分に対応できるでしょう。

■ 確認事項

①『ガイド3』（P.62〜P.63）と『ガイド2』（P.58〜P.59，P.62〜P.65）の「一般知識」から，年中行事やその関連事項について確認しておいてください。
②『ガイド3』の「社交業務」（P.123〜P.127）から，その基本を確認しておいてください。
③『ガイド2』の「社交業務」（P.137〜P.143）から，社交儀礼に関する意味を確認しておいてください。「内祝い」本来の意味とその心などを解説しています。

> Column
>
> ### 比翼連理
>
> **結婚祝いの品**
>
> 　「晩ごはん　要るの　食べるの　食べたいの」
> 　結婚してから幾星霜。帰宅時間が少し遅くなると連絡してきたご主人に，奥さまはこう応えました。これは，第一生命の『平成サラリーマン川柳傑作選』（講談社）からのものですが，なかなか「比翼連理」とはいかないようです。
> 　でも，結婚式を挙げたばかりの新婚さんには，このような「現実」は別世界の話なのでしょう。そんなお二人に，結婚祝いを贈ることになりましたが，さて，あなたならどのような品を贈るでしょうか。中には，贈ってはいけないものもあるようです。
>
> 　二人の門出を祝い，生活用品をプレゼントすることがあります。し

かしこんなときも、マナーを忘れないようにしてください。

　たとえば食器セットなどを贈るときは、必ず奇数個のセットを選ぶこと。偶数は「割れる」ので、結婚祝いには禁忌とされています。ただし2個はペア、12個は1ダースと考えられるため問題ありません。反対に、9個は「苦」につながるため避けてください。

　また、ハサミや包丁も「切れる」のでダメ。櫛は「苦しみ」や「死」を連想させるのでいけない。鏡や薄手のガラス製品も「割れる」のでいけないと、思った以上に制約があります。

　ただし、新郎新婦と親しい関係にあり、相手が「ほしい」といった場合には、こうしたプレゼントを贈っても失礼にはあたりません。

（幸運社編『美しい日本の習慣』ＰＨＰ文庫）

　また、こんなケースもあります。「新郎に対し女性の友人が贈るなら、ネクタイ、ワイシャツなど身につけるものは避けなければなりません。新婦に対し男性の友人が贈る場合も同じです」（国友隆一著『伊勢丹に学ぶおもてなし』日本実業出版社）。

　なるほど、確かにそうですね。二人が仲むつまじく暮らしていくためには。

VI
面接

1. 面接試験の概要
2. 面接試験の実際
3. 面接室に入る
4. テレセールス
5. セールストーク

1 面接試験の概要

① 面接試験は，「テレセールス」「セールストーク」の2課題。
② 試験は，ロールプレイング（役割演技）で行う。
③ 審査の基準は，「愛想のある態度（雰囲気）が普通を超えている」。

1 面接試験の特長

1 面接試験の意義

　面接試験は，一般的には口頭試問で知識が問われるものですが，サービス接遇検定の面接試験は，知識が問われる試験ではありません。

　「サービス接遇」とは，サービスの場面での人の応対ということですが，それがどのようにできるかを問われるのが，この検定試験です。

　誰にも経験があると思いますが，サービスを受ける立場で相手と接したとき，**相手が笑顔で愛想よく受け答え**をしてくれたら，どうでしょう。そのときの気持ちは**快適**です。

　例えば，お客さまが来店したときは，「いらっしゃいませ」と言って迎えます。とても簡単なことですから，誰にもできますが，これの出来方が問題なのです。

　明るく感じよく，きちんと丁寧にすればよいということは，知識としては誰にも分かります。しかし，実際にできるかとなると，言い方もまちまち，お辞儀の仕方も，態度もまちまちということで，そこに，この検定の面接試験が存在する意義があるということになります。

　笑顔とか，言い方とか，態度などを総合したものが，「愛想」「愛嬌」ということになりますが，その**感じのよさ**をロールプレイング（面接試験）で問うのが，**この検定の特長**ということになります。

2 あいさつの意義

　「あいさつに始まりあいさつに終わる」という言葉がありますが，さて，サービス接遇における「あいさつ」とはどのようなものでしょうか。それは，お客さまが第一印象で，**「感じがよく，快適だ」**と思ってもらえるようなあいさつのことです。しかも形式を超えた，お客さまへの親愛の情を

込めたあいさつができるということです。

　そして、このあいさつは、準1級と同様に、1級面接でも重要です。1級面接では、準1級で学習した「あいさつの仕方の基本」がきちんと身に付いているかどうか、その習熟度も審査しています。それはあいさつが、**「愛想のある態度（雰囲気）が普通を超えている」**（審査の基準）ことを満たす基本条件の一つだからです。

　このきちんとしたあいさつやお辞儀を形づくるものが、全身に**張りのある体勢**です。そして、この張りのある体勢から、けじめ（節度）のある生活態度や礼儀正しさ、何事にも臆することのない自信、などがイメージされます。だからこそ、**就職面接の場でも「私はアルバイトや社員を雇用するとき、姿勢は重視する」**（竹内一郎著『人は見た目が9割』新潮新書）としているわけです。何にせよ、**人から評価される第一歩はきちんとしたあいさつの仕方そのものにある**のですから。

　これが、「あいさつ」の意義であり、面接試験のもう一つの意義でもあります。

3　準1級面接と1級面接

　なお、以上の内容は、『サービス接遇検定受験ガイド準1級』（以下『ガイド準1』）で、既に述べたものですが、これは1級面接にも共通する**サービス接遇検定のファンダメンタルな考え方**です。改めて、その意味するところを確認しておいてください。

　そして、準1級の基本言動や接客応答、接客対応での基本スキルとマインドに基づいて、**より高度な表現力が問われるのが1級面接の「テレセールス」と「セールストーク」**になります。

　従って、まずは準1級面接をクリアしてから、1級面接に取り組むのがよいでしょう。基本が磐石であることが、1級合格への第一条件になるからです。そして、この取り組みと実践は、今後の自信につながり就職面接の場でも大いに力を発揮することにもなるでしょう。

　いずれにせよ、ここは、この上のクラスがない1級の面接試験です。普通のことが普通にできただけでは不十分で、「この人は他の人とは何か違う。きらりと光るものがある」という**普通を超えたサービス接遇実務能力**が求められています。**1級合格者として、サービスの場に適応するサービス技能**です。

2 面接試験の課題

1 テレセールス
　かかってきた電話に，サービス担当者の立場で模擬電話応答（テレセールス）を行います。

2 セールストーク
　スカーフ，カーディガンなどの中から一つを選び，模擬対面販売（セールストーク）を行います。

3 審査の基準

1 審査コンセプト
　「サービス接遇者に必要な，ふさわしい話し方・態度・物腰が感じられる」

2 審査の基準
　「愛想のある態度（雰囲気）が，普通を超えている」

3 審査のポイント
（1）「愛想のある態度（雰囲気）が，普通を超えている」

(1)	親近感がある。
(2)	愛嬌が感じられる。
(3)	顔の表情が柔らかい。
(4)	言い方（話し方）が明るく丁寧である。
(5)	腰が低い・振る舞いが適切。

　　　◆物腰－親しみのある態度と，お客さまを立てた態度とをとることができる（お客さまに接するときの態度）。
　　　◆話し方－明るく生き生きとしていて，親しみのある話し方ができる。
　　　◆言葉遣い－お客さまを立てた丁寧な言葉遣いができる。

（2）「1級合格者として，サービスの場に適応するサービス技能である」
　　① 即応力がある。
　　② 表現力がある。
　　③ 説得力がある。

　準1級と同様に，審査のポイントは分けて説明していますが，実際には

分けきれません。例えば「愛嬌」は，**親近感，顔の表情，話し方，腰が低いなど**，それぞれが混ざり重なり合って「愛嬌」になっています。従って，**雰囲気**のようなものということになります。そのレベルが一般の人より高いかどうかが，審査の基準ということになります（服装や髪形などは，審査の対象としない。ポイントは，**「愛想」と「愛嬌」**である）。

　なお，「愛想」と「愛嬌」については，『ガイド準1』のコラム**「サービススタッフの『華のある雰囲気』をつくるもの－それが『愛想』と『愛嬌』」**（P.15～P.16）で説明しています。重要な審査事項です。改めて，確認しておいてください。

2 面接試験の実際

① 試験は二人一組で行い，所要時間は一組11分程度。
② 一人ずつ課題ごとに取り組む。1課題の所要時間は1分から2分程度。
③ 試験が終了したら，二人とも審査員の前に立ち，全体講評を受ける。
④ 全体講評の後，退出（二人）。

1 面接試験の進行手順

控室に入る

空いている席に座り，番号札を左胸に着けて静かに待ちます。また，受付で渡された資料（サービス接遇検定「1級面接試験の受け方」）で，試験の進行内容を確認します。

↓

課題を受け取る

試験の直前になると「テレセールス（模擬電話対応）」と「セールストーク（模擬対面販売）」の課題が渡され，指定された場所で3分間で覚えます。内容を覚えるためにメモを取るのは構いませんが，そのメモ用紙を面接室に持ち込むことはできません。

↓

面接室に入る

係員の案内で面接番号順に貴重品を持って入室します。①入室の際，会釈程度のお辞儀で「失礼いたします」と言います。②荷物を所定の場所に置いたら，面接室の中央に進みます。二人そろってから審査員に向かって，受験番号と氏名を言います。③面接試験の進め方は，係員の指示に従ってください。

↓

課題1「テレセールス」

審査員の指示に従って，受験番号順に模擬電話セールスをします。

↓

課題2「セールストーク」

審査員の指示に従って，受験番号順に模擬対面販売をします。

| 全 体 講 評 |
| （コメント） |

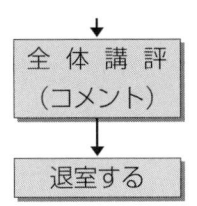

試験が終わったら，二人とも審査員の前に立ち，全体講評を受けます。

| 退室する |

全体講評が終わったら荷物を持って退室し，番号札を受付に返してから，帰ります。

■試験は，二人一組で行い，所要時間は一組11分程度です。
■試験は，ロールプレイングで行います。
■合否の結果は，面接試験日の約3週間後に，通知されます。

2 面接室のレイアウト

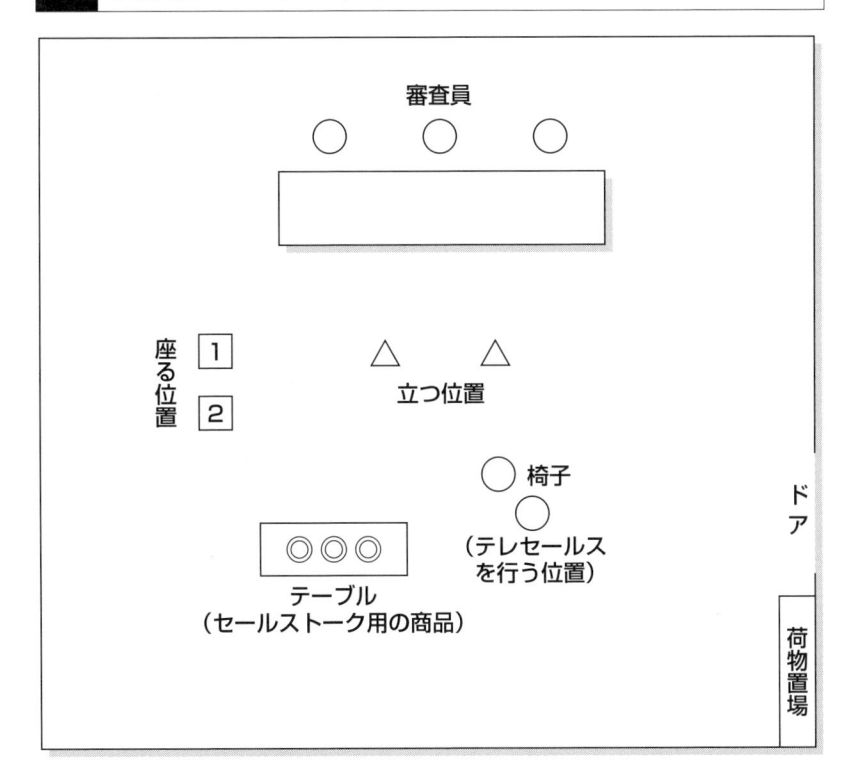

```
              審査員
          ○   ○   ○
      ┌─────────────┐
      └─────────────┘

  座
  る  1       △    △
  位         立つ位置
  置  2

              ○ 椅子              ド
          ○                       ア
        ○○○  （テレセールス
        テーブル を行う位置）
   （セールストーク用の商品）      荷
                                  物
                                  置
                                  場
```

※ドアや荷物置場の位置とテレセールスを行う位置などは，場合によって異なります。

3 面接室に入る

① きちんとした体勢をつくり，入室を待つ。
② 入室時は，丁寧な立ち居振る舞いを意識する。
③ きちんとした態度で，丁寧なあいさつをする。

1 入室前の心得

控室で，係員から名前を呼ばれたら，二人一組になって面接室に移動します。面接室には係員が案内します。

入室前の光景

面接室の前に二人とも立ち，入室を待つ。**身なりを整え，背筋を伸ばし**，いつでもきちんとしたお辞儀とあいさつができる**張りのある体勢と雰囲気**をつくっておく。

● 入室前は気持ちを改めて

留意事項
- 背筋を伸ばして,体に緊張感を持たせる。体に張りが生まれ,これが丁寧さの基盤になる。**就職面接でも留意しておきたい体勢である。**
- **緊張した態度は**,そのまま相手に対する**敬意の表れ**でもある。「あなたにお会いして緊張しています」というわけである。そして,これが畏(かしこ)まってあいさつをするということ。

2 入室時の振る舞い

係員の案内で,一人ずつ面接室に入ります。

さて,あなたなら,どのようにして入室しますか。**就職面接では,第一印象を決める大事な場面**です。ここでシミュレーションしてみてください。

入室時のあいさつ

入り口では,一度立ち止まり,それから審査員に**「失礼いたします」**とあいさつをする。お辞儀は会釈程度でよい。

● 前傾の姿勢で「失礼いたします」と言って,会釈をする

3 ■ 面接室に入る　231

● 前傾の姿勢で「失礼いたします」と言って，会釈をして入る

留意事項

- 体に張りを持たせたまま会釈をする。これをしないとだらしなく映る。
- 両足のかかとはきちんと付ける（つま先はややV字に開く）。また，手の位置は，前で重ねる（男女）かズボンの脇（男）に置く。
- 指先はきちんとそろえる。
- あいさつは明るく，お辞儀は，頭だけ下げずに上体全体を倒す。
- 貴重品は持ったまま入室し，荷物置場に置く。

確認事項

- 前掲の＜留意事項＞は，準1級でも解説したお辞儀の仕方の基本。
- 『ガイド準1』から「入室時のあいさつ」の仕方を確認すること。同書では，正面図と側面図の2例（P.23～P.24）を掲載しているが，ここで本書の背面図とともに，全体のお辞儀の形を再確認しておくとよい。心の中に自分の**お辞儀の形をイメージ化（意識化）**するわけである。

審査員へのあいさつ

　入り口でのあいさつを終えたら，審査員の前に進む。二人そろったら以下の要領で，受験番号順に**あいさつ**をし，丁寧にお辞儀をする。

　なお，ここでのあいさつは，準1級とは違い審査の対象ではないが，「入室時のあいさつ」と同様，**就職面接では重要な場面**である。また，きちんとしたあいさつは，これから積極的に課題に取り組もうとする真摯な心の表れでもある。そして，これも感じのよさの一つ。実際のロールプレイングも期待できる。改めて，あいさつの大切さを心得ておくこと。

　　　　　面接番号1番，○○○○と申します。
　　　　　よろしくお願いいたします。

　　　　　面接番号2番，□□□□と申します。
　　　　　よろしくお願いいたします。

- 体に張りを持たせたまま，直立の姿勢で待つ
- 前傾の姿勢で「面接番号1番○○○○と申します。よろしくお願いいたします」とあいさつ

> **確認事項**
> - あいさつの仕方については,『ガイド準1』の「あいさつ」から,＜留意事項＞と＜アドバイスぷらすワン＞（P.28）を確認すること。特に,前傾姿勢（お客さまに接するときの基本姿勢）からあいさつをし,お辞儀をする一連の動作は重要。
> - 『ガイド準1』（P.26〜P.27）では,「丁寧なあいさつの仕方」の連続図を掲載している。このフローから,丁寧さを表すあいさつの仕方の手順を再確認しておくこと。**お客さま応対の基本**である。

着 席

　二人のあいさつが済んだら,審査員が「どうぞ,お二人ともこちらの椅子にお掛けください」と声を掛ける。そうしたら,**速やかに**指定された椅子の方へ進み,「失礼いたします」と言って会釈をし,**着席**する（審査員に近い方から,面接番号順に座る。着席の仕方については,『ガイド準1』の「着席」（P.25）から,着席の図と＜留意事項＞とを参照）。

　なお,**就職面接では,椅子の座り方から,普段の生活態度を判断される場合もある**ので,心しておくとよい。

Column

姿勢は心を表す

「姿勢が表情に与える影響は極めて大きい」

　こう語るのは，舞台の演出家でもある竹内一郎さんです。心理学のノンバーバル・コミュニケーションを踏まえての話です。

　表情はカメラの角度に大いに影響される。山田洋次監督が倍賞千恵子さんを初めて撮るときに、カメラの前に立たせて、色んな角度から見て、アングルを決めるまでに周りが呆れるほどの時間を費やしたという話を私は、松竹の女優さんに聞いたことがある。姿勢が表情に与える影響は極めて大きい。

　「伝達」という考え方からすると、姿勢は内なる感情を表す手段となりえる。

　「ポジティブ」と「ネガティブ」もわかりやすい分け方である。やはり、姿勢はそういうメッセージを伝達するのである。

　　　　　　　　　（中略）

　「姿勢が悪いことのなにがいけないの？」と問われて、親も教育者も返答ができない。犯罪でもなく、人に迷惑をかけているわけでもない。学校教育の評価に基準があるわけでもないから、学校を卒業するまでは、どんなに姿勢が悪くても、実感できるデメリットはないわけである。

　しかし、たとえば就職試験の面接には影響してくる。他の会社は知らないが、私はアルバイトや社員を雇用するとき、姿勢は重視する。恐らく、筆記試験も含めて採用までにコストをかける大企業も同様ではないだろうか。面接官も特に身体に問題がないのに姿勢の悪い若者は敬遠すると思われる。

　考えていただければすぐにわかるが、猫背のウェイターと背筋の伸びたウェイターとどちらに給仕してもらいたいか、答えは明らかである。

　　　　　　　（竹内一郎著『人は見た目が9割』新潮新書）

4 テレセールス

① 課題1「テレセールス」に取り組む。
② 課題の提示に基づいた模擬電話セールスを行う(一人1課題)。
③ サービス担当者の立場で,適切な電話応答をする。

1 課題1「テレセールス」(A)に取り組む

　二人が着席したら,審査員が**「最初にテレセールスを行います。1番の方こちらの椅子にお掛けください」**と声を掛けます。呼ばれた受験者は,**笑顔で,明るく「はい」と返事**をして立ち上がり,面接室中央の,背中合わせに置かれた椅子に移動し,着席します(本書では,背中合わせに座る審査員の図は省略)。

　ここでは審査員がお客さまです。そのお客さまからかかってきた問い合わせの電話に,**サービス担当者の立場で適切な電話応答**をしていきます。

　なお,言葉遣いなどは課題と同じである必要はなく,大まかで構いません。また,答え方により,展開が違ってしまっても構いません。**審査の目的は,感じのよい電話セールス**にあるからです。

　では,次にその模擬電話セールスの課題例を挙げておきます。面接試験では,このような課題(毎回変わる)を控室で覚えて,テレセールスに臨みます。

応対例（課題Ａ）

a telephone sales

　以下の課題に従って，かかってきた模擬電話に，サービス担当者の立場で適切な電話応答をする。

審査員	「それでは，始めます。よろしくお願いします」
受験者Ａ	「よろしくお願いいたします」
審査員	「もしもし」
受験者Ａ	「毎度ありがとうございます。ゴルフショップＡＢＣでございます」
審査員	「ちょっとお聞きしたいのですが」
受験者Ａ	「はい，何でございましょうか」
審査員	「グリーンまでの残り距離が測れる望遠鏡があると聞いたんですが，そういう物があるんですか」
受験者Ａ	「望遠鏡ではないんですが，ありますよ。『レーザー500』のことですね」
審査員	「それはどのようにして測るんですか」
受験者Ａ	「レーザー光線で測るんですが，望遠鏡のようなもので測りたい物に光を当てると，反射時間で距離が分かるんです」
審査員	「それはいいですね。だけど，雨や風の影響はないんですか」
受験者Ａ	「はい，レーザー光線ですから，天候には全く影響いたしません」
審査員	「はい，ではここまでといたします」

　以上が，「テレセールス」の全体的なプロットです。
　さて，ここから，サービス接遇実務者としての役割（物腰・言い方・言葉遣い）をイメージしてみましょう。いかがでしょうか。
　それでは，次にロールプレイングのポイントを具体的に一つ一つ見ていきましょう。

2　第一声

　背中合わせにいる審査員が、「もしもし」と、電話をかけてきます。前掲のプロットに従って、感じよく応対してください。

応対例（あいさつと名乗り）　　　　　　　　　　　　　　welcome

「毎度ありがとうございます。ゴルフショップＡＢＣでございます」

a good example

- 軽く頭を下げながら、「毎度ありがとうございます。ゴルフショップＡＢＣでございます」と、笑顔と丁寧さが伝わるソフトな雰囲気で言う

a bad example

- 電話応対も接客の一つ。きちんとした態度で（横柄な態度は声の調子にも表れる）
- 平板でぶっきら棒な「毎度ありがとうございます。ゴルフショップＡＢＣです」では、あいさつにならない。もっと愛想よく

留意事項

- いずれかの手で，受話器を取るポーズをつくる。これも役割演技の一つ。
- 第一声は，**明るく生き生きとしたあいさつ**をする。
- 「毎度ありがとうございます」と言ったとき（言いながらでもよい），少し頭を下げること。
- 丸暗記したせりふを，棒読みするようなことはしない。
- 「毎度ありがとうございまーす。ゴルフショップＡＢＣでございまーす」などと，**間延びした言い方**はしない。
- 大股開きで応対しない。このような不遜な態度が，横柄な言い方になって表れるので，きちんとした態度で応対すること。

確認事項

- 『ガイド準1』の「着席」（P.25）から**椅子の座り方**を再確認すること。態度は言い方に表れる。お客さまにもすぐ分かる。きちんとした姿勢で電話応対をすること。言わずもがな，「足組みしぐさ」も厳禁。
- 『ガイド準1』の「基本言動」（P.29～P.31）から，「いらっしゃいませ」（お客さまをお迎えする体勢）を再確認すること。この基本が備わっていれば，電話でも感じのよい応対ができる。

アドバイス・ぷらすワン

- 目の前にお客さまはいない。が，いるときと同じように，笑顔で「いらっしゃいませ」と応対するのが電話応対である。であれば，この場合，**お客さまの声を迎える体勢**を取ることになる。それが，「毎度ありがとうございます」と言ったときのお辞儀である。そして，このことはお客さまの心にも伝わる大切な**電話しぐさ**である。
- 準1級でも繰り返し述べてきていることだが，明るく生き生きとした言い方をするには，話し始めるときの第一声を，特に意識して高めにするとよい。これが**「明るさ」をつくるための重要なポイント**の一つである。

- このとき，お客さまと目の前で応対しているときと同じように**明るく生き生き**と言うこと。これによってその後の応対にも弾みがつく。
- あいさつは,「毎度ありがとうございます」以外でもよい。例えば,「はい」と言うだけでも，ここに**愛想のある言い方**（例えば，明るく「はい」と言った後，軽く頭を下げるなど）が感じられれば特に問題はない。また,「おはようございます」や「こんにちは」などでもよい。これが**親しみのある態度（雰囲気）をつくる基本**になるからである。そしてこの後,「ゴルフショップＡＢＣでございます」と，店名を名乗っていくわけである。

Column

オペレーターの仕事

「クラシックで丁寧、日本の美しい言葉が残っている」

ある著名な作詞家が帝国ホテルのオペレーターの電話応対を褒めたたえました。それがこの言葉です。では早速、その仕事ぶりを『帝国ホテル 伝統のおもてなし』から見てみましょう。

オペレーターが着信する電話の本数は、1日平均約2,000本、お客さまが多いシーズンには3,500本にもなります。その一本一本の電話応対に「帝国ホテルらしさ」を声ひとつで表現しているのです。発声練習、敬語、クレーム対応等の学習、訓練は日々行われています。言葉という音声だけでお客さまはスタッフの心の中を見てしまうのですから真剣です。

電話応対業務の中で一番多いのはご案内、特にホテルまでの道案内であるため、新人研修はまず、最寄駅からの道案内から始まります。

ポイントはいかに速やかにお客さまの目線に立ったわかりやすい表現ができるかにあります。「速やかに、間違えずに、丁寧に」と、機能的な表現を心がけたからこそ、その先の「美しい」表現までを獲得できるのです。

話し方には四つのコツがあるといいます。①言葉の調子…明るく・やさしく・うつくしく②復唱・確認・メモ…責任ある仕事には不可欠です③挨拶と相槌…挨拶ははっきりと、相槌は軽め、短め、高めにが共感を表現します④終話…余韻の残る終わり方を心がけます。

しかし、これらのコツを活かすのも台無しにするのも、真心をこめた応対であるかどうかです。歯切れのよい話し方、正確な敬語、ムダのない説明の基底に「真心をこめる」がなければ感動を与えられず、「帝国ホテルらしく」はないのです。

(川名幸夫著, 帝国ホテル ホテル事業統括部監修『帝国ホテル 伝統のおもてなし』日本能率協会マネジメントセンター)

3 お客さま応対1

次に，審査員が**「ちょっとお聞きしたいんですが」**と，尋ねてきます。さて，あなたなら，サービス担当者として，どのように応対しますか。

応対例　　　　　　　　　　　　　　　　　　　　a telephone sales

「はい，何でございましょうか」

a good example

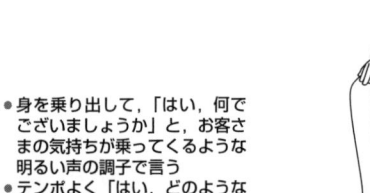

- 身を乗り出して，「はい，何でございましょうか」と，お客さまの気持ちが乗ってくるような明るい声の調子で言う
- テンポよく「はい，どのようなことでございましょうか。何なりとお尋ねくださいませ」などの言い方でもよい

a bad example

- 沈んだ声で「はい，何でしょうか」などと応じてはいけない。背筋を伸ばして，笑顔で明るく元気よく

留意事項
- 背筋を伸ばし，明るく張りのある言い方で応対する。
- 身を乗り出すようにして，笑顔で「はい，何でございましょうか」と言うと，言い方にテンポのよさと張りが出る。
- 無表情で応対すると，口先だけになり，声のトーンも沈みがちになるので要注意。
- 「はーい，なんですかーあ」などのだらしない言い方はしない。きちんとした調子を崩さずに話すこと。

アドバイス ぷらすワン
- お客さまに，**尋ねやすい雰囲気をつくる**ことも大切。そのためには，**柔らかく感じられる言い方**も大切。この言い方ができれば，「お客さまのお尋ねは，何でもお応えします。どうぞ，何なりとお尋ねください」という**温かみのあるメッセージ**になる。

4 お客さま応対2

さて、あなたの「はい、何でございましょうか」に対し、審査員が「グリーンまでの残り距離が測れる望遠鏡があると聞いたんですが、そういう物があるんですか」と尋ねてきます。さあ、ここでは、どう応対していけばよいでしょうか。記憶した課題のプロットを思い出しながら、答えてみてください。

応対例　　　　　　　　　　　　　　　　　　　　　a telephone sales

「望遠鏡ではないんですが、ありますよ。『レーザー500』のことですね」

a good example

- 「はい、取り扱っております。商品名を『レーザー500』と申します。大好評の品でございます」などと、お客さまの期待に応えるような、明るくはきはきとした調子で言う

a bad example

- 「あります。『レーザー500』です。でも、それって望遠鏡ではありませんよ」などと、買う気をそぐようなつっけんどんな言い方はしない。いつでもお客さまを意識した言い方で

留意事項

- 体に，適度な緊張感（張り）を保って応対すること。リラックスし過ぎると，いつも友人と話している口調になったり，「ありますよー」とか「ありますねぇ」などの口癖が出たりする。要注意。
- 一本調子の言い方をしない（暗記したせりふを棒読みしない）。
- 取り扱っているということを，お客さまに**感じよく伝えるための言い方**をする（事務的な言い方や無愛想な言い方，また，間違いを指摘するような言い方はしない）。

アドバイス ぷらすワン

- お客さまが尋ねている間は，前傾の姿勢を取り，**相づちを打ち**ながら聞く。これがお客さまの話を聞く基本姿勢であり，お客さまを立てた接し方である。そして，このことがお客さまに，**尋ねやすい雰囲気をつくる**ことにもつながる。
- お客さまの問い合わせに対して，**「はい，取り扱っております。商品名を『レーザー500』と申します」**などと，**打てば響くような返答**をすると，お客さまの気持ちも乗ってくる。その後の応対もスムーズに進む。どのような商品か期待を持って，さらに聞いてくるからである。これが**普通を超えた電話応対の一例**。

5 お客さま応対3

　取り扱っていると聞いたお客さまは,「それはどのようにして測るんですか」と,期待を持って尋ねてきます。アマチュアゴルファーにとって,グリーンまでの残り距離はとても大切なんです。何せ,お客さまの夢と希望はバーディーにあるのですから。

　さて,そんなお客さまに対して,あなたならどのように応対していきますか。

応対例　　　　　　　　　　　　　　　　　　　　a telephone sales

「レーザー光線で測るんですが,望遠鏡のようなもので測りたい物に光を当てると,反射時間で距離が分かるんです」

a good example

- 商品の説明は,お客さまの反応を感じながら,ゆっくりとした口調で。その丁寧さが添えた右手に表れている。これが,落ち着きのある説明の仕方
- 右手は受話器に添えなくてもよい

a bad example

- 困ったような表情と態度は,そのまま自信のない口調になって表れる。落ち着いてゆっくり話すこと
- 説明のとき,「あのー,レーザー光線で,あのー,測るんですが,あのー……」などと,「あのー」を連発しない。聞き苦しいだけ
- お客さまを意識した,落ち着きのある態度

留意事項
- ゆっくりとした口調で，丁寧に説明する。
- 下を向いたままで話さない。くぐもった言い方になり，聞き取りにくくなる。
- まくし立てた話し方や，ただ事務的に説明すればよいといった言い方はしない。また，暗記したせりふをそのまま棒読みすることも避ける。
- 子供に教え諭すような，また，人を見下ろしたような説明の仕方をしない。高慢に映る。
- 必要以上に「測るんですがぁー」とか「分かるんですよー」など，語尾を伸ばす言い方はしない。説明内容に信頼が置けなくなる。

確認事項
- 『ガイド3』（P.100～P.101）と『ガイド2』（P.102～P.105）から，説明の仕方の基本を確認しておくこと。**接遇者の話し方**として重要な箇所である。

アドバイス●ぷらすワン●
- お客さまの目の前で接客している場面をイメージする。この場合，お客さまの表情（反応）を見ながら，ゆっくりと説明していくわけだが，電話でもこれと同じことをする。これによって，**柔らかく温かみのある言い方**になる。これが**お客さまを意識した丁寧な電話応対**。
- 左手で持った受話器に右手を添える必要はないが，ここには**丁寧に説明するという姿勢**がある。この感じのよさは声にも表れる。
- せりふが少々長いと感じたら，短文にして覚えるとよい。例えば「距離はレーザー光線で測ります。望遠鏡のようなものです。これで測りたい物に光を当てます。すると，その反射時間で距離が分かるんです」のように。これを**聞き取りやすい発音とテンポ**で話す。

6 お客さま応対4

「レーザー500」の説明をしました。すると、お客さま。買う気満々で**「それはいいですね。だけど、雨や風の影響はないんですか」**と尋ねてきました。ゴルファーにとって雨と風は難敵です。苦労するんです、これには。さて、あなたなら、そのお客さまの気持ちを慮り、どんな言い方で応対しますか。

応対例　　　　　　　　　　　　　　　　　　a telephone sales

「はい、レーザー光線ですから、天候には全く影響いたしません」

a good example

- お客さまの気掛かりを、すぐに取り除くように「はい、ご安心くださいませ。レーザー光線ですから、天候には全く影響いたしません」などと、優しい言い方で応える

a bad example

- 間を置かずにすぐさま、「ありません。これはレーザー光線ですよ」などと、ぶっきら棒な物言いはしない
- お客さまの気持ちを、十分に配慮した言い方で
- 気もそぞろな態度で話さないこと。お客さまの電話に集中して

留意事項
- お客さまに答えるときの基本姿勢（前傾）を取る。
- 柔和な表情で、丁寧に応答する。
- お客さまにきちんとした印象を与え、信頼してもらえるように、しっかりとした話し方をする。
- 無表情で、しかも早口で話すと、高飛車な言い方に聞こえる場合もある。要注意。
- 説明するとき、「そんなことも分からないのですか。レーザー光線だから大丈夫ですよ」などのニュアンスで言わないこと。高慢に映る。
- 髪などを触りながら話すと、それが落ち着きのない声になって表れてしまうので、右手はきちんと大腿部に置くこと。

確認事項
- 『ガイド準1』の「接客対応」から、「お客さま対応1」（P.76～P.77）を再確認すること。**サービス接遇検定の底流にある基本マインド**を解説している。

アドバイス●ぷらすワン●
- お客さまの疑問を即座に解消するには、「はい」と言った後、**「ご安心ください」**などの言葉を付け加えるのもよい。そして、「レーザー光線ですから、天候には全く影響ありません」と続け、さらに、**「お客さま、バーディー確実でございます。ぜひ、当店でお買い求めくださいませ」**などと言うと、「愛想のある態度（雰囲気）が普通を超えている」ということになる。
- テレセールスであるから、お客さまの購入意欲を高め、お店に来てもらわなければならない。そのためのベストなアイテムは、いわずもがな**「愛想と愛嬌」**である。改めて『ガイド準1』（P.15～P.16）から、その表現法を確認しておくこと。

7 課題1「テレセールス」(A)の終了

　あなたが「はい，レーザー光線ですから，天候には全く影響いたしません」と言った時点で審査員が「はい，ではここまでとします」と，**課題1「テレセールス」(A)の終了**を告げます。そして，あなたは，審査員の「それでは，こちらでお待ちください」の案内で，課題に取り組む前に座っていた場所に戻り着席します。

　あなたが着席したら，審査員が**「それでは2番の方，同様にテレセールスを行います。こちらの椅子にお掛けください」**と声を掛けます。呼ばれた受験者は，同じように**課題1テレセールス(B)**に取り組んでいくわけです。その間，あなたは待機することになります。

Column

声の接客

笑声で電話に出ましょう

　「声の接客ということで忘れてはならないのが電話です」。そう語るのは，ベテランのコンシェルジュ，前田佳子さん（リゾートトラスト・東京ベイコート倶楽部）です。

　ホテルには，お客様から予約のお電話が多数かかってきます。
　常連のお客様もいらっしゃいますが，多くは初めてのお客様です。お客様からのお電話に粗相があったために，ご機嫌を損ねてしまい，大切な機会を失うこともあります。電話では表情が伝わりませんから，よりいっそうの注意が必要です。

　　　　　　　　　　（中略）
　電話に出るときに大事なのが，**笑顔をつくって電話に出る**ことです。
　すると笑顔が言葉として伝わるのです。私はこれを〝**笑声**〟と読んでいます。そのような言葉は日本語にはありませんが，周りのスタッフにも「笑声で電話に出ましょう」といっていました。
（前田佳子著『伝説コンシェルジュが明かすプレミアムなおもてなし』
　　　　　　　　　　　　　　　　　　　　　　　　　　ダイヤモンド社）

8 課題1「テレセールス」（B）に取り組む

それでは，参考までに，もう一つの**テレセールス（B）の課題例**を挙げておきます。研究材料の一つとしてください。

応対例（課題B）　　　　　　　　　　　　　　　　a telephone sales

以下の課題に従って，かかってきた模擬電話に，サービス担当者の立場で適切な電話応答をする。

審査員	「それでは，始めます。よろしくお願いします」
受験者B	「よろしくお願いいたします」
審査員	「もしもし」
受験者B	「毎度ありがとうございます。ＡＢＣ洋品店でございます」
審査員	「ちょっとお聞きしたいのですが」
受験者B	「はい，何でございましょうか」
審査員	「縫い目のない男物のシャツがあると聞いたんですが，そういうシャツがあるんですか」
受験者B	「あら，もう知っていらっしゃるんですか。入荷はまだなんですが，製品はできていて，もうすぐ入ることになっていますが」
審査員	「着心地はどうなんでしょうね」
受験者B	「そうですね。何しろ1枚の布で体の形に編み上がっているのですから，着心地は抜群とメーカーでは言っていますよ」
審査員	「そうですか。それでは入荷したら教えてもらえませんか」
受験者B	「はい，かしこまりました。それではお名前と電話番号を教えていただけませんでしょうか」
審査員	「はい，ではここまでといたします」

以上が，「テレセールス」（B）の全体的なプロットです。

さて，面接番号2番のBさんも「テレセールス」を終え，あなたの隣の席に戻ってきました。次は**課題2「セールストーク」**です。準1級課題3**「接客対応」**での基本を踏まえての課題です。

4 ■ テレセールス　251

5 セールストーク

① 課題2「セールストーク」に取り組む。
② 課題の提示に基づいた模擬対面販売を行う（一人1課題）。
③ 販売スタッフの立場で，適切なセールストークを行う。

1 課題2「セールストーク」（A）に取り組む

　審査員の「次は，セールストークを行います。それでは，1番の方，こちらの中から，一つ商品をお選びください」の指示で，テーブルの上に置いてある商品の中から一つ選びます。そして，その商品を持ち，所定の位置に着きます。
　ここでは，審査員がお客さまです。受験者であるあなたが販売スタッフの立場で，**商品を推奨**していきます。
　さてこのとき，カリスマ店員のように，**優しさをたたえたほほ笑みでお客さまを和ませ，その雰囲気のままにセールストーク**をしてみたらいがでしょうか。**ほほ笑みで販売商品を推奨し説得できる**，これが**販売スタッフの出発点**だからです。

販売商品　　　　　　　　　　　　　　　　　　　　　　　　goods

以下の設定で，お客さま（審査員）に模擬対面販売をする。

面接室には次の物が用意してある。このうちのどれか一つを選び，販売商品として，セールストークによりお客さまに推奨する。

＜用意してある物＞
①スカーフ（大）
②スカーフ（中）
③カーディガン
④スカート（黒）
⑤スカート（柄物）
⑥ネクタイ

一部，商品が変更になる場合があります。

応対例（課題A）　　　　　　　　　　　　　　　　　　a sales talk

スカーフを選んだ場合の応対事例

審査員	「それでは，始めます。よろしくお願いします」
受験者A	「よろしくお願いいたします」
審査員	「こんにちは」
受験者A	「いらっしゃいませ」
審査員	「何かお勧めの物はありますか」
受験者A	「そうですね，こちらのスカーフはいかがでしょう」
審査員	「スカーフですか」
受験者A	「はい，どうぞお手に取ってご覧いただけますか。シルクですので，柔らかく風合いもよく，とても軽いですよ」
審査員	「そうね，軽いわね，これならスーツの中に着けても気にならないわね」
受験者A	「はい，お色が鮮やかですので，お客さまが今お召しのスーツにとてもお似合いになると思います。どうぞそちらの鏡でご覧になってくださいませ」
審査員	「そうね，よさそうね」
受験者A	「はい，お客さま，今お召しのスーツとスカーフのコーディネートは，とてもすてきでございます」
審査員	「では，ここまでといたします」

　以上が，「セールストーク」（スカーフの場合）の全体的なプロットの例です。
　さて，ここから，**愛想と愛嬌が感じられるセールストーク**をイメージしてみましょう。いかがでしょうか。
　それでは，次にロールプレイングのポイントを具体的に見ていきましょう。

2 お客さまを迎える

お客さまが,「**こんにちは**」と,声を掛けてきました。さて,あなたならどのように応対していくでしょうか。

応対例　　　　　　　　　　　　　　　　　　　　　welcome

「いらっしゃいませ」

a good example

- 最初に「こんにちは、いらっしゃいませ」などと、お客さまに近寄って行き前傾姿勢で愛想よく言う
- そして、心を込めて丁寧なお辞儀をする

a bad example

- お客さまに自分から近寄らず、離れたままは不可
- 両足を広げてのお辞儀は不可。背筋は伸ばしてスマートな雰囲気で
- 「いらっしゃいませ」のあいさつは、お客さまの目を見て
- 硬い言い方での「いらっしゃいませ」は不可。お客さまを迎えるときは、明るく弾んだ声で

留意事項
- 少し前傾しお客さまを迎える体勢をつくる。そして，その体勢から「いらっしゃいませ」と明るくあいさつをし，お辞儀をすること（『ガイド準1』P.26〜P.27）
- お辞儀をした後，上体はすぐに戻さず，**一瞬止めること**。これが，**サービス接遇検定が重要視している丁寧なお辞儀の仕方**。
- お客さまの顔を見ながらお辞儀はしない（『ガイド準1』P.30）。視線は自然に下に落とす。
- お辞儀は，背中が丸くならないように気を付ける（背筋を伸ばす）
- 再三，述べていることだが，両足のかかとは付け，両手は脇にきちんと付けるか，前で重ねておくこと。

確認事項
- 『ガイド準1』の「**あいさつ**」「**基本言動**」（P.26〜P.31）から，お辞儀の仕方の基本を再確認すること。**お客さまを意識した丁寧なお辞儀**とはどういうものなのか，そのスキルとマインドを解説している。
- 『ガイド準1』のコラム「**お辞儀とサービスマインド**」（P.35）と「**あいさつの本当の意味**」（P.43〜P.44）から，あいさつの大切さを再確認すること。

アドバイス・ぷらすワン
- 繰り返し述べているが，**相手と面したときの礼儀が前傾の体勢**。そして，これがお客さまを立てた接し方。これによって，言い方と態度・振る舞いに**慎み深さ**が出てくる。サービス接遇検定の重要ポイント。
- **愛想のある言い方**を心掛ける。その一つが「こんにちは，いらっしゃいませ」などの親しみのある話し方（『ガイド準1』のコラム「**あいさつ言葉の効用**」P.74〜P.75）。これがお客さまの気持ちを察した言い方と行動（**表現力と即応力**）につながる。

3 お客さま応対1

　さて，お客さまが「何かお勧めの物はありますか」と，尋ねてきます。そこであなたは「そうですね，こちらのスカーフはいかがでしょう」と勧めました。するとお客さま，「スカーフですか」と，興味津々の様子です。さて，この後，あなたは販売スタッフとして，どのようにセールストークを始めていけばよいでしょうか。**即応力と表現力，説得力が問われる第一段階**です。
<small>ステップ</small>

応対例　　　　　　　　　　　　　　　　　　　　　a sales talk

　「はい，どうぞお手に取ってご覧いただけますか。シルクですので，柔らかく風合いもよく，とても軽いですよね」

a good example

- 最初に，「こちらのスカーフはいかがでしょう」と，お客さまに近付いて穏やかな物腰で品を提示する

- そして，お客さまの反応を見ながら，「はい，どうぞお手に取ってご覧ください。いかがでございますか……。シルクですので，柔らかく風合いもよく，とても軽いですよね」などと，語り掛けるような口調で説明する

a bad example

- 突立ったままお客さまに近付かず，お客さまの反応を見ないで「この素材はシルクです。柔らかく風合いもよく，とても軽いスカーフです」などと，一方的な説明はしない
- セールスの基本ができていない。積極的に，お客さまにスカーフを渡し，その感触・風合いを実感してもらうように

留意事項

- お客さまに推奨品を提示し，その特長などを説明しながら勧めていくのがセールストーク。この基本（手順）を押さえておくこと。それが前ページの応対例。
- お客さま対応の**基本姿勢である前傾の体勢は崩さない**こと。
- いつでもきちんとした応対ができるように，張りのある体勢を崩さないこと。この適度な緊張感が持続できないと，立ち姿などに普段のしぐさが出てしまうので注意が必要。
- 「はい……」と受け答えをするときは，前傾のままで少し**うなずくしぐさ**をする。
- 商品の提示，説明の際は，お客さまの反応を見ながらすること（事務的で一方的な言い方はしない）。
- 何度も言っていることだが，早口で説明をしないこと。用件を

早く済まそうとする印象があり，これではセールストークにならない。
- 口先だけで対応せずに，お客さまに品を手渡すなど，**積極性を行動で表すこと**。

確認事項
- 『ガイド準1』の基本言動から，**「いかがでございますか」**（P.40〜P.42）の言葉と態度を確認すること。ここでは，**「生き生きとした積極的な感じ」**が求められている。

アドバイス●ぷらすワン●
- 『ガイド準1』の「接客対応」でも述べたが，一つ一つの商品を両手で**丁寧に扱う心**が，丁寧な物腰や言葉遣いなどに表れる。この意識を持つことが重要。これが**お客さまからの信頼を得，購入を促す**ことにもつながってくる（『ガイド2』から「金品管理」（P.130〜P.133）と「金品搬送」（P.134〜P.136）を参照）。そして，これが**雰囲気のある「セールストーク」**につながる。
- お客さまの興味津々の様子から，すかさず「手に取ってご覧ください」と，間髪をいれずに勧める。これが**即応力**である。そして，スカーフの特長を，感覚に訴えながら，分かりやすく説明する。これが，**表現力であり説得力**である。特に，最後の「とても軽いですよね」という言い方は効果てきめん。

4 お客さま応対2

さて,あなたはお客さまにスカーフを渡し,「とても軽いですよね」と言いました。するとお客さま,**「そうね,軽いわね,これならスーツの中に着けても気にならないわね」**と,まんざらでもなさそうです。さあ,もう一押しです。説得力のあるセールストークをしてください。

応対例　　　　　　　　　　　　　　　　　　　　　　　a sales talk

「はい,お色が鮮やかですので,お客さまが今お召しのスーツにとてもお似合いになると思います。どうぞこちらの鏡でご覧になってくださいませ」

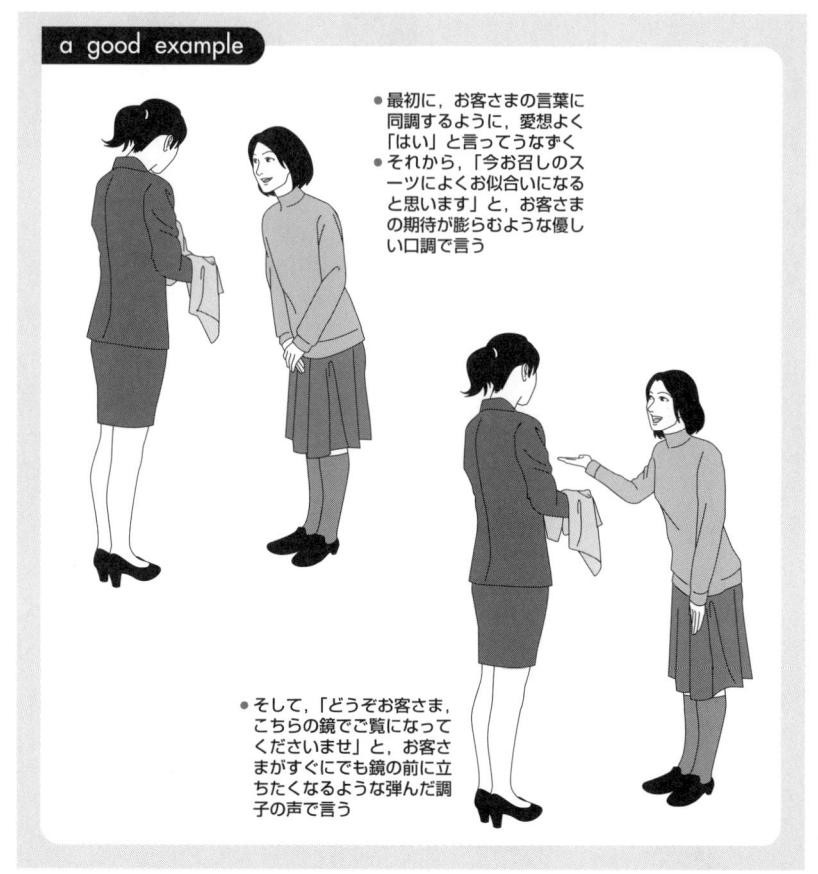

a good example

- 最初に,お客さまの言葉に同調するように,愛想よく「はい」と言ってうなずく
- それから,「今お召しのスーツによくお似合いになると思います」と,お客さまの期待が膨らむような優しい口調で言う
- そして,「どうぞお客さま,こちらの鏡でご覧になってくださいませ」と,お客さまがすぐにでも鏡の前に立ちたくなるような弾んだ調子の声で言う

5 ■ セールストーク

a bad example

- 平板な口調で、「お色も鮮やかで、お客さまが今お召しのスーツにとてもお似合いになると思います……」などと言わない。
- お客さまに喜んでもらえるように、柔和な表情で愛想よく
- 棒立ちのままでお客さまと応対しない。前傾の姿勢で丁寧に

留意事項

- 素材や風合いの説明の後、そのスカーフがお客さまのスーツによくマッチしていることを、お客さま自身の目で確かめてもらうのが第二段階のセールストーク。この基本（手順）を押さえておくこと。特に、購入する上で「似合うかどうか」は、お客さまにとって、重要な決め手になる。それが前ページの応対例。
- セールストークにおいて、**腰の低さは必須条件**。このことを忘れないように。
- 「はい……」と受け答えをするときは、前傾のままで少し**うなずくしぐさ**をする。
- 世辞ではなく、「本当に似合う」ということがお客さまの心に伝わるような言い方をする。早口は不可。**柔和な表情で優しく丁寧に**。

確認事項

- 『ガイド3』(P.100〜P.101)と『ガイド2』(P.102〜P.104)の「提示,説明」を確認すること。**セールストークの基本**が解説されている。
- 柔和な表情については,『ガイド準1』のコラム「演技と自己表現」(P.88〜89)を参照のこと。**柔和な表情が,お客さまとの関係を良好にするための必須条件である**ことを紹介している。
- 『ガイド準1』の接客応答から,「ご案内いたしますので,こちらへどうぞ」(P.50〜P.52)の応答例を確認すること。「こちらへどうぞ」と言うだけでなく,案内する方向を手で指し示すことが接遇であることを解説している。これも感じのよさをつくる要因の一つ。**柔和な表情,そして,言葉と動作が一体となって初めて,お客さま応対になる**というわけである。

アドバイス・ぷらすワン

- 説得は,柔和な表情があって初めてできること。この表情が,お客さまの心を和ませ,「**このスタッフが勧める品なら大丈夫**」との思いを強くするからである。これも表現力の一つ。
- 品物を勧めるときは,「**きっとお似合いになりますよ**」との思いを言葉に込めて言うこと。このとき,せかすような言い方はせずに,お客さまが購入を決めやすいように,ゆっくりと丁寧に話す。これが,**お客さまを立てた話し方**。おのずと,しぐさも丁寧になり感じよく映る。

5 お客さま応対3

お客さまはスカーフを身に着け,**「そうね,よさそうね」**と,満足げに言いました。いよいよクロージングです。さて,あなたなら,どのような応対をしますか。

応対例　　　　　　　　　　　　　　　　　　　　　　a sales talk

「はい,お客さま,今お召しのスーツとスカーフのコーディネートは,とてもすてきでございます」

a good example

- 前傾姿勢で,お客さまの言葉に同調して「はい,お客さま」と,愛想よくうなずき,明るく弾んだ声で「今お召しのスーツとスカーフのコーディネートは,とてもすてきでございます」と褒める

- 本当に「よく似合っている」ことを言うとき,体を使って表情豊かに表現した方がよい。「本当にお似合いです!」など。これも愛嬌。

a bad example

- 他人事(ひとごと)のように、「はい、お客さま。似合ってますよ」などと言わない。似合っていることを、一緒に喜ぶような口調と態度で
- 接遇者は評論家ではない。お客さまと接するときは、あくまでも「拝見させていただく」という謙虚な態度で

留意事項

- お客さまの「よさそうね」と言ったことに対し、すかさず「はい、とてもお似合いでございます」と、前傾姿勢のまま、明るく反応すること**(同調のしぐさ)**。これが**お客さまの気持ちに沿った応対**であり、第三段階のセールストーク。それが前ページの応対例。
- 「うーん、そうですねぇー。似合っていますよー」などと、煮え切らない言い方はしないこと。これは、「似合わない」とのメッセージを送っているようなもの。**「お似合いです　ほほ笑む口が　曲がってる」**（第一生命『サラリーマン川柳傑作選』講談社）と同じ。
- 薄笑いで対応しない。**「人を馬鹿にする微笑(うすわらい)」**（夏目漱石作『草枕』岩波文庫）と、受け取られてしまう。
- お客さまと接するときの基本である**前傾の姿勢は崩さない**こと。片ひじを抱えて眺めるポーズなどは、接遇者としての態度ではない。店とスタッフの信用を落とすだけ。

> **確認事項**

- すでに「お客さま応対2」で述べたように，**「はい……」**と受け答えをするときは，前傾のままで少し**うなずくしぐさ**をするとよい。これも**感じのよいしぐさ**をつくる表現力の一つ。

> **アドバイス・ぷらすワン**

- お客さまは，スタッフが勧めたスカーフを，「そうね，よさそうね」と，満足してくれたのである。この満足感を，確実に購入に結び付けるために，**「今お召しのスーツとスカーフのコーディネートは，とてもすてきでございます」**などの言い方で，駄目押しをするとよい。特に，心を引き付けられる様(さま)をいう**「すてき」**という言葉は，十分なセールストーク（褒め言葉）になる。ファッション的にも素晴らしいというわけである。
- 「はい，お客さま，スカーフがポイントになって，お召しのスーツが一層引き立ちます」などの言い方でもよい。前述したように，そのファッションセンスを褒めるというわけである。
- 親しみを感じる話し方ということでは，例えば，柔和な表情で「お客さま，よくお似合いです。とてもすてきでございま**すー**」と，語尾を少し伸ばした言い方で応対する（頻繁に用いない。たまに使うと効果がある。程度問題）。
- 「とてもすてきでございま**すー**」と言ったとき，親しみのある態度で対応すると，**「愛想のある態度（雰囲気）が普通を超えている」**ということになる。例えば，胸の辺りで両手のひらを重ねて，よく似合っているということを，態度で表すわけである。これが，**お客さまとスタッフの心が一つになる瞬間**。そして，これが決定打になる。

6 課題2「セールストーク」(A) の終了

あなたが「はい,お客さま,今お召しのスーツとスカーフのコーディネートは,とてもすてきでございます」と言った時点で審査員が**「では,ここまでとします」**と,**課題2「セールストーク」(A) の終了**を告げます。そして,あなたは,審査員の「それでは,こちらでお待ちください」の案内で,課題に取り組む前に座っていた場所に戻り着席します。

あなたが着席したら,審査員が**「それでは2番の方,同様にセールストークを行います。こちらにおいでください」**と声を掛けます。呼ばれた受験者Bさんは,同じように**課題2セールストーク(B)**に取り組んでいくわけです。その間,あなたは席で待機することになります。

なお,本書では,セールストークの終了時点を「はい,お客さま,今お召しのスーツとスカーフのコーディネートは,とてもすてきでございます」に設定してありますが,実際の面接試験では,その前の「そうね,よさそうね」(お客さま)で終了になることもあります。いずれの場合でも,審査員の問い掛けなどに従って,しっかりと対応してください。

> Column
>
> ### コンシェルジュからのアドバイス
>
> #### お客さまの心に伝わる声の出し方
>
> 「第一印象において、表情とともに大切なのが、声の出し方と表現の仕方です」。そう語るのは、前田佳子さんです。そのアドバイスに耳を傾けてみましょう。
>
> トーン、音量、話すテンポなどを、状況に応じて使い分けることができれば、お客様とのコミュニケーションによい影響をもたらすでしょう。
>
> 最初にご挨拶するときには、明るく、さわやかに、かつソフトにお話しします。
>
> お客様に何かをご説明するときは、声のトーンを少し低めにして、はっきりとお話しすると聞き取っていただきやすいのです。

また、クレーム対応のときは、相手のお話を伺うという気持ちをつくり、声のトーンは少し落とし加減にします。ついついお客様につられて、大きな声になってしまったり、語気を荒げてしまうケースも見受けられますが、それではうまくいきません。落ち着いて、ゆっくりとしたトーンでお話しします。
　じつは、私の声はあまり通る声ではありません。滑舌もよくないほうです。自分が普通に話すと、「ハ？」と聞き返されることが多いのです。
　ヒルトン大阪にお世話になっている頃、お客様から、「聞こえない」「何をいっているのかわからない」「もっと大きな声で話して」とお叱りを受けたことがありました。
　そこで、自分の声をカセットテープに録音してみました。
　自宅で本を朗読したのを録ってみたり、友だちと話しているときにテープを回したこともありました。
　聞いてショックだったのは、自分の声が思った以上に聞きにくいということでした。友だちとの会話では、私だけ何をいっているのかわかりません。
　発声練習が一番いいといわれたので、声のレッスンに通ったこともありましたが、それでも、もって生まれた声を変えるのは難しかったようです。
　そこで、腹筋に力を入れ、喉を大きく開くイメージをもって、お話しするようにしています。そうしてから私の声はいくぶん改善されてきました。
　もう一つ、**声質にかかわらず重要なのが話すスピード**です。いくら声がよくても早口でまくしたてたのではお客様に伝わりません。ゆっくりとしたテンポがよいのです。
　その背景にあるのは、やはりマインドです。
　いまお客様がどういう気持ちなのかを察し、自分がどのような気持ちでお客様に接するか、何をしなくてはいけないかと思うことで、トーンとスピードは自然と変化していきます。
　たとえば、お客様が元気な声の場合には、こちらもやや元気な声でご対応し、お客様が落ち着いた声を出されていたら、こちらも落ち着いた声でご対応します。
（前田佳子著『伝説コンシェルジュが明かすプレミアムなおもてなし』
ダイヤモンド社）

7　課題2「セールストーク」（B）に取り組む

　それでは，参考までに，もう一つの**セールストーク（B）の課題例**を挙げておきます。研究材料の一つとしてください。

応対例（課題B）　　　　　　　　　　　　　　　　　　　a sales talk

ネクタイを選んだ場合の応対事例（参考）

審査員	「それでは，始めます。よろしくお願いします」
受験者B	「よろしくお願いいたします」
審査員	「こんにちは」
受験者B	「いらっしゃいませ」
審査員	「ネクタイが欲しいのですが，どういうものがいいのかよく分からないの」
受験者B	「プレゼントですね。失礼でございますが，年齢はお幾つくらいの方ですか」
審査員	「今年38歳だったかしら」
受験者B	「そうですね，こちらなどいかがでしょうか。この色柄ですと，どのようなスーツにも合うと存じます」
審査員	「光沢もあっていい柄ね」
受験者B	「ありがとうございます。オールシルクですので光沢もございますし，お喜びいただけると思いますよ」
審査員	「そうね，ではこれを頂くわ」
審査員	「はい，ではここまでといたします」

　以上が，「セールストーク」（B）の全体的なプロットです。

　さて，面接番号2番のBさんも「セールストーク」を終えました。ここで審査員が「ただ今から，**全体講評**を行います。お二人とも，こちらの審査員の席の前にお並びください」と案内します。審査員の前では，言わずもがな，かかとをきちんと付け，両手は前で重ねるか脇に置いて臨んでく

ださい。
　なお，全体講評の前に審査員から，**サービス接遇検定ロールプレイングの審査について**，「**審査の考え方**」「**審査のポイント**」「**審査の基準**」の説明があります。全体講評は，この内容に基づいて行われます（初回のみ）。
　講評(コメント)は，行ったロールプレイングに対する感想やアドバイスなので，今後の参考にしてください。なお，審査員からの講評を聞くとき，**前傾の体勢**を取ると，とても感じよく映ります。そして，これが**就職面接でも評価される姿勢**です。

8　退　室

　コメントの後，審査員が「お疲れさまでございました。本日の面接試験はこれで終了です。どうぞ，お気を付けてお帰りください」と伝えます。これを受け，受験者は，それぞれ「ありがとうございました。失礼いたします」と，審査員にあいさつをして出入り口のドアまで進みます。そこで，もう一度，審査員の方を向き，「失礼いたします」と，会釈をして荷物を持って退室します。
　なお，『ガイド準1』でも述べましたが，**適度な緊張感を保ち，気を抜くことなく退室**してください。この意識が，**就職面接などでも役立ちます**。

9　総仕上げ

　「**愛想のある態度（雰囲気）が，普通を超えている**」ことの評価を得るための必要条件は，接遇基本スキルの確認と繰り返しのトレーニングにあります。
　では，その基本スキルを「テレセールス」と「セールストーク」の事例から，確認していきましょう。そして，ここから稽古を重ねて基本をマスターし，**他の人とは違う，あなたならではの表現力**を身に付け，**1級合格者として，サービスの場に適応するサービス技能である**ことの評価を得てください。
　なお，このとき，DVD『サービス接遇検定準1級／1級面接合格マニュアル』を併用するとより効果的です。参考にしてください。

体勢　　　　　　　　　　　　　master the fundamentals①

◆お客さまと相対するときは，少し体を前に倒した前傾姿勢をとる。これがお客さまを意識した（立てた）接し方である。そして，この謙虚な体勢をできるだけ崩さずに応対すること。**接遇者にとっては重要な武器。**

　　＊「江戸しぐさには，人の話の聞き方があります。相対したら，まず体を少し前に傾けます。ちょうど少し乗り出す感じの体勢をとるのです。この形は，全身を耳にする形。なんでも聞きます，という形です。／こういう体勢をとると，相手も，よし，喋りましょう，となります」（越川禮子著『野暮な人イキな人』日本文芸社）。

態度と動作　　　　　　　　　　master the fundamentals②

◆せかせかとした落ち着きのない対応はしない。それだけで信用をなくしてしまう。
◆お客さまとは，落ち着きのある態度で臨む。これがお客さまから信頼される丁寧な応対。
◆軽快な動作を心掛ける。軽快な動作とは，**体に張りをもたせて，てきぱきと行動**することであり，せかせかとせわしなく動くこととは違う。
◆『ガイド3』のコラム「**ウェブサイトに載ったお客さまの声**」（P.88）から，「**きりっとして姿勢がよくて**」と，お客さまが感動した伊勢丹でのひとこまを見てください。そして，ここから，**きちんとした態度と動作は，店と接遇者が信用を得るための基本中の基本**であることを実感してください。

お辞儀の仕方　　　　　　　　　master the fundamentals③

◆背筋を伸ばした体勢をきちんと取る。かかとはきちんと付けておく（つま先はややV字に広げる）。この張りのある体勢が，**お客さまに敬意を表すときの基本姿勢。**
◆両手は前で重ねる（男女）か，ズボンの脇（男）にきちんと付ける。**改まった場での基本的な態度**の一つ。
◆お辞儀は，早すぎず遅すぎずの適度なテンポで行う。このとき，頭だけ下げて背中が丸くならないように注意する。あごをやや引き気味にし，**頭・首・背中を一直線**にする。
◆上体を倒した（頭を下げた）後，**すぐには戻さず一瞬止め**，その後，下げたときよりもゆっくりとしたスピードで戻していく。これが**接遇者と**

しての丁寧なお辞儀の仕方。

表情　master the fundamentals④

◆常に，柔和な表情を心掛ける。これが愛想と愛嬌の第一歩であり，親しみのある態度をつくる基（もと）である。そして，**お客さまがサービススタッフに求める第一のものが，この柔和な表情**である。

◆ほほ笑みをたたえながら応対する。これが柔和な表情をつくる。

　　＊「江戸しぐさには『お愛想目（あいそめ）つき』というものがあります。買い物に来たお客に対して，言葉だけでなく，目つきにも感謝を込めなさいというしぐさです。目つきに感謝を込めるというのは，すなわち柔和な目つきをすること。少し笑顔を含んだ目つきなら，お客の気持ちも和み，またこのお店に来ようとなるものです」（越川禮子著『野暮な人イキな人』日本文芸社）。

話し方　master the fundamentals⑤

◆あいさつは，ほほ笑みながら，張りのある明るい声で。

　　＊早口にならないように注意すること。早口には，用件を早く済ましてしまおうとする感じがあり，お客さまのことを考えていない印象を持たれる恐れがある。

◆声のトーンは少し高めの方が明るく聞こえるので，話し始めるときの第一声は，特に注意して高めにする。

◆いくら丁寧な言葉遣いでも，言い方（口調）によっては丁寧に聞こえない場合もあるので，**丁寧な調子の言い方**で話す。例えば，お客さまの表情を見ながら，**聞き取りやすい発音とテンポ**で話す，など。

　　＊サービス接遇検定ではこの口調（話すときの調子）を重要視している。せりふの棒読み，一本調子の言い方などはもっての外。

◆お客さまを意識した丁寧な話し方を心掛ける。例えば，**お客さまの表情を見ながらゆとりを持って話す**，など。これが，**柔らかく温かみのある言い方**につながる。

◆ゆっくり話すということは，それだけ言葉に思いを込めているということ。そして，それが**丁寧である**ということ。

言葉遣い　master the fundamentals⑥

◆丁寧な言葉遣いは，お客さまにきちんとした印象を与え，信頼感を得ることができる。

◆丁寧な言葉遣いを確実に身に付けるには，『ガイド3』の「話し方」

(P.89～P.101)と,『ガイド2』の「話し方」(P.88～P.104)の事例を,繰り返し音読するとよい。これによって,基本的な敬語の使い方とともに表現力も身に付く。

◆丁寧な言葉遣いを身に付けることによって,その底流にある**「人を思いやる心」**に考えが及ぶようになる(『ガイド2』コラム**「言葉の心」**P.16)。すると,言葉の一つ一つに心が伴うようになり,事務的ではない思いやりのある丁寧な言葉遣いになる。**気遣いを表現するのが丁寧な言葉遣い**というわけである。

なお,以上の内容は,『ガイド準1』の「総仕上げ」での解説を中心に再構成したものです。それは,準1級で学習した基本スキルをここでもう一度,確認することによって,**1級合格者として,サービスの場に適応するサービス技能**に高めていくことになると考えたからです。**スキルとマインドの深化**です。

学んだことが確実に身に付くように,繰り返し確認し稽古に励むこと。これが**おさらい**です。そして,これが1級合格への試金石になります。『ガイド準1』のコラム「演技と自己表現」(P.88～P.89)から,このことを改めて確認してください。

Column

サービス業に就職するために
―― 求められるサービススタッフの資質 ――

　今，サービス業界がスタッフに一番求めているもの。それは資質(マインド)です。そして，これは**スタッフの採用基準**の中でも特に重要な位置を占めています。では，その求められるサービススタッフの資質にはどのようなものがあるでしょうか。本書を終えるに当たって，ここで改めて確認しておきましょう。就職対策として，また自己研鑽への第一ステップとして。

社会性（良識）を求めている
　スタッフ採用の基本ポイントの一つに，何があるのでしょうか。それを，『サービスの「正体」』から見てみましょう。

　ある会社では，就職試験を行なう際，部屋の片隅にわざとゴミを落としておき，それをきちんと拾ってゴミ箱に入れるかどうかをチェックしているという。一人の社会人としてどの程度の常識，マナーを備えているか試しているわけだ。
　どんな職業にも向き，不向きがある。その点はホテルマンも同様だ。ある意味，試される素養は，他の職業と比べて厳しいかもしれない。特別なスキルが必要なわけではない。しかし，より精神的な側面が試される。
　たとえば，人に尽くしたいと思えるか。もう少しわかりやすく表現すると，「ありがとう」と感謝されて嬉しいと思えるか。
　こうした感性が，とても大きなポイントとなる。
　そしてもう一つ。社会人としての常識，マナーも求められる。
　何かを人にしてもらったとき，自然と「ありがとう」の一言が言えるか。
　人と会ったとき「こんにちは」「こんばんは」と挨拶する習慣が身についているか。
　こうした「常識」が身についている人は，スタート地点からかなり有利である。なぜならば，ホテルマンに求められる常識は，社会人のそれと比べて，はるかに高いレベルだからだ。
（小山薫堂監修，HRS総合研究所編著『サービスの「正体」』
すばる舎リンケージ）

高いマインドが求められている

　リゾートトラスト・東京ベイコート倶楽部は、どのような人材を求めているでしょうか。それを、『伝説コンシェルジュが明かすプレミアムなおもてなし』から紹介しましょう。

　コンシェルジュという仕事には、ここからここまでやればよいという決まりがありません。お客様に対し、ある程度のおもてなしをして満足してしまうこともできますし、もっと何かして差し上げようと思えば無限にできます。**お客様にどこまでして差し上げるかは、その人のマインドによって決まります。**
　マインドは日本語では「心」という意味です。真心、人を思いやる気持ち、包容力、意思ややる気などすべて含まれます。魂といってもよいでしょう。
　コンシェルジュにとって一番大切なのはマインドです。
　スキルはあまり高くなくても、マインドが高いコンシェルジュはお客様に人気があります。スキルは未熟ですが、お客様のために何でもやりますという気持ちをもっていると、それは自然とお客様に伝わります。おもてなしの心をもっていることがお客様に伝わるからです。
　コンシェルジュに限らず、サービスの仕事をするうえで、マインドはとても大切です。いえ、サービス業に限らず、あらゆる仕事において、マインドは最も大切なものではないでしょうか。

（中略）

　東京ベイコート倶楽部では、お客様に「極上のオーダーメイド・パーソナルサービス」を行っていきますが、そのためにはスタッフは、マインドの大切を求められます。採用時には特別の心理テストを行い、マインドの高い人を採用しています。
　また、1年に2回の筆記＆インタビューテストを実施し、一人ひとりのスタッフの状態を確認しています。

　　＊「東京ベイコート倶楽部のコンシェルジュ資格基準」の「資質」から
　　①気配り②注意深さ、観察能力③情報網、情報量④礼儀正しさ、丁寧さ、親切さ⑤感受性⑥共感性⑦関係拡大能力（穏やかさ、温和さ、冷静さ）正確さ＝時間、内容

（前田佳子著『伝説コンシェルジュが明かすプレミアムなおもてなし』
　　　　　　　　　　　　　　　　　　　　　　　　　　　　　ダイヤモンド社）

Column

優しさは採用基準の最重要ポイント

　では、ここで就職活動中の学生が感じた「ホテリエのマインド」について見てみましょう。洞口光由さん（武蔵野大学准教授）の『五つ星のサービス・マインド』からの引用です。ここから、サービス業全般が求めている人材は、「**優しい心の持ち主**」であることが分かります。

　大学のインターンシップでは毎年いろいろな企業に多くの学生を送り込んで就労体験学習を行っている。その企業の中には学生のホテル希望が多いこともあってホテルも何社かにお願いをしている。
　実は最近外資系高級ホテルのプロジェクトに実習として参加した学生からこんな報告を聞く機会があった。
　それはホテルプロジェクトメンバーが持っている「熱いマインド」を実際に感じた、という内容であった。
　「実習最後の日のことでした。無事に何とか実習を終了し、お世話になった方々にお礼の挨拶をし、オフィスを出てエレベーターの方へ歩き出した時のことでした。ふと振り返るとオフィスのドアを開けてホテルのスタッフの方々が手を振って見送ってくださっているのです。驚きました。何の役にも立てなかった自分たちをこんなふうに見送ってくれるなんて……。途端に涙が込み上げ、止まりませんでした。私、このホテルに絶対入りたいです」と、涙まじりで報告を受けたのである。
　この学生の感動は一体何を意味するのであろうか？　たった2週間の短い期間にもかかわらず、人と人との触れ合いを大切にしよう、とするマインドがプロジェクトメンバー全員に熱くある、ということではないだろうか。こうしたマインドが客を感動させる源になるのであろう。未だ開業していないにもかかわらずこうした姿からかなり高度な熱いサービスマインドで毎日客をもてなすのであろう。間違いなく客を感動させるに違いない。
　驚いたことはこうしたマインド豊かな人材を揃えている、という人事採用の考え方であった。少なくともこうした行為、すなわちこの学生の心に響かせたことはプロジェクトのコンセプトがどの点にあるのかを知らされた思いである。まさに客の心に触れる人的サービスを本格的に実践する可能性を秘めていることを示している。
　このホテルのホスピタリティ・マインドは既存の最高級ホテルを上回るように思われてならない。重要な点はトップ層が満足するサービスを心得

ていると同時に、そうしたサービスを実践する人材を揃えようとしていることにある。何を基準に採用するのか、それは採用された人材のマインドから容易に分かる。これが外資系高級ホテルの姿なのだ。

一方、ある学生からこんなことを言われたことがある。

「先日、都内のホテル見学に行ったのです。外資系高級ホテルと日本企業系高級ホテルの違いに気づきました。それは外資系高級ホテルでは館内を歩いているとホテルのスタッフの方が笑顔で近寄って声をかけてくるのです。〝何かお探しですか？〟と。自分はトイレを探していたので助かりました。しかし日本企業系のホテルではスタッフの方と視線が合うと逸らすのです。何か避けているような気がしました」

この言葉は何もすべてがそうである、ということではない。しかし的を射ていることも確かである。ホテルのホスピタリティ・マインドで大切なことは笑顔で前向きな動作（言葉と態度）を表すことではないだろうか。

客に優しく言葉をかける行為は非常に大切であることを認識していないホテルが多いのではないだろうか。緊張している客がいれば緊張をほぐしてあげること、それには笑顔で声をかけてあげることである。

こうしたセンスに富んでいる人材が採用されているかどうか、甚だ疑問のように感じる。

さらに実際に外資系高級ホテルでアルバイトをしていた学生がこんなことを言っていた。

「ホテルの仕事はかなりの部分肉体的にハードな側面を持っています。でも笑顔を絶やさないようにしなければならず、辛くとも頑張らなければ、と思うことが多かったです。ホテルが好きでなければこうした試練を越えられないように思われます。だからまずはホテルを好きになれるかどうかが重要な点だと思います」

この言葉は最高級ホテルでは最も重要な採用ポイントを表している。客に喜んでもらおう、客に感動を与えられれば、とこだわるにはそうした客の心へ手を差し伸べることが好きでなければできるものではない。客とスタッフの触れ合いに興味があると考える人材、それは「ホテルが大好きである」と思う気持ちに繋がるものである。

このようにサービスという観点から採用政策を考えると学力ではなくマインドではないか、と考えざるを得ない。少なくとも外資系高級ホテルのトップクラスの採用政策はそうした考え方が強いように思われる。

先般、新御三家のＰホテルの人事担当の方々に大学の授業で話をしても

Column

　らう機会を得ることができた。日本で最も高いＡＤＲを掲げているホテルであることから学生は緊張して聞いていた。その後、学生に感想を聞いてみてその観察する視点に驚いた。

　「最も強い印象は、人事の方々の表情がとても良かったことです。多分お仕事に携わっている生活が幸せなんだろうなあ、と感じました。きっと良いホテルなんでしょう。自分も入りたいです」

　確かに人事部長も次長も、また若い方も皆とても良い顔つきだった。近年、人件費削減で要員の削減、給与のカット等からホテルのスタッフは厳しい環境に置かれ、精神的にもダメージが大きく、笑顔が失せてきているところが多い。そうした中で、Ｐホテルの方々の顔つきは幸せな感情を表していた。学生の志願者が一挙に増えたホテルである。ホテルは客とのかかわり合いがすべてのサービス業であることから、人材の質の良し悪しが大きく収益にも影響する。基本的には客に喜んでいただけるかどうか、に集約される。いかに高度な技術やシステムを活用しても最後は人との触れ合いになる。したがって人材の質で大きく左右されることを常に考えていかなければならない。では質の良い人材とはどういう人を意味するのか。それは客の心に優しく手を差し伸べられるかどうか、にかかってくる。それは誠意に富んだ人格者とも言える。また熱い思いやりが豊かにある人、ということもできる。そうしたパターンはいろいろあるが、大切なことは客の気持ちを最優先に考えられる優しい心の持ち主ではないだろうか。

　　　＊洞口さんは、「ホテルは『ハードウエア』と『ソフトウエア』が重要とされているが、それ以上に『ヒューマンウエア』が重要である」とも述べている。また，この三つを「付加価値の３原則」と語るのが窪山さんである。「ハードウエアとは建物や備品などのことであり、ソフトウエアとはハードウエアを最大限に提供するためのサービスや技術のことを指す。そしてヒューマンウエアはそれらを支える人間性と考えられる」（窪山哲雄著『サービス哲学』インデックス・コミュニケーションズ）と。いずれにせよ、サービスの根幹にあるこの「ヒューマンウエア」は、「心優しきスタッフ」と同義であろう。そして，採用時に重視される資質の一つである。

　　　＊ＡＤＲとは，一部屋当たりの平均単価（客室単価）のこと。

　　　　　　（洞口光由著『五つ星のサービス・マインド』文芸社）

　また、洞口さんは同書の中で「客室からの電話がテレビ電話となれば対応するホテルスタッフの笑顔は一層重視されることになろう。笑顔のよさが採用基準として尊重される日は遠くない」とも語っています。これは、

笑顔のよさこそがサービスマインド（優しさ）を表す第一のポイントになるということなのでしょうか。

●

いかがでしょうか。
　社会常識の要は、対人関係などを十分に意識（配慮）した心のたたずまいにあります。そして、この社会性の中でも、特に**謙虚な心**は重要です。この優しい心持ちがあれば、一歩下がって人の話を聞くことができます（**誠実さ**）。人に不快な思いをさせることもありません（**良識，素直な態度，協調性**）。どのような場合でも、お客さまのことを第一に考えて行動を取ることができます（**適切な行動と協調性のある行動**）。「お客さまを思いやる心が，言葉と態度になって表れる」というわけです。
　でも、サービスの質（クオリティー）を高めるためには、もう一つ大切な**心の要件**があります。それが、お客さまに喜んでもらうことが何より嬉しい。お客さまのために心を砕くことが最良の喜び。そう、このマインドです。そして、このマインドが、一人一人のお客さまを大切にするパーソナルサービスへとつながっていきます。これが、サービス業の求める**普通を超えたお客さま応対，ヒューマンウエア**です。
　サービス接遇検定は、この「**サービスマインドの育成**」を目指しています。そして、このマインドをとても大切にしています。何より、一人一人のお客さまのために。

　　　＊自分のことはさておいて，相手のために心を砕くのは日本文化の特色の一つであるようだ（芳賀綏著『日本人らしさの構造－言語文化論講義』大修館書店）。継承したい文化の一つである。

では、最後に吉野弘さんの詩集『贈るうた』（花神社）から、「夕焼け」という詩の一節を紹介しましょう。心優しき人の心優しき人たるゆえんです。

何故って
やさしい心の持ち主は
他人のつらさを自分のつらさのように
感じるから。

引用・参考文献（順不同・敬称略）

松兼功著『こころの段差にスロープを』（日本経済新聞社）
読売新聞社生活情報部編『わたしの介護ノート』生活書院
井上滋樹著『イラストでわかるユニバーサルサービス接客術』
　　　　　　　　　　　　　　　　（日本能率協会マネジメントセンター）
キャリア総研著『接客サービス基本テキスト』
　　　　　　　　　　　　　　　　（日本能率協会マネジメントセンター）
渡邉美樹著『サービスが感動に変わる時』（中経出版）
国友隆一著『伊勢丹　恋しくなるサービス』
　　　　　　　　　　　　　　（インデックス・コミュニケーションズ）
国友隆一著『「伊勢丹のようなサービス」ができる本』（成美堂出版）
国友隆一著『伊勢丹に学ぶおもてなし』（日本実業出版社）
窪山哲雄著『サービス哲学』（インデックス・コミュニケーションズ）
久保亮吾著『ザ・ホテリエ』（オータパブリケイションズ）
奥谷啓介著『世界最高のホテル　プラザでの10年間』（小学館）
前田佳子著『伝説コンシェルジュが明かすプレミアムなおもてなし』
　　　　　　　　　　　　　　　　　　　　　　　（ダイヤモンド社）
井上富紀子，リコ・ドゥブランク著『リッツ・カールトン20の秘密』
　　　　　　　　　　　　　　　　　　（オータパブリケイションズ）
高野登著『リッツ・カールトンが大切にするサービスを超える瞬間』
　　　　　　　　　　　　　　　　　　　　　　　（かんき出版）
高野登監修『サービスを超える瞬間　実例・実践編』（かんき出版）
新川義弘著『愛されるサービス』（かんき出版）
林田正光著『ホスピタリティの教科書』（あさ出版）
林田正光著『伝説ホテルマンだけが知っている！
　　　　　　サービスで小さな奇跡を起こす方法』（ダイヤモンド社）
帝国ホテル著『帝国ホテルのおもてなしの心』（学生社）
川名幸夫著，帝国ホテル　ホテル事業統括部監修『帝国ホテル　伝統のおもてなし』
　　　　　　　　　　　　　　　　（日本能率協会マネジメントセンター）
舟橋孝之編，株式会社インソース著『仕事の基本　正しい接客マナー』
　　　　　　　　　　　　　　　　（日本能率協会マネジメントセンター）
加藤健二著『1万人の顔と名前を覚えたコンシェルジュが教える
　　　　　　お客様がまた来たくなる極上のサービス』（日本実業出版社）
洞口光由著『五つ星のサービス・マインド』（文芸社）
ヤン・カールソン著，堤猶二訳『真実の瞬間』（ダイヤモンド社）

箭内祥周著『一流ホテルマンが教えるお客さま対応術』（情報センター出版局）
マルコム・トンプソン著『日本が教えてくれるホスピタリティの神髄』
　　　　　　　　　　　　　　　　　　　　　　　　　　　　（祥伝社）
桐山秀樹著『頂点のサービスへようこそ』（講談社　セオリーブックス）
橋本保雄著『感動を創るホスピタリティ』（ゴマブックス）
小山薫堂監修、ＨＲＳ総合研究所編著『サービスの「正体」』
　　　　　　　　　　　　　　　　　　　　　　　　（すばる舎リンケージ）
生井俊著『本当にあったホテルの素敵なサービス物語』（こう書房）
竹谷年子著『帝国ホテルが教えてくれたこと』（大和出版）
田口八重著『おこしやす－京都の老舗旅館「柊家」で仲居60年』（栄光出版社）
加納光著『あなたから買いたい』（日報出版）
江澤博己著『接客サービスの達人』（大和出版）
中村卯一郎著『苦情客をファンに変える』（ダイヤモンド社）
中村卯一郎著『接客サービスこうすればいい』（ダイヤモンド社）
野地秩嘉著『サービスの天才たち』（新潮新書）
野地秩嘉著『サービスの達人たち』（新潮ＯＨ！文庫）
パコ・アンダーヒル著，鈴木主税訳『なぜこの店で買ってしまうのか』
　　　　　　　　　　　　　　　　　　　　　　　　　　　　（早川書房）
パコ・アンダーヒル著，鈴木主税訳『なぜ人はショッピングモールが
　　　　　　　　　　　　　　　　　　　　　大好きなのか』（早川書房）
越川禮子著『江戸の繁盛しぐさ』（日本経済新聞社）
越川禮子著『商人道「江戸しぐさ」の知恵袋』（講談社＋α新書）
越川禮子著『身につけよう！江戸しぐさ』（ＫＫロングセラーズ）
越川禮子著『野暮な人イキな人』（日本文芸社）
越川禮子著『暮らしうるおう江戸しぐさ』（朝日新聞社）
竹内一郎著『人は見た目が9割』（新潮新書）
樋口清之著『日本の風俗の謎』（大和書房）
三越著『日本を楽しむ年中行事』（かんき出版）
髙野紀子作『和の行事えほん①春と夏の巻』（あすなろ書房）
髙野紀子作『和の行事えほん②秋と冬の巻』（あすなろ書房）
新谷尚紀著『日本人の春夏秋冬』（小学館）
新谷尚紀監修『和のしきたり』（日本文芸社）
飯倉晴武編『日本人のしきたり』（青春新書）
飯倉晴武監修『日本人礼儀作法のしきたり』（青春新書）
武光誠著『もっと知りたい日本のしきたり』（ゴマ文庫）
幸運社編『美しい日本の習慣』（ＰＨＰ文庫）

近藤珠實監修『新・冠婚葬祭マナー事典』（高橋書店）
伊勢丹広報室編『こんなときどうする儀式110番』（誠文堂新光社）
岩崎峰子著『祇園の教訓』（幻冬舎）
相原恭子著『京都発極上作法で魅せる舞妓さんマナー集』（山海堂）
綿抜豊昭・陶智子編著『絵で見る　明治・大正礼儀作法事典』（柏書房）
小泉信三著『平生の心がけ』（講談社学術文庫）
草柳大蔵著『日本人のお行儀』（グラフ社）
齋藤孝監修『語り継ぎたい日本語』（ぶんか社文庫）
太田直子著『字幕屋は銀幕の片隅で日本語が変だと叫ぶ』（光文社新書）
芳賀綏著『日本人らしさの構造－言語文化論講義』（大修館書店）
山口仲美著『新・にほんご紀行』（日経BP社）
山下景子著『美人の日本語』（幻冬舎）
サン＝テグジュベリ作，内藤濯訳『星の王子さま』（岩波書店）
吉野弘『贈るうた』（花神社）
夏目漱石作『草枕』（岩波文庫）
夏目漱石作『吾輩は猫である』（岩波文庫）
曾野綾子著『夜明けの新聞の匂い』（新潮社）
麻生芳伸編『落語百選　冬』（ちくま文庫）
第一生命『平成サラリーマン川柳傑作選』（講談社）
島田洋七著『佐賀のがばいばあちゃん』（徳間文庫）
小島憲之・木下正俊・佐竹昭広　校注・訳『完訳　日本の古典　3「萬葉集（二）」』
　　　　　　　　　　　　　　　　　　　　　　　　　　　　　　　（小学館）
小沢正夫・松田成穂　校注・訳『完訳　日本の古典　9「古今和歌集」』（小学館）
井本農一・堀信夫・中村俊定・堀切実　校注・訳『完訳　日本の古典
　　　　　　　　　　　　　　　　　　　　　　54「芭蕉句集」』（小学館）
今栄蔵校注『新潮日本古典集成「芭蕉句集」』（新潮社）
丸山一彦校注『新訂一茶俳句集』（岩波文庫）
吉川幸次郎著『論語（下）』（朝日選書）
貝塚茂樹訳注『論語』（中公文庫）
松村明編『大辞林』（三省堂）
松村明監修『大辞泉』（小学館）
三省堂編修所編『新明解故事ことわざ辞典』（三省堂）
「日本経済新聞」（日本経済新聞社）
「日経流通新聞」（日本経済新聞社）
「読売新聞」（読売新聞社）

本書を編集するに当たって，以上の書籍等を参考にさせていただきました。
この場を借りて，御礼申し上げます。

サービス接遇検定　受験ガイド1級

2008年 7月10日　初版発行
2018年 2月 1日　第5刷発行

編　者　　公益財団法人　実務技能検定協会Ⓒ
発行者　　笹森　哲夫
発行所　　早稲田教育出版
　　　　　〒169-0075 東京都新宿区高田馬場一丁目4番15号
　　　　　株式会社早稲田ビジネスサービス
　　　　　http://www.waseda.gr.jp
　　　　　電話（03）3209-6201

落丁・乱丁本はお取り替えいたします。
本書の無断複写は著作権法上での例外を除き禁じられています。購入者
以外の第三者による本書のいかなる電子複製も一切認められておりません。